Compendium Creationis:
die
Wassermann-Genesis

«Wenn mir Jemandes Vergleiche und Analogien
zu weit gegriffen erscheinen, muß ich mich fragen,
ob nicht vielleicht meine Optik zu eng eingestellt sei?
Und scheinen Jene mir ungenügend fundiert, muß ich mich fragen,
ob ich selbst tief genug nachgedacht habe, um sie zu beurteilen ...?»

(Muhamad Khorchide, islamischer Theologe und Soziologe)

Hat-Hor – die alt-ägyptische Venus-Urania – als Spenderin der Milch der Weisheit (vgl. Anhang 5-B: Bildlegenden, Anm. 1).

Compendium Creationis

Die universelle Symbolik der

Wassermann-Genesis

12 Thesen zu Entstehung, Fall und
Wiederaufstieg der Menschheit

erklärt durch P. Martin

Mit vier Zusatz-Texten:

Warum Eva erschaffen wurde
Kain und Abel im Heute
Eva und Lilith: Die Zweite Frau
Vom Wesen des Seins

Edition Oriflamme 2016

IMPRESSUM

Compendium Creationis – Die universeller Symbolik der Wassermann-Genesis
12 Thesen und Scholien zu Entstehung, Fall und Wiederaufstieg der Menschheit

mit vier Zusatztexten:

Warum Eva erschaffen wurde
Kain und Abel im Heute
Eva und Lilith: Die Zweite Frau
Vom Wesen des Seins

1 Symboltabelle, 50 z.T. ganzseitigen Abbildungen sowie
Bilderklärungen und vertiefende Anmerkungen zum Text.

SUCHBEGRIFFE:
Genesis – Gnosis – Ideenlehre
Quantenphilosophie – Schöpfungsgeschichten – Symbolik, universelle –
Transfiguration.

ISBN 978-3-9520787-0-9
Printed in Germany

Satz, Buchgestaltung und Umschlag:
Adhoc-Organisation, CH-4002 Basel (Schweiz)

Inhaltsverzeichnis

Einleitung des Herausgebers 9

Zwischenstück: Die Genesis im Corpus Hermeticum 16

Die 12 Thesen 19

Die Scholien 23
- Vorwort zu den Scholien 25
- Scholie zu These 1 37
- Scholie zu These 2 45
- Scholie zu These 3 62
- Scholie zu These 4 69
- Scholie zu These 5 81
- Scholie zu These 6 93
- Scholie zu These 7 102
- Scholie zu These 8 108
- Scholie zu These 9 116
- Scholie zu These 10 123
- Scholie zu These 11 132
- Scholie zu These 12 141

Die Anhänge 153
- Anhang 1: Symbol-Erklärung 154
- Anhang 2: Quellen-Verzeichnis 156
- Anhang 3: Zwei Fabeln und ein mythischer Dialog 157
  - *Das Ende des Zorns, oder warum Eva erschaffen wurde* 159
  - *Kain und Abel im Heute* 163
  - *Eva und Lilith – Die Zweite Frau: Eine szenische Fabel* 171
- Anhang 4: Ein altes Manuskript: *Vom Wesen des Seins* 181
- Anhang 5-A: Die Abbildungen 197
- Anhang 5-B: Die Anmerkungen zu den Abbildungen 210
- Anhang 6: Die Anmerkungen zu den Scholien 223

Schlusswort: Auf zum Brennpunkt des wahren Lebens! 241

Anzeigen 242

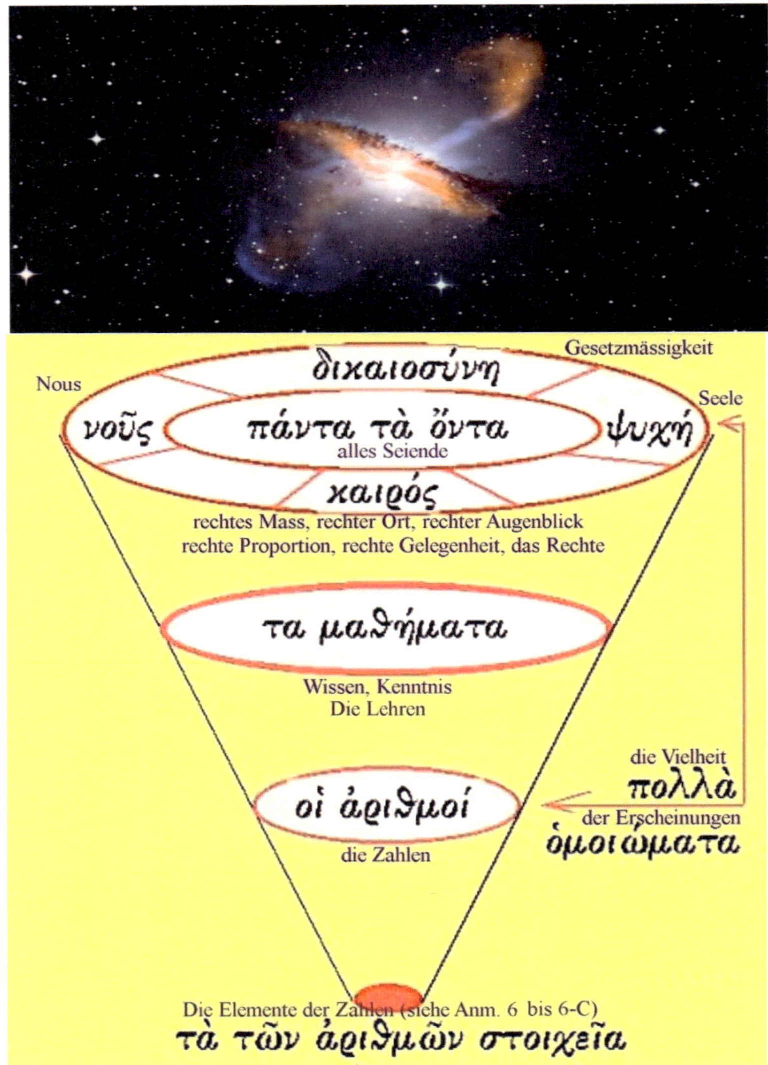

Die pythagoräische Sicht von der Grundlage der Schöpfung entspricht genau der ersten These des *Compendium Creationis*: Es sind Zahl, Maß, gute Proportion und Rhythmus im Rahmen von NOUS (Geist, Gemüt) und Seele (innere Wahrnehmung) und auf der Basis des universellen Einen Gesetzes: ‹KARMA›. – Bildquelle: Internet.

Einleitung des Herausgebers

Das vorliegende Buch trägt zwei Titel in einem: Einerseits wird eine *«Wassermann-Genesis» versprochen*, andererseits auch ein *«Compendium Creationis»*. – Wie ist das zu verstehen?

Die Antwort ist eine doppelte: Stets neue wissenschaftliche Erkenntnisse im vergangenen Jahrhundert führten fürs breite Publikum zu einer ‹aufgeklärten› Verachtung alles Mystischen: Mythen – einst kulturelle, moralische und sittliche Träger der menschlichen Gesellschaft – wurden belächelt und als *«nur symbolisch!»* quasi abgeschafft. – Jedoch: Ist nicht *alles in dieser Welt* ‹nur symbolisch› – nämlich *Symbol der Gottheit*?

Das neue Jahrtausend hat gleich zu Beginn – ja schon kurz davor – weite geistige Öffnungen gebracht, die zunehmend sichtbar machen, daß *neue Zeiten* angebrochen sind: Vieles wird anders gehen müssen als bisher gedacht! Das zeigen schon die Jahreszahlen, beachtet man deren Symbolik:

Die 1 des vergangenen *Jahrtausends* ist Sinnbild für die zunehmende Konzentration des Bewußtseins auf ein ICH, das sich aufbaut von seiner ersten eigentlichen Individualisierung im Jahrhundert der Leitzahl 11 übers mystische Jahrhundert der 13 (NEPTUN: mystische Bestrebungen und Alchemie) und das erfinderische Jahrhundert der 14 (4 = URANUS), kulminierend in der Entdeckung vergessener Kontinente) bis in die extreme Egozentrik des ständig und überall kriegsgeplagten Jahrhunderts mit Leitzahl 19 (9 = MARS, 10 = PLUTO; – siehe Anhang 1).

Die 2 des neuen Jahrtausends betont sowohl die Seele als auch das weibliche Ich, das, *sinngemäß gelebt*, die Entwicklung des DU – des Miteinander und der gemeinsamen Reflexion – also seelische Entwicklungen – fördert. Solche ‹astrosophische› Aspekte könnten im Einzelnen noch weit ausgeführt werden, doch ist dies nicht der Ort dazu: Es geht hier allein ums Verständnis für die weltweite individuelle und kollektive *Bewußtseins-Entwicklung.*

Tatsächlich ist der neue Seelen-Aspekt sogar in den Naturwissenschaften sogleich in den Vordergrund gerückt. Das zeigt sich vorallem in der theoretischen Physik, genannt *Quantenphysik*: Sie hat den stofflichen Aspekt des Universums zugunsten einer geistigen Optik *erweitert* — und ist sogleich zur *Quanten-Philosophie* geworden: Viele experimentelle Beobachtungen widersprechen der alten, klassischen Physik in drastischer Weise! Das legt unsere weitestgehende Unkenntnis der wirklichen Vorgänge bloß und verlangt eine tiefgreifende Relativierung bisherigen ‹Wissens› – vorallem in dem Sinne: Hochentwickelte Meßmethoden führten zur Wahrnehmung von *Geist* in dem sogenannt ‹unbelebten› Stoff: Materie- und Energie-Teilchen zeigen *Lernfähigkeit* (also ein ‹Gedächtnis›), eine gewisse *Wahlfreiheit* (also einen ‹Willen›) – und damit eine Art von *Bewußtsein*! Es ist nun nur eine Frage der Zeit, daß man auch die *Seele* — das *Leben* der ‹unbelebten› Dinge ‹entdecken› wird. – Doch: *Was heißt ‹Leben›?*

All das bedeutet, daß unser ganzes Denken und Lernen sich *ausweiten* und *erheben* muß und wird. Es bedeutet, daß endlich der Moment gekommen ist, wo der Mensch – nach Tausenden und Tausenden von Jahren, und nach vielen Jahrhunderten wissenschaftlicher *Forschungs-Lügen* — beginnt, das Universum *wirklich* zu erkennen und den Auftrag zu erfüllen, den er gemäß der klassischen Genesis mehrerer Kulturen hat, nämlich: Nicht nur «sich zu mehren», das Universum zu «beherrschen» und auszubeuten, sondern auch seine hohe geistige und seelische *Verantwortung* gegenüber Schöpfer, Schöpfung und Geschöpfen wahrzunehmen und *liebevoll* zu erfüllen!

Diese neue Wahrnehmung und dieses höhere Bewußtsein verlangen auch nach einem neuen Weltbild; – besser gesagt: nach einer neuen Betrachtungs-, Erlebens- und Ausdrucksweise für diese bisher so ungenügend verstandene Welt. Das hier vorliegende Buch kann ein solches neues Verstehen prägen. Fern von allen persönlichen, familiären, naturromantischen und atavistischen Darstellungen zeigt es eine *beinahe intellektuelle* Sicht. Doch folgt man seiner äußerlich strikten, nüchternen Symbolik nicht nur mit dem Intellekt, sondern auch mit dem inneren, blutmäßigen Verstehen – mit dem *Verstehen des Herzens*, das die alten Symbole noch wie schlafend umfaßt – so *er-lebt* man eine Realität, die *seelenvoll geistig* — und *darum* zutiefst lebendig ist. Alle bisherigen Sichtweisen sind nicht falsch, heute aber jedenfalls ungenügend: Nicht allein *«nur symbolisch»* sind sie, sondern oft *völlig wirklichkeitsfremd*! – Die neue, die *Wassermann-Sichtweise* entsteht aus *fundierter Einsicht*, *innerem Erkennen* und *vernünftiger Wahl – in Willens- und Gewissens-Freiheit!*

Darum will die *Wassermann-Genesis* die alten Schöpfungsmythen nun nicht einfach *löschen* — das taten auch die Autoren der *ziemlich jungen biblischen Genesis* nicht, als sie die Essenz *sehr alter Mythen* kombinierten: Die *Wassermann-Genesis* kann aber Jedermann zur *Erweiterung der Einsicht* dienen: Sie hebt die alten Mythen auf ihr *essentielles* — auf ihr *rein geistiges* Niveau, das – und damit kehrt man zur alten Mysterienwelt zurück – *nur symbolisch* zu verstehen und zu kommunizieren ist. So wie das

Mark der *Zwölf Thesen* dem Autor *im Traum übertragen* wurde, wie er sagt, so ist es eine Art *Traumbewußtsein*, wodurch der wirklich moderne, d.h. fürs neue Zeitalter zubereitete und geöffnete Leser dieses neue Kleid verstehen kann und wird.

Die heute dank der jüdisch-christlichen Überlieferung in der ganzen ‹zivilisierten› Welt bekannte Schöpfungsgeschichte entstammt der babylonischen (vor mindestens 4500 Jahren). Niedergelegt für die heutige Bibel wurde sie erst ab ca. 350 v. Chr., ‹definitiv› um ca. 150 n.Chr. Sie war keine völlig neue Erfindung oder Inspiration, sondern eine Weiterentwicklung viel älterer Überlieferungen, die stellenweise wörtlich gleich lauten. Diese finden sich im alten Indien der Rishis, der Veden und der Upanishaden, und außer in Sumer und China auch im alten Ägypten, im Popol-Vuj der Maya, bei den Hopi's, in Polynesien — und so fort … Einige davon werden im vorliegenden Buch zitiert.

Entsprechend der jeweiligen Zeit und Kultur, entsprechend den Idealen und religiösen Lehren, die sie unterstützen sollte – und natürlich entsprechend der jeweiligen Sprache und Symbolik – erhielt jede dieser Überlieferungen ihre besondere Prägung: Bei den ‹Indios› Mittelamerikas die farbige Bildersprache der *‹charla›*: einer Plauderei unter Göttern; – im alten Mesopotamien die ehrfurchtsvolle Wunder-Erzählung; – in Ägypten die saftigste Vorstellung nach der Natur. – Die jüdisch-christliche Bibel hingegen macht ‹nebenbei› den inkonsequenten Versuch, einen anthropomorph interpretierbaren *Monotheismus seit Anbeginn* zu insinuieren, was natürlich scheitern muß: Der im Altertum erträumte, auf Völkermord basierende Entwurf in Form einer Stammesgeschichte, der nur im Talmud ganz klar ausgesprochen ist, wird gewaltsam umgesetzt in der vollkommenen Umgestaltung der *Region Kanaan* mit ihrem von der Natur so überaus gesegneten Küstenstreifen: *Phönizien*, heute *Palästina* genannt. Im 20. Jh. führte das zur Weltherrschaft eines einzigen Clans. Das Endziel wäre dann: *Eine ‹Elite› – d.h. ‹Auslese› — regiert die Welt!*

Kosmologisch und astrosophisch paßt die biblische Geschichte zum *Stier-*, *Widder-* und *Fische-Zeitalter*. Ihr Ursprung liegt jedoch sehr viel früher – wahrscheinlich im letzten *Steinbock-Zeitalter.*[1] Das *Wassermann-Zeitalter* wird zeigen, welchen Entscheid die *wahren Herren des Schicksals* — aufgrund der Entwicklung des *Bewußtseins der neuen Menschheit* — fällen werden.

Am Ende des *Fische-Zeitalters* wurden Familien, Sippen und Nationen gezielt aufgebaut und wieder *zersetzt*, um sie durch ein *elitäres Globalisierungs-Ideal* zu *ersetzen*: Das ist die erneute Illusion in niedrigster Form eines *Tausendjährigen Reichs*, das gemäß gewissen Prophezeihungen im Wassermann-Zeitalter entstehen soll. Zugleich fachen dieselben Kräfte auch Nationalismus und Rassismus an. Gleichzeitig bestehen Aktivitäten der zum wahren Denken erwachten Menschen, dieses Große Spiel zu demaskieren: Einerseits haben Archäologie, Weltraumfahrt und akademische Wissenschaft das Universum fast ganz entmythologisiert; – andererseits beleben esoterische Strömungen sowie die moderne Quantenphilosophie das geistige Bewußtsein neu: Im 20. Jh. riefen die anerkannten akademischen Wissenschaften aus: *«Wer mag denn noch an die alten Geschichten glauben?»* – Zugleich präsentierten sie neue, teils jedem gesunden Menschenverstand spottende ‹Geschichten› und ‹Modelle›: Moderne Mythen!

Doch seit dem Übergang zum 21. Jh. wurden in quantenphysikalischen Messungen uralte Lehren zu Entstehung, Essenz und Sinn des Universums aus dieser neuen wissenschaftlichen Sicht *‹neu belebt›*. – Es folgte die erwähnte *objektive Feststellung* der Gegenwart von ‹Geist› in der ‹Materie›. – Indes liest man Hinweise im Sinne der Quantenphilosophie bereits im *Corpus Hermeticum* (2. Jh. unserer Zeit)!

All dies hat die alten Fragen der Menschheit: «*Woher…? – Wohin…? – Wozu…?*» neu belebt: Die Antworten sind jedoch heute nicht mehr nur Aufgabe der esoterisch-geisteswissenschaftlichen Forschung, und schon gar nicht der ursprünglich dafür geformten Gremien in Theologie, Soziologie, Anthropologie etc. – Sie sind *Pflicht und Verantwortung* neu zu bildender *philosophisch naturwissenschaftlicher* Institutionen, wozu auch die neu-religiösen Gruppen und Individuen der ernsthaften Esoterik gehören, die zu Recht Geisteswissenschafter genannt werden, weil sie sich ‹hermetisch offen› an höchsten geistigen, moralischen und wissenschaftlichen Kriterien und *objektiven Fakten* orientieren.

Die hier angebotene *Wassermann-Genesis* bietet einen Ansatz zu solchen neu-gültigen, plausiblen Antworten. Sie stützt sich wie alle früheren Schöpfungsgeschichten auf ältere Versionen, deren Wurzeln ihrerseits zurück reichen bis *Atlantis* , bzw. bis in die noch ältere Epoche von *Mu*. – Diese Namen stehen nicht nur für geographische Lokalitäten, sondern auch für ‹prähistorische› Welt-Epochen. Darum findet sich im gegenwärtigen Buch die uralte klassische Symbolik samt ihrer *unausgesprochenen Bedeutung* wieder, und auch die mesopotamischen Familiengeschichten von Adam und Eva, Kain und Abel, Isaak und Ismael finden hier einen relativen Platz – jedoch nun Seite an Seite mit den aktuellsten Begriffen und Denkformen, wonach alles was ist,

Schwingung ist: Ob stoffliche oder unstoffliche Dinge, ob Gedanken, Worte oder Taten; – ob Zeit oder Ewigkeit; – ob menschliche Versunkenheit oder göttliche Erhabenheit: Alles kann auch als eine spezifische Schwingungs-Qualität erkannt und auf dieser Basis in einem tiefen und umfassenden Sinne besser verstanden werden. Und damit werden auch die uralten menschlichen Fragen konkreter und verbindlicher beantwortet als früher.

Der Titel *Compendium Creationis* – d.h. *Zusammenfassung und ‹Musäum›* der Schöpfung und ihrer Entstehungsgeschichten – hat hingegen eine doppelte, tiefe Bedeutung: Erstens stellen sich die Thesen der *Wassermann-Genesis* nicht als gefällige Erzählung dar, sondern als äußerst knappe Darstellung. Und jede dieser Thesen bedarf der tiefen individuellen Meditation.

Die zugehörigen *Zwölf Scholien* helfen sehr zum besseren Verständnis. Zugleich enthalten sie die gesamte ‹Universelle Lehre› der *weltweiten Geisteswissenschaft.* Dieses Buch entwickelt also, ohne Scheu vor *vorgefaßten Meinungen, eine selbständige*, d.h. *autonome* Sicht in höchster Informations-Dichte: Es unternimmt, eine Art Hologramm der Geistigkeit des Universums zu entwickeln; – ein in aktuellen Auslegungen knapp enthülltes modernes *Symbol-Kleid*, das gewoben ist aus der gegenseitigen Durchdringung von Fakten und Imaginationen … – ein *Compendium* eben.

Zweitens steht im Mittelpunkt dieser ‹Zusammenfassung› *der Mensch*: Einmal der Mensch als *Compendium* der Schöpfung, als «Abbild Gottes», das er einst war und wieder werden soll. – Dann auch der Mensch als *degeneriertes Geschöpf* inmitten der durch eigenes *Verhalten* ganz unparadiesisch gewordenen Welt von heute: ein Schatten seiner selbst. – Und drittens der Mensch als Mittler zwischen Schöpfung und Schöpfer; als *Pionier und Diener* der gesamten Schöpfung auf deren *Weg zurück*:

Pionier, indem er allen übrigen Geschöpfen vorangeht in der Entwickelung individuellen Bewußtseins sowie des Bewußtseins des Universums, und – als letzte Konsequenz – in *neuer Gott-Ähnlichkeit.* – Diener insofern, als er dem Plan des Universums und seiner Geschöpfe nicht mehr als hochtrabender ‹Herr Adam› gegenüber tritt, sondern in liebevoller brüderlicher Dienstbereitschaft zugunsten des *Wegs Aller Geschöpfe*, ihrer erneuerten Göttlichkeit entgegen.

Das ist der konkrete, durch die Manifestation und Wirkung des CHRISTOS – *unter welcher Benennung auch immer!* — heute für Jedermann – und *überall in der Welt* – greifbare Erlösungspfad. Dieser Pfad ist gültig für *jedes Geschöpf.* Er ist – in westlichen Begriffen ausgedrückt – die *Nachfolge Christi*, die seit Äonen *in vorchristlichen und nicht-christlichen* ‹Evangelien›, Sprüchen, Mythen und anderen Akten verkündigt wird. Manche davon wurden von der anerkannten Bibel ausgeschlossen – sei es zur Zeit von deren erster Codifizierung, sei es in späterer und sogar jüngster Zeit – zum Beispiel: die drei *Bücher der Makkabäer.*

Die *Scholien zum Compendium Creationis* – also die Erklärungen zu den zwölf Thesen des Texts – zeigen sowohl die Entstehung der gesamten Schöpfung als auch deren ‹Fall› und ‹Erlösung› als *wissenschaftliche Realitäten*. Sie werfen ein neues Licht auf die Tatsache, daß die Schöpfung – besonders jene des *wahren Menschen* – kein vergilbter Mythos ist, sondern *immerwährende Gegenwart.* – Ja, hier liegt, wie bereits angetönt, eine Verantwortung, die *heute «von allen Menschen guten Willens»* verstanden und verwirklicht werden *muß und kann*: Aus göttlicher *Gnade und Liebe* kommt die Möglichkeit. Die makrokosmische *Schwingung* des *Universellen Christos* gibt dazu die Kraft. – Die *individuelle Anstrengung* jedes Menschen aber führt *Jedes* (!) zu seiner Würdigkeit und ergibt das Resultat!

Wie ist dies nun wieder zu verstehen?

Die hohe akademische Wissenschaft steht heute im positiven Sinn wieder an der Schwelle, die sie vor vielen Jahrhunderten im Gegensinn überschritt; nämlich an der Schwelle, wo aufs Neue in philosophisch wissenschaftlicher Form bewiesen werden wird, daß die einzige wirkliche treibende Kraft im Universum – seit Anbeginn und bis zum Ende der Tage – die bedingungslose, allumfassende, Alles nährende, schützende und erneuernde, ewig unteilbare LIEBE ist! – Ausführliches dazu in diesem Buch.

Tiefe Einsicht in alle Zusammenhänge, gültig für alle Geschöpfe – vom Neutrino bis zu Biene oder Mensch – diese Einsicht und die daraus fließende *Ahnung* einer absoluten Wirklichkeit werden ein ‹neues› – ein *endlich wieder menschenwürdiges* Verständnis von Gott hervorbringen. Nur wenige Pioniere werden in diesen neuen Kelch des Wissens eintauchen, verheißt das *Corpus Hermeticum*; – doch Andere werden folgen, so wie es der Entwicklungsplan von Gott, Universum und Mensch vorsieht.

Letzteres scheint nun in einer sehr, sehr fernen Zukunft zu liegen – und ist doch wirklich bloß eine Wiederholung auf einer für menschliche Begriffe unendlich großen Entwicklungs-Spirale. Nichts wirklich Neues ist es; sondern ‹nur› das Neueste in der Fülle gegenwärtiger Möglichkeiten, Prozesse und Zustände.

Diese *Zyklizität* bedenkend, spricht der Text des *Compendiums* in seiner dem konventionellen Denken fremden Freiheit auch von ‹zukünftigen› Dingen in der Vergangenheitsform. Scheinbar unmotiviert wird von einer Zeitform in die andere gewechselt, von mythischen zu realen Bildern übergeblendet usw. – Der Leser möge sich davon weder ärgern noch verunsichern lassen: Genau genommen ist jeder Augenblick bereits Vergangenheit bevor er wahrgenommen wird; und darum kommt, was den Einen als klare Gegenwart erscheint, Anderen als Zukunft – oder gar als zukunftslose Utopie vor. Alle diese Eindrücke sind sowohl wahr als auch falsch. Denn unter dem weit geöffneten Blick *universeller Schau ist Alles Gegenwart — geschieht alles* JETZT !

So übergeben wir dieses Buch der Offenheit und dem Mut zu Neuem aller jener Leser, welche die Ur-Fragen der Menschheit kennen, aber bis heute noch keine endgültig befriedigende Antwort darauf gefunden haben.

Und wir möchten es auch mit Jenen teilen, die alle Antworten bereits gefunden haben: Nicht daß eine ‹endgültige Antwort› hier geliefert würde: dumm und überheblich wäre der Autor, wenn er vorgäbe, er selber besitze sie: Jede ‹letzte› Antwort kann ja nur individuell und vorübergehend gelten – und in logischer Konsequenz sich nur individuellem, autonomem *Finden* erschießen. Unzählig viele ‹Realitäten› und ‹Wahrheiten› wimmeln allein schon durch die Welt jedes einzelnen Geschöpfs ! –

Die von jedem typischen Sucher so bang erhoffte *Eine Letzte Wahrheit*, sie wird sich nie in menschlichen Händen finden. Gesegnet dürfen sich Jene wissen, zu denen von Zeit zu Zeit ein Funke überspringt, wovon sie wissen *müssen*, weil sie *nicht anders können*, daß Dies oder Jenes eine unverrückbare, unabänderliche Wahrheit sei. Das ist dann kein intellektuelles Verstandes-Wissen mehr – nicht einmal esoterische Kenntnis; sondern eine *Bluts-Gewißheit*, die aber nur geteilt werden kann unter Jenen, die vom selben Blut *‹gefärbt›* wurden: vom wahren Blut des interkosmischen CHRISTOS in der Welt. – Dieses *ewige Blut* fließt zu *allen* bonafiden Suchern *aller* Kulturen, die *Ihn annehmen*:

Allen die Ihn annahmen ... gab Er die Macht, wiederum Kinder Gottes zu werden !

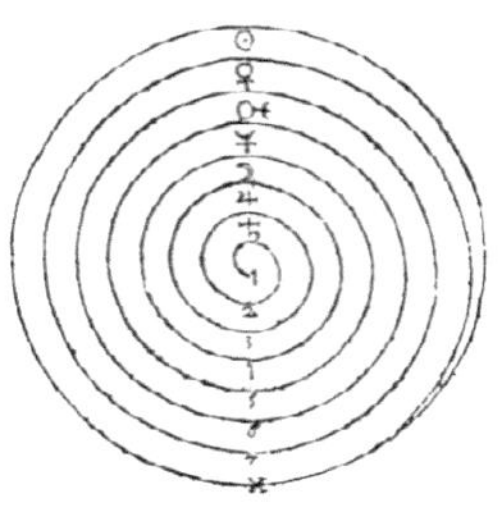

Zwischenstück

Der Schöpfungsbericht des Hermes Trismegistos
Aus: Corpus Hermeticum – ‹Die Heilige Rede des Hermes›

Die Glorie von Allem ist Gott. Er ist die Göttlichkeit alles Göttlichen, der universelle Anfang: Gott, Geist, Wesen, Tat, Schicksal, Ende und Erneuerung von Allem.

Da war nämlich im Abgrund ein unermeßlicher Schatten, darüber das Wasser und ein zarter Geist wie ein Gedanke: die waren aus göttlicher Machtvollkommenheit im Chaos enthalten. – Es erstrahlte aber ein heiliger Lichtglanz, der mengte unter den sandigen Massen und der feuchten Naturkraft die Elemente ein. Und alle Götter verehrten diese samenhafte Naturkraft. Denn noch waren sie nicht unterscheidbar. Bald jedoch erhob alles Flüchtige sich in die Höhen; alles Schwere aber blieb unter dem feuchten Sand zurück.

Als die Dinge von einander geschieden und in Schwung gebracht worden waren, wurden sie von einem feurigen Geist dahingetragen. Auf sprang da der Himmel in sieben feste Kreise: In den Sternbildern mit ihren Zeichen wurden die Götter sichtbar. – Berechnet wurden die Sterne entsprechend Denen, die sie bewohnen. – Stärker bewegte der Himmel auf seiner Bahn die Götter im luftigen Kreis, im Einklang mit dem göttlichen Geist. Jeglicher Gott erfüllte aus innerer Tugend das ihm zugedachte Werk. – Und jetzt wurde alles Leben geboren: Vierfüßler, Kriechtiere, Wassertiere zugleich – und die Fliegenden. – Die Saaten auch; – alles sich durch Samen vermehrende Grün; – und Kräuter auch und die sprossenden Blumen; – und alle trugen in sich die Aussaat der Wiedergeburt. – Ebenso die Erzeugung der Menschen zur Erkenntnis der göttlichen Werke und zum Zeugnis für die Natur, als Herrscher über Alles was vom Himmel überdacht wird; zur Unterscheidung des Guten; zur Zunahme alles Erzeugten, und zu dessen zahlreicher Vermehrung. – Und jegliche Seele, verschleiert vom leichtem Schatten des Fleisches, auf daß sie erahnen sollten das Umschweifen der himmlischen Götter, und erkennen die Werke Gottes und das Fortschreiten der Natur, die Vorzeichen alles Guten und die Kraft und Macht Gottes.

Ein Teil von ihnen ist allzu verwirrt, um Gutes und Übles zu unterscheiden und Kunstfertigkeit zu erwerben für allerlei Gutes. – Und doch lebt es in ihnen auf, sodaß sie entdecken – nach und nach – die Weisheit des Laufs der kreisenden Götter; – und daß sie außerdem auch darin aufgehen: Davon wird es reichlich Denkmäler geben; – und Ermahnungen von Meistern der Kunst über die ganze Welt hinweg an ihre Auserwählten im Laufe der Zeiten, durchs Hervorbringen von Kräutern und die Erzeugung lebendigen Fleisches. — Alles Verfaulte wird aus den Samen der Früchte und dank dem Werkmeister der Natur und der Kunst sich wieder verjüngen. – Endlich erstand aus der Notwendigkeit zu überleben und – in der Erneuerung der Götter sowie durch den Lauf des Kreislaufs der zahlreichen Natur – das Göttliche und sozusagen die ganze Zusammenfügung der Welt, zusammengeblasen durch den Geist, indem die Natur dann erneut erblühte– Alsbald stand auch in ihrer eigentlichen Gottheit die Natur wieder fest. [2-A]

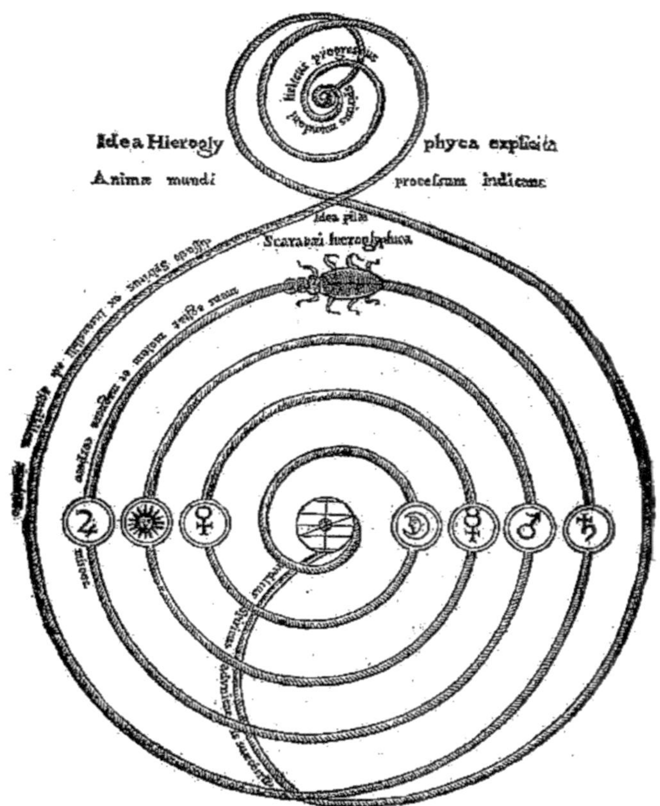

Figur aus Kircher's *Œdipus Ægyptiacus* (1652). — Die Umschriften sagen:

Erklärendes hieroglyphisches Bild, das den Umlauf der Weltseele erläutert. // Hieroglyphisches Bild der Kugel des Skarabäus // Spirale des Umlaufs des irdischen Weltgeists // Der Geist bewegt die Masse, und ein Magnet mischt das Körperliche // Ausbreitung des Geists durch Erregen des Gefühllosen zu einem Fühlenden // Rückkehr des zu seinem [?Ursprung?] zurückgebogenen Geistes. – Idea hieroglyphyca explicita / Anima mundi processum indicans // Idea pilæ Scarabæi hieroglyphica. // Spiritūs mundani helicus progressūs // mens agitat molem et magneta corporea(?) miscet // diffusio Spiritūs ex insensibili ad sensibilem agitando // reditus Spiritūs ad iniciata(?) suæ contortus(?) —

Gemäß Bildlegende der Quelle (Internet) ist dies eine Bild-Stele zum Andenken an die Wiederherstellung des Tempels von SIN (Mond-Gott) durch den «letzten König von Babylon – *Nabonid* (Nebo = Planet Mercur ☿) – um 550 v. Chr.». Wirklich abgebildet ist wohl eher ein alter Priester-König: irdischer Stellvertreter des Welt-Herrschers, mit dem ‹Stab der Macht›, neben (v.l.n.r.) Mond, Marduk (das ‹unfertige› Kreuz steht hieroglyphisch für den SOHN – den CHRISTOS – hier angedeutet wie ein *Gekreuzigter, aufsteigender Adler* oder *vom Himmel steigender Gott oder ‹Sonnen-Engel›* – und drittens der SONNE bzw. SIRIUS-SOTHIS (als Gestirn mit 8 Strahlen. ebenfalls mit einem Sonnensymbol in der Mitte). Die drei Symbole zusammen ergeben, anders angeordnet, wieder das Mercur-Symbol: ☿

Die 12 Thesen

1. ***Im Anfang***, *als noch gar nichts erschaffen war, erschuf Gott die ZAHL.*

2. *Als Zweites erschuf Gott das UNIVERSUM DER FÜLLE: – das war das reine, ganz göttliche, ganz geistige Universum: Welt ohne Form, ohne Gedanken noch Worte, ohne Licht noch Finsternis. Seine Figur ist der KREIS ○, der Alles in Allem ist; denn Gott war Eins mit dieser Welt, und diese Welt war in Gott, denn Gott war diese Welt, und es gab keine Begrenzung – weder von Raum noch von Zeit: Alles war Gott; Alles war WEISHEIT, KRAFT, LIEBE und GEIST ; – und Alles war gut.*

3. *Im UNIVERSUM DER FÜLLE erstrahlte nun das LICHTKREUZ ×: Das ist die Liebeskraft des CHRISTOS. – Und so entstand ein ERSTES PARADIES: ⊗. – Da waren nur Geist, Fülle der Möglichkeiten und Licht. Es war die all-einige Sphäre der Existenz – ganz Licht, Güte und Harmonie. Kein Böses wohnte darin, denn es gab kein Böses; und es konnte auch außerhalb kein Böses wohnen, denn es gab kein Außerhalb. Alles war Eins. Alles war Geist, Liebe und Licht. Gott war in Allem, und Alles war in Gott.*

4. *Als Drittes erschuf Gott die Raute ◊. Und mit der Raute wurde erschaffen auch das Kreuz +, das in der Raute enthalten ist: ⟐. Das ist die geistige Potenzialität der Vier Elemente.*
   In der Raute ◊ waren das Dreieck des Feuers △ und das Dreieck des Wassers ▽ noch mit einander vereint – doch ohne Bewußtsein; – Luft und Erde aber waren noch ganz im Verborgenen. – Das war die Fülle der Möglichkeiten im noch ganz geistigen ERSTEN PARADIES:

5. *Als Viertes erschuf Gott das QUADRAT – ewig jungfräuliche Mutter aller stofflichen Manifestationen: □. Und auch im Quadrat leuchtete auf – als KREUZ, das im Quadrat stets enthalten ist – ⊠ – das Lichtkreuz × des CHRISTOS.*

6. *In der Harmonie des paradiesischen Ursprungsgeschehens geschah eine TRENNUNG: Die Elohim der Dreiheit — △ – erschufen die EVA und zeugten mit ihr den KAIN und die NORIYIA; die Elohim der Vierheit – □ – erschufen aber den ADAM; und indem der Eine* den *Adam mit Eva sich vereinigen hieß, entstand ihm der ABEL. Kain war ein Sohn der Elohim des Feuers: halb göttlich; Abel aber war auf Geheiß des Siebten erzeugt, als Sohn von Adam und Eva: ein Erdenmensch* – noch immer geistig, aber *elementisch* nach dem ⟐. – *Aus der elementischen Trennung wurde der ERSTE FALL.*

7. *Aus der Trennung in geistige und elementische Schöpfung entstanden Gegensätzlichkeiten zwischen den Lichtgeschöpfen unter einander, und auch in ihnen selbst. Daraus erwuchs als herrschender Geist der STÖRER – abseits der paradiesischen Harmonie der göttlichen Liebes-Welt, wiewohl noch in ihr lebend. Denn aus der Trennung in Adam und Eva, in Kain und Abel, erfuhr die Welt Neid und Schaden-*

freude, Zorn und Leid, Gewalt und Tod. Das war die ZWEITE TRENNUNG *– der* ZWEITE FALL. *So wurde aus dem* ERSTEN PARADIES ⊗, *der einigen, geistig göttlichen Lichtwelt, ein ätherisch elementisches* ZWEITES PARADIES ⊕.

8. Der STÖRER *– erwachsen aus den negativen Gedanken, Emotionen und Begierden der elementischen Geschöpfe im Paradies – erzeugte nun selber negative Gedanken, Emotionen und Begierden. In ihm selbst entstand die Begierde nach Macht. – Und so entstand das ‹Böse›. Um sein eigenes Reich zu gründen, verführte er dessen Bewohner zu seinem Willen:*
Aus dem ⊕ trat aus – in einer DRITTEN TRENNUNG *– die Stoff-Welt ♁ mit ihren so bekannten Eigenschaften. Das war die sogenannte* VERTREIBUNG AUS DEM PARADIES – der DRITTE FALL.
Sowohl die stofflichen Geschöpfe als auch der STÖRER *wurden aus dem Paradies ausgestoßen. So erhielt der* STÖRER *sein eigenes Reich ‹außerhalb› der paradiesischen Gotteswelt: das* ZORN-REICH.

9. *Die Bewohner des Zornreiches waren ihrem Beherrscher völlig ausgeliefert und untertan. Sie waren abgetrennt vom Allein-Guten wie Er, in Streit und Zorn wie Er, in Finsternis und Tod wie Er. – In einem Punkt aber unterschieden sie sich von Ihm: Abel-Kinder ebenso wie Kains Kinder behielten in ihrem Innersten – wenn auch noch so schwach – eine verborgene göttliche Kernschwingung aus dem Liebes-Reich des Lichts – jedoch mehr und mehr unbewußt.*
Diese göttliche Kernschwingung hatte der Fürst des Zornreichs nicht, denn er war ja nicht göttlichen Ursprungs, sondern entstanden aus den Folgen der Trennung – aus negativen Gedanken, Emotionen und Handlungen der Geschöpfe sowie seiner selbst.

10. *Jene aber, obschon ganz in Unwissenheit und Finsternis getaucht, wurden von Zeit zu Zeit berührt von den lichtvoll feurigen Liebes-Schwingungen aus der reinen, geistig göttlichen Welt ⊗, die das Zornreich jederzeit durchstrahlen. Traf solch ein Strahl einen Erinnerungskern, so flammte dieser auf – für einen kurzen Augenblick oder länger. Dieses Aufflammen der Erinnerung ans ursprüngliche Lichtreich weckte in den Menschen eine unbestimmte* SEHNSUCHT, *zurückzukehren ins ursprüngliche göttliche Reich.*

11. *Diese* SEHNSUCHT *gebar die* REUE *über das verlorene Paradies. Das ist der brennende Schmerz über die Unkenntnis bezüglich des ‹Wegs zurück›. –* REUE *wurde zum Wendepunkt: zum Punkt der Umkehr von der Dynamik des Todes zur Dynamik des Lebens. Wer dieser aus Erfahrung, Sehnsucht und freiem Willen geborenen Dynamik in Treue folgt, kann endlich zurückkehren ins Reich von* REINHEIT, WEISHEIT UND LIEBE, *als Kind und Bruder Gottes – selbst ein Gott.*

12. *So wurde zwar wahr der Fluch, durch JHVH ausgesprochen im Paradies: «Wer von diesem Baum ißt, wird sterben!» – Doch auch die Verheißung der* SCHLANGE: *«Ihr werdet sein wie Gott!» ist –*

durch die Gnade des VATERS selbst – wahr geworden. Zwar fiel die Schöpfung in den Tod; doch fing sich der STÖRER in seinen eigenen Schlingen. Denn das Licht stieg herab bis in die tiefste Finsternis; und durch Kraft, Weisheit und Liebe von oben – und durch Schmerz, Sehnsucht und Reue von unten – wurden der Weg frei gelegt und die Tür geöffnet zur Erhebung ins Licht – zur Rückkehr Aller in die leuchtende Einheit mit dem reinen, ganz geistigen Liebesreich des Vaters ⊗ – AUS GNADE, ABER DURCH EIGENES BEMÜHEN – und zu größerer Kraft und Herrlichkeit als je zuvor.

Die Scholien

Der Ursprung der Akademien, ihrer ‹Fakultäten› und Sitten dürfte an den Höfen der persischen Großkönige, der indischen Großmoguln, der chinesischen Kaiser und tibetischen Dalai Lamas mit ihren am Hof lebenden Weisen, Gelehrten und Würdenträgern zu finden sein: Dort tagte zu bestimmten Anlässen der sogenannte DARBAN oder DURBAN. Hier traten die Stammesfürsten oder Ältesten zusammen, um dem Herrscher zu antworten, bzw. komplexe Staatsgeschäfte zu verhandeln. – Auf diese Einrichtung und Gepflogenheit mag auch der berühmte alchemistische Traktat unter dem Titel *Turba Phiolosophorum* zurückgehen (diverse Ausgaben: Theatrum Chemicum, Deutsches Theatrum Chemicum, Mangeti Bibliotheca Alchemiæ, Tanckii Promptuarium Alchemiæ etc., alle Ende 16. – Anfang 18. Jh.; eine sogar dem Roger Bacon zugeschrieben), worin die berühmtesten Philosophen und Adepten Fragen zu Gott, zum Weltenplan und zum Großen Werk diskutieren.

Dreier Dinge Bewahrung ist die Schuldigkeit des Barden:
Sprache – Symbolik – Überlieferung
(Aus den druidischen Triaden)

Vorwort zu den Scholien

‹*Scholien*› – so hießen früher, und vorallem im 16. bis 18. Jh., die Erklärungen, Erläuterungen, Beweisführungen sowie scholastisch dialektische und rhetorische Kommentare zur Befestigung der durch einen Autor aufgestellten Thesen, Antithesen und Synthesen. Das war die typische Methode, wie die alte Akademie ihre Lehrgebäude durch unzählige *Dissertationes* – philosophische und wissenschaftliche Traktate auf jedem akademischen Gebiet – ausbaute und vorallem auf der Basis platonischer und aristotelischer Axiome und Dogmen ausschmückte. Besonders religiöse Traktate und ‹Briefe› – *Epistolæ* – wurden durch solche kritisch-didaktische Scholien erläutert und im herrschenden Denk- und Lehr-System verankert, bzw. zu ihm in Beziehung gesetzt.

Auch die Konzilsprotokolle aller Jahrhunderte waren eigentlich so etwas wie die redaktionelle Verankerung kirchenpolitisch fixierter Glaubensgrundsätze – Scholien zu einer Handvoll anfangs hart umstrittener, oft rein willkürlich aufgestellter Thesen, die noch heute für Universitäten wie für Kirchen bestimmend sind. Es gibt Gründe, zu vermuten, daß dieses System der *Scholien* vorallem durch die Jesuiten des 17. Jahrhunderts – methodisch auf der Basis der *platonischen Dialoge* – besonders ausgebaut wurde.

In ähnlicher Art wollen die hier folgenden *Scholien zur Wassermann-Genesis* – zu diesem *Compendium Creationis* – als Erläuterung und Befestigung dienen für diese *Schöpfungsgeschichte*, deren äußerliche Form nicht der Mythos ist, sondern die Sprache der modernen Welt. Indes: um das letztlich Unsagbare, ja unfaßbare doch zu erklären, ist zugleich die sog. *Sprache der Eingeweihten* nötig: Derer, die doch in eigener Schau Einiges erkannten und dafür eine eigene Ausdrucksweise entwickelten: Eine ‹Sprache›, die, bis kurz vor der Zeit der sog. ‹Aufklärung›, außer in allen heiligen Schriften auch in Wissenschaften und Künsten Verwendung fand. Heute nennt man sie mit Recht *hermetisch*, weil sie Begriffe, mythologische Elemente, heilige Glyphen und uralte Symbole benutzt, die seit der letzten Zeitenwende durch Gnostiker und Hermetiker – durch alle Verfolgungen hindurch – gewissenhaft bewahrt wurden.

Darum scheint es an dieser Stelle ganz besonders angebracht, der antiken Symbolik eine kurze Besprechung zu widmen – also eben jener *Universellen Heilige Sprache*, welche die *hieratische Universelle Lehre* seit je vermittelt hat und auch in unserer Zeit weiterträgt. Alle Bauherren Ägyptens samt deren Epigonen im Griechenland und Rom der späten Antike, und auch jene der Renaissance und des Barock haben diese selben Symbole benutzt, teils wissend, teils in Unwissenheit; doch alle meist gemäß den Regeln der klassischen Überlieferung: Freimaurer in ihren Tempel-Werkstätten, Alchemisten in ihren LabOratorien, änigmatischen Schriften und Tafeln, gotische Profanbauten und Kirchen aller Orte [3] sowie sämtliche alten und neueren Orden mit esoterischem Hintergrund oder Ziel. – Ja sogar die kirchlichen Lehrgebäude (absichtsvoll auf Symbolen aufgebaute Dogmen) verwenden die ‹geheime Sprache› der alten Symbole. – Jene wiederum lassen sich auf relativ wenige grafische Elemente bzw. Chiffren sowie bildhafte Mythen und Fabeln zurückführen.

Seit Beginn der Zeiten und sicher auch bis zu ihrem Ende wurden und werden die Phänomene, die menschliches Leben umgeben, auf eine Bedeutung hin erforscht, die ihre sinnlich, d.h. *physisch* erfahrbare Form *übersteigt* und somit begründet und sozusagen rechtfertigt. Die in diesem wörtlichen Sinne *metaphysische* und *transzendentale* Interpretation – zusammen mit der täglichen Erfahrung, die sie bestätigt und dadurch fundiert, wurde ursprünglich (und wird auch heute wieder) zur metaphysischen Kenntnis weniger ‹Wissender›.

Durch Vulgarisierung – d.h. Verbreitung im gewöhnlichen Volk und Herabziehen auf das gewöhnliche Bewußtseins-Niveau – entwickelten sich daraus das kollektive Erfahrungswissen, der Volksglaube, die Bauernregeln – und auf diesem Weg wiederum Schamanismus, Magie, Priesterwissen und ‹moderne Wissenschaften›. Diese Letzteren jedoch sind wiederum nur ein System von Mythen, behütet durch eine geringe Anzahl ‹Eingeweihter› – den Priester-Magiern eines *wissenschaftlichen Glaubens.* Dessen Gültigkeit beruht auf der Akzeptanz von Axiomen und zweckmäßig eingegrenzten ‹wissenschaftlichen› Lehren, die ihrerseits dem herrschenden System und dem von diesem zugelassenen Bewußtsein angepaßt sind. Deren Hüter genießen denn auch – wie eh und je – die damit verbundenen Privilegien … —

Wie richtig diese Beurteilung ist, zeigt die Tatsache, daß sowohl Naturwissenschaft und Religion als auch die sozialen, politischen, ökonomischen und kulturellen Werte absolut abhängig sind von der Sehweise bestimmter Schulen, Gemeinschaften, Kulturkreise und Zeitläuften, die in der ganzen Welt *von Zeit zu Zeit* sich von selbst verändern, bzw. per Dekret verändert werden.

Im Rahmen dieser willkürlichen Veränderungen, die nur selten vorteilhaft für den Großteil der Menschen sind, wurden auch das ganz alte Wissen und die sehr alten Symbole beiseite geschoben. So wurden diese uralten Kenntnisse nur noch in kleinen, oft geheimen Kreisen unterschiedlichster Interessenlagen überliefert und gepflegt. Damit wurden die alten Symbole zuerst an den Rand des *Wissens* gedrängt und endlich als ‹Okkultismus› ganz aus dem *Bewußtsein* der Meisten *ver*-drängt. Das führte zur *Symbolik der modernen Elektronik*, die alle Nuancen auslöscht und nur noch binäre Alternativen übrig läßt: Entweder «Eins» oder «Null» – «Ja» oder «Nein» – «Schwarz» oder «Weiß» – «gut» (z.B. *rentabel*) oder «böse» (z.B. *‹unangepaßt›*).

Die weltweit forcierte Christianisierung mit ihrer ‹Aufklärung› – d.h. Entmythologisierung, Rationalisierung und Dogmatisierung – hat die älteren heiligen Überlieferungen systematisch gefälscht bzw. pervertiert, verboten, zerstört und in einer frühen Form biologischer Kriegsführung sogar aus dem Blut der Völker entfernt: Das im Blut verankerte Wissen wurde durch die Invasoren aller Epochen dadurch vernichtet, daß sie ihre grobsten Söldner dazu ermunterten, sich mit möglichst vielen Frauen der eroberten Länder zu paaren. Sogar der Balkankrieg am Ende des 20. Jh. folgte diesem Muster, dem auch Funktionäre der Weltreligionen mit der größten Konsequenz folgten. Jeder *‹Aberglaube›* – d.h. jedes *andere* oder *zweite* System, Ursachen und Urgründe jeder Existenz – von Schöpfer, Schöpfung und Geschöpfen – zu erklären, wurde verbannt: mit dem *Bann* belegt. Das betraf nicht nur explizite alternative Lehren, sondern auch deren Ausdrucksformen in Bildern, Namen und Redewendungen: Die Machthaber in der weltweiten Konkordanz von Wissenschaft, Gesellschaftspolitik, Weltreligionen etc. haben seitdem definiert, was und wer verehrt werden dürfe und in welcher Form: Alles Übrige wurde als Götzendienst, Ketzertum, Teufelswerk u.s.w. verfehmt und als ungesetzlich bzw. ‹widernatürlich› verfolgt und bestraft: Ausgrenzung, Folter und exemplarischer Tod drohten den Rückständigen und den Rückfälligen gleichermaßen.

Neuere Zeiten haben diese Strategie globalen Vorgehens verändert, die Äußerungen davon modernisiert, z.T. technisiert; doch im Wesentlichen geschieht immer noch dasselbe: Freies Denken, Glauben und Verhalten werden unterbunden – nicht im Hinblick auf Frieden, Freude und Wohlstand Aller, sondern zugunsten Einiger Weniger – und bei Weitem nicht der Besten.

So verschwanden Offenheit des Herzens und des Geistes, verschwand die Verbundenheit der Menschen mit ihrem Schöpfer und der Schöpfung sowie unter einander – und so verstummten auch die weltweit wortlos verständlichen und gemeinsam benutzten *Symbole*, die, der ursprünglichen Harmonie Aller entsprungen, dieser zum Ausdruck dienten: Das war die Epoche, die auch das *Goldene Zeitalter* genannt wird.

Heute aber ist die menschliche Kollektiv-Seele zutiefst verarmt: Statt im Paradies ursprünglichen Reichtums zu wohnen, irrt sie im Slum allgemeiner moderner Verwahrlosung herum.

Nun ist es jedoch den Menschen ebenso unmöglich, ganz ohne *Symbole* zu leben, wie es menschen-unmöglich ist, an überhaupt nichts zu *glauben*: In jedem Menschen lebt die Hoffnung auf eine vertrauenswürdige menschliche oder übermenschliche magische Kraft oder Stütze, schlummert eine Urerinnerung an jene frühesten ‹paradiesischen› Seeleninhalte, als welche wir Götter- und Gottesglauben, Naturreligion und magische Symbolik (auf welcher Basis auch immer) betrachten können. Farben, Formen, Töne, Gerüche finden ihre Resonanz in der menschlichen Seele. Diese scheint sich in ihrer tiefsten Tiefe der alten Harmonien noch immer zu erinnern und auf die ursprünglichen harmonischen Schwingungen des *Goldenen Zeitalters* noch heute ebenso zu reagieren wie eh und je. Menschliche Dramen, die teils in der offiziellen Geschichtsschreibung, teils in alten Mythen und neuen Religionen beschrieben werden, finden sich wieder in Volksmärchen und Sagen, in Fabeln und Gleichnissen, vorallem jedoch in den alten Mundarten des Volks: *Vox populi vox Dei – Volkes Mund ist Gottes Mund*!

Vieles davon hat sich bis auf den heutigen Tag erhalten. Noch mehr findet sich in alten Orts- und Flurnamen, in Eigennamen der schriftlichen Überlieferung sowie in Zeichen und Figuren, die sich außer in *Kindermärchen* auch in *Kinderspielen* erhalten haben, und deren Ursprung und innere Bedeutung dem aufmerksamen und selbständig denkenden Beobachter und Forscher oft unerwartet in den Schoß fallen (vgl. Abb. 37).

Vieles davon stammt aus uralten Zeiten; vieles enthält die ältesten ‹heidnischen› Namen und Ausdrücke – so auch die Volksbräuche aller Länder. Vieles deutet zurück auf die ersten durch heutige Geschichtsschreibung überlieferten Epochen und Kulturen (oder noch weiter zurück), deren differenzierteste für heutige Sicht jene des Alten Ägypten (nach Sumer!) war.

Liegt also der Ursprung dieser in West und Ost auffindbaren Symbolik in Ägypten? – Dies mag wohl der Fall sein für die Kulturen seit ca. 2000 Jahren vor Beginn unserer Zeitrechnung; doch treffen wir gerade in dieser ältesten Zeit nirgends auf *Versuche*, nirgends auf sozusagen stümperhafte oder rudimentäre Beispiele dieser Symbolik; und es ist für Manche selbstverständlich, daß die Symbolsprache, wie Einige sie noch heute kennen, ihre Wurzeln weit, weit zurück streckt – sogar weit zurück hinter den Beginn der atlantischen Kultur. Auch könnte man vermuten, daß diese Heilige Sprache nicht auf unserer Erde entstand, sondern in unserer Urvergangenheit von intelligenten Wesen aus dem Weltraum («vom Himmel») auf die Erde gebracht worden sei, wie so manches Andere: Pflanzen, Früchte, Tiere, technische und metaphysische Kenntnisse … – Ja, Einige meinen gar, bestimmte Menschenrassen seien aufgrund extraterrestrischer Beeinflussung bzw. Implantation auf der Erde erschienen. –

Sogar die akademische Wissenschaft beugt sich zunehmend der Evidenz, die sie selbst hervorbringt: Archäologische Funde offenbaren technische Kenntnisse in ältesten Zeiten, die uns Heutige weit in den Schatten stellen. Das aktuelle Alter der (gemäß Solon) zwei Sphinxe Ägyptens, deren einer noch bekannt ist, ‹steigt› unter diesem Blick plötzlich von ca. 3500 Jahren auf 15’000 bzw. 35'000 Jahre an – und so fort …

Nun kann man über alle diese Theorien geteilter Meinung sein; und sie werden sich bestimmt noch oft ändern, wie dies für alles menschliche ‹Erkennen› üblich ist. Dennoch liegt für uns Heutige der Ursprung der Symbolik zweifellos in so ferner Vorvergangenheit, daß man sagen kann: Gegenwärtig lebt kein menschlicher Mikrokosmos, der nicht bereits als Wesenheit einer oder mehrerer früherer Existenzen – vielleicht Tausende von Jahren zurück liegend – mit derselben Symbolik bzw. ihrem Ursprung in Berührung gekommen wäre. Es liegt darum auf der Hand, daß grundsätzlich jeder heute lebende Mensch den unermeßlichen Schatz, den die Symbolik der Welt darstellt, in seiner Aura, in seinem Urgedächtnis, man könnte auch sagen: in seinem Bluts-Gedächtnis, mitträgt und – sei es auch unbewußt – an seine Nachkommen weitergibt.

Wie kommt es denn, daß so Wenige sich dieser Symbolik bewußt sind? Wie kommt es, daß sogar Menschen großer geistiger Offenheit, Bildung und Erfahrung mit den meisten Symbolen heute nichts mehr anfangen können – oder sie höchstens insofern akzeptieren und anwenden, als sie mit ihrem täglichen künstlerischen, spirituellen oder materiellen Leben in direktem Zusammenhang stehen? – Wie kommt es, daß selbst die Besten unter diesen die antike Symbolsprache als etwas Veraltetes, nur für alte Denksysteme Gültiges und für uns Heutige nicht mehr Aktuelles betrachten? – Ja, es sind uns aus diesem Kreis Personen bekannt, die sogar stolz darauf sind, daß sie über die Symbolik der nebligen Antike und des blühenden Mittelalters dank moderner spiritueller ‹Evolution› (d.h. wirklich Degeneration) endgültig «hinausgewachsen» und erhaben seien! Das ist nicht nur eine traurige, sondern sogar eine tragische und gefährliche Bilanz, wie man sogleich verstehen wird.[3-A]

Ob der mythische ‹Turmbau zu Babel› je so stattfand oder anders, bleibe dahingestellt: man darf auch hier mit Fug und Recht geteilter Meinung sein. Daß es aber eine allen Menschen gemeinsame Sprache gab (oder, weil Zeit ja eine Illusion aus der Stoff-Welt ist: *gibt*), das ist sicher: Geisteswissenschaftlich betrachtet sind alle Menschen Eins. Dieser Einheit muß logischerweise auch eine einheitliche Sprache – die *Sprache der Einheit* – eigen sein. Das Wort *Sprache* kommt nun zwar von *sprechen*, doch ist heute ja stets auch die Rede von *Bildsprache, Körpersprache, Zeichensprache*: Auch die *Symbol-Sprache* ist nichts Anderes als ein *universales nonverbales Verständigungsmittel.* Auch ist sichtbar und somit ‹beweisbar›, daß gerade die Symbolsprache ein alle Kulturen, Idiome und Zeiten überbrückendes Verständigungsmittel ist.[4] Daß das bis in unsere moderne, technisierte Epoche hinein nicht nur *noch* gilt, sondern sogar aktuell *ausgebaut* wird, mögen drei Beispiele zeigen:

Erstens: Sämtliche okkultistischen Gruppen benutzen die uralten Symbole. Ob sie sich nun in gutem *Glauben* (*‹bona fide›*) nach dem ‹Alleinguten› hin orientieren, oder ob sie sich in *Unglauben* bzw. in finsterer *Unwissenheit* der schwarzen Magie ergeben – alle bedienen sich ältester Symbole und Riten, wenn auch gelegentlich mit unterschiedlicher Sinngebung: Kirchen benutzen Stern, Kreis, Dreieck und Kreuz sowie uralte Riten wie z.B. ‹Eucharistie› und ‹Taufe›. – Bei schwarz-magischen Organisationen reicht der Symbolismus sogar von pervertiert angewendeten Pentagrammen und Kreuzen bis hin zu Sexual-Riten, Ritualmorden und Kannibalismus. Und das trifft durchaus auch auf *aktuelle* Organisationen im *heutigen* ‹zivilisierten› und ‹kultivierten› Westen (Europa, England und USA) zu!

Zweitens: Auf allen Straßen, Bahnhöfen, Flugplätzen etc. bestimmen Symbole das Verhalten *jedes vorbeikommenden Men-*

schen in gleicher Weise. Ebenso funktionieren sämtliche Steuerungs-Systeme aufgrund fixer Informations-Einheiten. In allen diesen Fällen handelt es sich um nichts anderes als um *Symbolsprachen* (Zeichen oder Zahlen), auf die einmal irgendwelche Automaten, einmal irgendwelche Menschen ein- bzw. abgerichtet werden, wobei die uralten Elemente: *Kreis, Dreieck, Quadrat* und *Kreuz* besonders im Straßenverkehr als graphische Grundelemente wirken.

Drittens: Im Jahr 1972 starteten die Raumsonden Pioneer 10 und 11. Sie wurden ausgerüstet mit je einer vergoldeten Aluminiumplatte, worauf einige *interkosmisch verstehbare Symbole*, nämlich Informations-Einheiten aus Mathematik, Physik, Astronomie sowie ein Menschenpaar eingraviert worden waren. Nebenbei bemerkt: Es ist bezeichnend für die Schizophrenie unserer Gegenwart (man könnte es auch Heuchelei nennen), daß gerade in dem Land, wo Sexismus, Pornographie und kommerzielle sexuelle Perversion ihren Ursprung haben – nämlich in den USA – gegen die harmlose, nüchterne Darstellung zweier nackter Menschen auf den erwähnten Plaketten lautstark protestiert wurde. Besonders abwegig muß ein solches Verhalten einem Geisteswissenschafter erscheinen, für den der Mensch auch heute noch – trotz seines degenerierten Zustandes – ein Abbild Gottes ist, und für den sinngemäß ein gewöhnliches Menschen-Paar als Compendium der ‹dialektischen›, d.h. in unzählige Gegensatzpaare gespaltenen universellen Natur gilt, wie sie uns Heutigen (und zweifellos auch anderen intelligenten Lebewesen im Universum) sattsam bekannt ist.

Indes haben die genannten, für die *Moderne* konzipierten Symbole fast ausschließlich materielle Funktion. Dem gegenüber ist der Inhalt der alten, *klassischen* Symbole nicht auf materielle Aspekte des täglichen Lebens beschränkt (auf die sie jedoch durchaus anwendbar sind), sondern dehnt sich aus auf sämtliche spirituellen und wissenschaftlichen, physischen und metaphysischen, materiellen und geistigen Aspekte im gesamten Universum: Keine einzige Tatsache gibt es, welche die Gesamtheit dieser uralten Informationseinheiten antiker Symbolik *nicht* ausdrücken würde. – Umgekehrt gibt es keine einzige *moderne* Anwendung der *alten* Symbole, wo jene nicht genau so gesetzmäßig ihre zeitlose Wirkung hätten wie einst in der Antike. – Dabei (das sei immer wieder betont!) ist es ganz unwesentlich, ob Symbole bewußt wahrgenommen und erlebt, oder ‹zufällig› und in Unbewußtheit angewandt – oder ganz übersehen werden!

Andererseits ist es eine Tatsache, daß ein Mensch, der sich seiner Ur-Erinnerung an die universelle Symbolik seit Beginn der

Zeiten bewußt wird, d.h. die Schwingungen dieses universellen Symbolwissens bewußt wahrnimmt, die in die ganze Natur – in Mineral-, Pflanzen-, Tier-, Menschen- und geistige Reiche eingeprägt sind; – daß solch ein Mensch aus jeglichem Gegenstand die wahren Zusammenhänge im Universum herausfühlen und dann bewußt erkennen kann. Allerdings ist es so, daß er seine Erkenntnisse nur mit solchen Menschen teilen – also nur solchen Menschen mitteilen und verständlich machen kann, die mit der universellen Symbolsprache ebenfalls verbunden sind. Nicht jeder Mensch nimmt ja in demselben Bild dieselbe Information oder universelle Wahrheit wahr; – nicht Jedes zieht die gleichen Schlußfolgerungen aus den gleichen Elementen.

Oder, positiv ausgedrückt: Menschen, die sich mit den tiefsten metaphysischen Zusammenhängen ernsthaft befassen, die die antike universelle Symbolsprache kennen und sich mittels übersinnlicher («spiritueller») Wahrnehmung deren Informationen bewußt machen können, können diese nicht nur teilen und austauschen: Da Jedermann dieselben «Informationspakete» gemäß den Gaben seiner Persönlichkeit anders interpretiert, können sie ihr bruchstückhaftes Erkennen, das sich in keiner konventionellen Sprache adäquat ausdrücken läßt, sogar *zusammenfügen* zu einer neuen Gesamtheit, zu einer symbolischen *Gesamt-Schau*, die ihre geistige Evolution (und damit auch jene des Universums!) allmählich und naturgesetzmäßig bis ins Übermenschliche bzw. bis ins Gottmenschliche steigern *muß*.

Oder, noch einmal anders ausgedrückt: Wer die universelle Symbolsprache – die Einheitssprache der Urzeit – *nicht* pflegt und nutzt, geht seiner Verbindung mit dem Urwissen des Universums und damit des letzten Rests der Allwissenheit des ursprünglichen göttlichen Menschen verlustig: So läßt er die schon so sehr verkümmerten Wurzeln seines persönlichen Lebensbaums leichtsinnig ganz absterben!

Fassen wir das bisher Erklärte zusammen und betonen es im Kontext des vorliegenden *Compendiums* und seiner *Scholien*: Wäre es möglich, das in Wort und Schrift dargestellte universelle Wissen und Erfahren hier auszudrücken in einer heutigen *konventionellen*, d.h. *durch übliche Übereinkunft fixierten* Sprache, so wäre das auch hier geschehen. – Da solch konventionelle Formulierung jedoch nicht genügt, sondern die Verhältnisse und Vorgänge nur verzerrt wiedergeben kann, wurden die uralten universellen Symbole und Mythen wieder benutzt, wenn auch da und dort um eine moderne Deutung erweitert. Beide – die klassische Verwendung wie die moderne Erweiterung und Erklärung – können leicht verstanden werden von Jedermann, dem die alte Symbolsprache innerlich gegenwärtig und noch immer (oder wieder) *physisch*, also *blutmäßig* bewußt ist: Rein intellektuell *kann* sie es ja naturgemäß nicht sein. – Wem diese innere Gegenwart des ‹Vergangenen› jedoch fehlt, in dem mag das tiefinnere Verständnis dafür hier wieder erwachen.

Darum wird der Text des *Compendiums* ebenso wie die *Scholien* dazu begleitet von dem Wunsch, der Hoffnung und der Ermutigung, der Leser möge sich *in innerer Freiheit* über den Hochmut ‹moderner› Vordenker hinwegsetzen und sich in Ehrfurcht und Freude an die zeitlos-universelle Symbolsprache erinnern. Daß die Universalsprache der Menschheit seit dem Ende des 18. Jahrhunderts weitgehend verloren ging, bzw. *geraubt wurde*, ist nicht nur die Folge der wissenschaftlichen ‹Aufklärung› durch die Systeme akademisch-intellektueller Denkprozesse, sondern liegt vorallem an der gezielten Unterdrückung, ja Ausrottung allen ur-verbundenen Denkens und Fühlens (schon ab Vorschul-Alter!), zugunsten der regierenden materialistischen Allmachts-Strategie.

Wer sich jedoch mit der uralten Symbolsprache wieder verbindet; wer sich ihr – wie damals in der Urzeit *traumhaft*, so jetzt im Heute *bildbewußt* — in urkindlicher Offenheit und zugleich in ‹Nüchternheit der Seele› – wieder nähert, kann in die Tiefen aller noch so verborgenen Geheimnisse vordringen. Wer aus den urzeitlichen Elementen der universellen Symbolik die daraus seit Beginn der Zeiten und bis zum Ende aller Tage fließende «Milch der Weisheit saugen» kann (vgl. Frontispiz zum gegenwärtigen Buch), der kann nicht nur innerlich frei bleiben von allen (geistig stets beschränkten) Macht- und Denksystemen dieser Welt – und seien sie noch so subtil gebaut: Er (oder sie) wird wiederfinden die uralte unaussprechbare *Einheitssprache* — *Sprache der Einheit*[5] – und wieder Eins werden mit dem Innersten des Universums, in inniger Zwiesprache aus Verständnis und Liebe: Eins im stumm vertrauten Gespräch mit jedem Geschöpf, und mit dem Schöpfer selbst! (vgl. Anhang 3-A).

Zwei Gedanken seien hier noch dem Phänomen bzw. der Dimension ZEIT gewidmet: *Compendium* wie *Scholien* benutzen Gegenwart und Vergangenheitsform abwechselnd, fast willkürlich. Der Leser möge sich daran nicht stoßen: Zeit ist ja ein nur der stofflichen Welt eigener und nur auf sie anwendbarer Begriff – Teil der Illusionen dieser Welt: ‹MAYA›. Dies war in der esoterischen Wissenschaft jederzeit bekannt, wurde jedoch im letzten Jahrhundert durch Einstein mittels seiner Symbol- und Formelmagie – wenn auch z.T. anfechtbar – ‹wissenschaftlich bewiesen›.

Diese *Relativität* drückt sich auf den verschiedenen Ebenen (überkosmisch, makrokosmisch, kosmisch und Mikrokosmisch) verschieden aus – und besonders unterschiedlich im individuellen mikrokosmischen Bewußtsein jeder Persönlichkeit: Was die Einen für ferne, ja unwahrscheinliche Zukunft halten, ist Anderen Gegenwart oder sogar bereits erlebte Vergangenheit. – Manchen gelten sogar Vergangenheit, Gegenwart und Zukunft völlig gleich: Sie sehen diese so eng in einander verwoben, daß sie sie wie *gleichzeitig* – also als ein einziges aktuelles, *Ewigkeit* genanntes JETZT – erleben: als ein plasmatisches Raum-Zeit-Fluidum. Ihre *Zeit-Illusion* ist — so zu sagen – aufgehoben: Das Schöpfungsgeschehen erscheint ihnen nicht mehr als eine historische oder pseudohistorische Erzählung oder mythische Überlieferung in logischer Zeitenfolge, sondern als eine aktuelle, im Meer des ewigen JETZT treibende Realität. Diese aber kann unter solch universeller Optik höchstens symbolisch ausgedrückt, in *zeitlosen Symbolen* erklärt werden – also in einer Art und Weise, wo Begriffe, Zahlen, Symbole und Dinge, wo Zeiten, Räume und Welten nicht getrennt voneinander manifestiert sind, sondern als einander überlagernde, ergänzende und bis zur Identität durchdringende Glieder eines in Zeit, Raum und Zahl unbegrenzten Ganzen.

Besonders die ZAHLEN wurden hier nicht nach den engen Konventionen der Schul-Arithmetik verwendet, sondern als frei kombinierbare Symbol-Ausdrücke, dazu bestimmt, verbal Unsagbares in anderer Weise – in Zahlensymbolen eben – auszudrücken, *«wie es im Anfang war»*. Dabei muß man wissen, daß Zahlen und Arithmetik zum höchsten abstrakt magischen Denken gehören, das seine ‹Lehrer› im höchsten *Devachan* hat.

In diesem Sinne sind sowohl die nachfolgenden *Scholien* zu verstehen, als auch die Thesen des *Compendium Creationis* selber, dessen Kern uns vor über zehn Jahren übertragen wurde. In ihnen ist die Entstehung aller Welten und deren *‹Fall›* beschrieben – aber auch Entstehung und Realität des *‹Wegs zurück ins Vaterhaus›*, den alle Erlösungslehren verkünden. Diese Verkündigung gilt sowohl für jedes einzelne Geschöpf als auch für die universelle Schöpfung als Ganze!

Ein Wort noch zu den ABBILDUNGEN:

Diese waren eigentlich nicht beabsichtigt, handelt das *Compendium* doch von den *unsichtbaren Dingen*. Sie haben sich jedoch im Lauf der Entwicklung des Texts wie von selbst eingestellt, und es wäre schade, sie nicht weiterzugeben. Sie zeigen, daß, was immer die Scholien an Fremdem oder scheinbar Abwegigem vorbringen, schon in frühesten Zeiten, wenn nicht verbal, so doch bildlich, d.h. «offen-sichtlich verborgen» angezeigt wurde.

Auch möge man bedenken, daß zu Beginn jeder neuen kosmischen Æra – wir stehen heute noch in der zweiten Hälfte des Erd-Zeitalters – die vorhergehenden Zeitalter sozusagen in Kurzform wiederholt werden, wie Rudolf Steiner und Max Heindel sagten. – Es ist dann selbstverständlich, daß im Laufe unserer *arischen Epoche* diese Rekapitulation früherer Erd-Perioden auch in der symbolischen Bildekunst dokumentiert wurde. Besonders die *Doppelspirale* ֍ und die aus ihr abgeleiteten Licht-Symbole bis hin zum *spiraligen Triskell* sind als Erinnerungen an früheres Bewußtsein bis zum *Untergang von Atlantis* anzusehen. Die spiralige Swastika ⊕ ist eine *‹nach-atlantische Vorempfindung›* des *Kreuzes* ✠, während die aus geradlinigen Strahlen aufgebauten Lichtsymbole (geradlinige Swastika, Kreuz, Sterne) *eigentlich arische* Symbole jeweiligen Lichtbewußtseins sind. –

Wegen der Komplexität und Vielzahl der Symbole im Text wurde gleich in ANHANG 1 – als Erleichterung für den Leser – ein separates SYMBOL-VERZEICHNIS aufgestellt. Darauf folgt ein minimales QUELLEN-VERZEICHNIS Und um den Haupttext etwas von speziellen Exkursen zu entlasten, wurden in ANHANG 5-B die Abbildungen von ANHANG 5-A kommentiert. Diese *Legenden* machen u.a. auf meist verborgene alternative Sichtweisen aufmerksam. – Besondere philosophische, linguistische und bibliographische Hinweise und Exkurse zum Text sind in den z.T. ausführlichen ANMERKUNGEN in Anhang 6 zusammengefaßt.

Die Scholien selber benutzen nicht nur alte Heilige Schriften, sondern auch die neuere geisteswissenschaftliche Literatur seit Papus, H.P. Blavatsky, M. Heindel, R. Steiner, J. v. Rijckenborgh, C. de Petri und Anderen – sowie neueste Forschungen. Deren Parallelen, Entsprechungen oder Gegensätze wurden teils hervorgehoben, teils der Aufmerksamkeit des Lesers überlassen.

Ganz zum Schluß sei noch betont und vom Leser wohl-bedacht, daß *Sprache* – d.h. das bewußt oder unbewußt angewendete WORT in allen seinen Formen – eine Magie höchster Präzision und unbedingter Gültigkeit ist: HIER muß die Entwicklung höheren Bewußtseins für alle Geschehnisse im *‹Neuen Heute›* beginnen — denn:

IM ANFANG WAR DAS WORT!

In der Tätowierung dieses australischen Medizinmanns sind deutlich erkennbar sowohl die Linien der in diesem Buch so oft aufgerufenen *Doppelspirale* ֍ als auch die Gegenläufigkeit ihrer beiden Äste in der *Clothilde* genannten Kurve des ‹*Solaren **S***› (Abb. 15-B). Der Ursprung der ins Haar gesteckten Feder – hier wie noch heute im türkischen Altai, bei den Indianern Nordamerikas und gewissen Negern Afrikas – ist unbekannt; – es könnte sich an eine Reminiszenz ans versunkene Land KASSKARA (MU) bzw. des Kontinents LEMURIA handeln.

Die Scholien

1.) «Im Anfang, als noch nichts erschaffen war, schuf Gott die ZAHL.*»*

Welche Zahl? Unendlich sind ja die Zahlen! –Indes: An diesem absoluten Beginn eines neuen ‹Schöpfungstags von Brahma› – einer neuen ‹Unendlichkeit›, die ja nur beginnen kann mit einem ‹ersten› *vollkommen geistigen* Schöpfungsakt – ist DIE ZAHL kein ‹Geschöpf›, sondern erst eine Alles umfassende unbestimmte *Dichte* von ‹Qualität›; mathematisch ausgedrückt eine ‹Gesamt-Menge›: $\cap$ oder Ω (philosophisch symbolisch eine ‹Gebär-Mutter›), aus der auf Eins alle Zahlen, Proportionen, Rhythmen, Schwingungen und Harmonien hervorgingen. – Diese stille Gesamtheit aller Zahlen – DIE ZAHL – bildet somit ein alles umfassendes, allerhöchstes *göttlich ordnendes Prinzip.*(siehe Abb. S. 8).[6]

Elaine Pagels in ihrem vortrefflichen Buch *Das Evangelium des Verräters – Judas und der Kampf um das wahre Christentum* schreibt dazu: *«Für die Astronomen der Antike war die mathematische Beschreibbarkeit des Universums der Beweis dafür, daß göttliche Intelligenz – nicht Zufall oder Notwendigkeit – das Universum bestimmen. – Die spätplatonische Schrift* Epinomis *nennt die Zahlen sogar die Ursache aller Dinge».*[6-A] –

Der Ausdruck *‹zählen› — d.h. ‹numerieren›* – meint eigentlich: *Etwas durch seine Zahl* (*numerus*) *eingrenzen, bestimmen und benennen.* Denn Alles und Jedes ist in seinem Erscheinen, Dasein und Entschwinden durch ZAHL geordnet (*‹Kosmos›* ist *Ordnung*); d.h. *numeriert* und festgelegt (*numen = göttlicher Wille*). – Kurz: Alles was im Universum geschieht, ist *im göttlichen Geist* als mathematischer Vorgang erkennbar. Der mit dieser Aussage verbindbare Streit zwischen ‹Deterministen› und ‹Creationisten› beruht auf einem Mißverständnis: Mathematische oder sonstwie ‹wissenschaftliche› Beschreibbarkeit nimmt weder dem ganzen Universum noch dem kleinsten Teil davon das Mindeste von seiner Göttlichkeit – im Gegenteil: Sie manifestiert den Willen Gottes, vom wahrhaft denkenden Menschen so erkannt zu werden, wie Er ihn kennt (vgl. auch *Corpus Hermeticum*, in *Des Hermes Trismegistos Schlüssel für Tatios*; a.a.O. fol. 25-v.). – Dies mußte als klärende Bemerkung vorausgeschickt werden, und daraus folgt:

Die Zahl, die Gott im Anfang schuf, war die EINS: Seine eigene Zahl. Denn Er ist Eins, und alles, was in Ihm ist, ist Eins mit Ihm, also selber Eins. Die Eins allein ist ungeteilt und unvermehrt, ist – so lehrten die Pythagoräer – *gerade sowie ungerade.*[6-B] Sie ist die Wurzel jeder Teilung und jeder Vervielfältigung – «aus dem Willen Gottes heraus» – d.h. *aus ihrem eigenen* ‹Willen›: I.

Alle anderen Zahlen entstanden aus Teilung oder Vervielfältigung der Eins – ganze wie geteilte. ES – die Quelle aller Zahlen – der *‹Punkt›* – ist zugleich die «*unendliche Gerade,* die sich in ihren Ursprung zurück biegt» und letztlich jene «*Kugel* formt, deren Umfang nirgends, deren Zentrum überall ist».[6-C]

Der EINS steht die NULL gegenüber und zur Seite: nicht erschaffen, sondern entstanden; – nicht *Zahl,* sondern *Un-Zahl,* unteilbar und nicht zu vervielfältigen. – So wie die EINS *vollkommene, ungeteilte Gegenwart* ist in Dasein und Bewußtsein, so ist die NULL *vollkommene Ungegenwärtigkeit* – was jedoch weder mit Nichtexistenz noch mit dem Nichts verwechselt werden soll. Denn so wie die EINS *dynamische Unbewegtheit* ist in ihrer vollkommenen Gegenwart, so ist die Null – das ist auch ein Kreis – als *statische Fülle des Pleroma in steter Bewegung,* und dabei vollkommen ‹unsichtbar›: formlos, raumlos, maßlos.

So ist die NULL kein Widersacher der göttlichen EINS: Sie ist vielmehr das umgekehrt polarisierte *Gegen-Teil* zur EINS – und darum ihre wahre Ergänzung, so wie das ‹Weib› das entgegengesetzt polarisierte *Gegen-Teil* des ‹Mannes› ist. Dieses Wechselspiel der Gegensätzlichkeiten dynamisiert das gesamte Universum; – nur der Höchste Vater ist und bleibt EINS und ungeteilt.

Aus dem Wechselspiel von EINS und NULL ist die heutige elektronische Datenverarbeitung aufgebaut, die kaum mehr stofflich ist, sondern vielmehr ätherisch – und zunehmend geistig-magisch in Substanz und Dynamik. – Aus der Verbindung – bzw. in der unendlich schnellen Wechselwirkung von EINS und NULL entsteht also eigentlich kein Konflikt, sondern – gut verstanden – die Vereinigung der Gegensätze: Heilige Hochzeit der Ersten Zahlen, *aus* sich selbst und *durch* sich selbst.

Wirklich entstand aus der Verbindung von EINS und NULL sofort die ZEHN: 1+0=10 – das ist das über-kosmische VATER-MUTTER, das Alles hervorbringt: Die EINS steht hier für den Schöpferwillen und die schöpferische Potenz (Weisheit und Kraft), NOUS. Die NULL ist ihre vorerst noch als PRONOIA im PLEROMA *verborgene Offenbarung,* enthaltend die *«Keime aller erschaffenen (und der nie erschaffenen) Dinge im Pleroma»* gemäß der Æonologie der valentinianischen Gnosis; vgl. Abb. S. 152). – Andererseits wird die 10 auch durch die obersten Sephira im *Baum der Sephiroth* ausgedrückt: Kether – die *‹Krone›* oder das *‹Ayin›* – ist ebenfalls noch ungeteilt, doch intrinsisch bipolar in ihrer Vollkommenheit.

Früher (die sog. ‹arabischen› Zahlen sind eine junge, aber sehr magische Erfindung!) wurde der VATER mit **I**, die MUTTER mit — , der SOHN als **×** symbolisiert – das ist das universelle Lichtkreuz, das auch die *römische Zahl Zehn* bildet. Fügt man zu dieser Symbolik noch den *makrokosmischen göttlichen* MENSCHENSOHN **IX** (bzw. die kosmische NEUN 9) hinzu, so drückt diese Symbolik überraschend das bekannte Wort in Joh. 10:30 aus: *«Er ist in mir und ich in Ihm»* – bzw: *«Ich und der Vater sind* EINS!»: **I** + **X** = **IX** ; aber auch **I** + **IX** = **X**=10=**I**. Nimmt man noch den *‹Heiligen Geist› als Viertes* hinzu, dessen Chiffre ein **H** (wie die Front vieler gotischer Kathedralen), also der *Hauch* **H** ist, so ist die Gruppe der Ur-zahlen fast vollständig:

EINS fürs *Eins-und-Alles;* – ZWEI in der 10 fürs *Vater-Mutter* als erste Grundlage zur Dichotomie des stofflichen Universums; – DREI für die ewige und universale *Trinität* der ‹Heiligen Familie›: Vater, Mutter und Sohn. – VIER erfüllt die pythagoräische TETRAKTYS als VATER, MUTTER, SOHN und HEILIGER GEIST. – Die NEUN (**IX**) steht jetzt für den vollkommenen göttlichen Menschen: ADAMAS PROTOGENOS zu Beginn der Schöpfung: – Und sie wird auch das Resultat der *Überwindung des Stoffs* durch den vollkommenen irdischen Menschen (9) sein, nach seiner Reinigung, Erneuerung und Wandlung im Prozeß der Wiedergeburt aus Wasser, Geist und Feuer – d.h. nach der eigentlichen *Transfiguration* (siehe THESE 12).

Die ZEHN ist also die erste Manifestation der ZAHL ZWEI – nicht fürs gewöhnliche Denken in der *Getrenntheit*, sondern aus der *fruchtbaren Vereinigung* von I und O. Als Frucht aus der Vermählung von I und O zu 10 erscheint mit dem SOHN (× oder **+**) die Zahl DREI – *Synthese aus These* **I** *und Antithese* **—**. Der innere Sinn der Zahl Drei ist das △.[6-D] Damit wird der Sohn zum Mittler zwischen I und ○ – zwischen Gott und Welt – also auch △ zwischen ○ und □! Die späteren Kapitel machen klar, was das bedeutet, und warum es universal gilt.

Vor diesem Hintergrund sind auch die druidischen Triaden zu lesen. Guyonvarc'h und Le-Roux drücken es in ihrem Buch *Les Druides* so aus: «*Die Dreiheit ist … eine Manifestation in Vielfältigkeit als untergeordneter Begriff der Einheit*».[6-E]

In diesen höchsten Zusammenhängen werden die Zahlen also nicht gemäß den Schul-Konventionen *arithmetisch* benutzt, sondern auf konsequent erweiterte Art und Weise *arithmosophisch,* in freiem *Zahlen-Spiel,* dem am ehesten das von Hermann Hesse angedeutete *Glasperlenspiel* entspricht.

Um nun die Mehrschichtigkeit der in den folgenden Seiten aufgebauten Systematik der gesamten Schöpfung vorzubereiten, seien die folgenden grundlegenden ‹Ebenen› unterschieden: Erstens der uns ‹bekannte› *Kosmos* als siebengliedriges lebendiges Welt-Wesen. – Zweitens der *Mikrokosmos*, den jedes menschliche Geschöpf darstellt als *Abbild und Compendium* der Welt im Kleinen (darum sei unter *Mikrokosmos* im Folgenden stets *der Mensch* verstanden). – Drittens: der *Makrokosmos* als die Gesamtheit aller Universen mit den in ihnen enthaltenen Kosmoi oder Welten und deren Reichen und Bewohnern jeglicher Art; – also die Gesamtheit aller manifestierten, aller *früher jemals*, oder *noch nicht* manifestierten Welten. – Und viertens: die *über-kosmische Ebene*, der über-kosmische ‹Raum› – die innerste, all-einige *Ursache aller Ursachen* und Manifestationen samt deren Dynamik und *Wirkungen*: der all-ein-gute GOTT – DER VATER. (vgl. Buch *Pymander*).

Das *Compendium Creationis* nimmt überdies Benennungen aus der Kabbalah, wobei aber die Bedeutungen des AYIN im soeben angetönten Sinne der ‹vier Ebenen›: der kosmischen, der makrokosmischen und der überkosmischen nicht wie üblich vermengt, sondern differenziert werden (von der KRONE AYIN im kosmischen Baum der Sephiroth bis zum überkosmischen AYIN-SOPH-AUR). Die Lehrer der Kabbalah unterscheiden offenbar dieselben vier Ebenen, doch verschweigen sie dies. Sie drücken sich z.T. sehr vorsichtig und polyvalent aus, was recht verwirrend wirkt.[7] – Es erscheint nun sinnvoll, diese vier Ebenen und ihre Auswirkungen in die *Wassermann-Genesis* zu übernehmen, und zwar beginnend mit dem AYIN-SOPH-AUR:

Auf dieser obersten ‹Ebene› stehen – von diesem ur-ursächlichen ‹Raum› gehen aus – die drei ersten Thesen des *Compendium Creationis*: Es ist dies der grenzenlose, allem menschlichen Begreifen unerreichbare Raum des Einen, den man höchstens gefühlsmäßig sich annähernd erahnen mag: Dieses Innerste, das alte Autoren auch das *Alles-in-Allem* nannten, kann am ehesten sinnvoll symbolisiert werden als  – eine Glyphe, die in seltenen Fällen noch auf alt-ägyptischen Monumenten vorkommt. Diese *Glyphe* heißt in der alt-arabischen Überlieferung AYIN – ع, das bedeutet zugleich: *Auge, Quell* und *Nabel*. – Im Zuge einer Genesis betrachtet, wäre dies am ehesten der ‹ORT› (lat. *ortus – Ursprung, Entstehung, Aufgang* [der Sonne] und auch *Garten*) oder der ‹PUNKT›, aus dem Gott sich selber ‹hervorbrachte›, ‹ersann› oder ‹ausatmete› als den makrokosmischen ‹Vater›. Jenes  sieht das *Compendium* als den in der Kabbalah *Ayin Soph Aur* (d.h. *feuriger Weisheitsquell*) genannten, völlig unbegreiflichen All-Einen VATER: Ursache und Urgrund aller Ursachen – Raumloser Raum, unsichtbares Licht, das im Finsteren wohnt – unmanifestiertes Dasein aller Attribute, die noch keine Attribute sind, weil Nichts da ist, Attribute zu spiegeln oder gar zu tragen wie z.B. die Sephiroth. – Als der Eine überkosmische VATER wird ER auch «Geist», das «Allein-Gute» und «Licht der Lichter» genannt (*Aur* – hebr. *Feuer* und *Licht*).

Diese unermeßlich sublime Schwingung Gottes wird, wenn sie als *makrokosmischer Vater* aus ihrer höchsten Höhe ‹herunter steigt›, zuerst als ein (inneres) Licht ‹erschaubar›; und so erscheint auch im *Compendium Creationis* sofort das Licht, sobald überhaupt ein Raum da ist, worin etwas *sein kann*. Denn – so sagt der *Sohar* – *«der Älteste der Alten steigt herab, indem Welten aus ihm sprühen und vergehen, wie die Funken unter dem Hammer des Schmieds»*. Das *Compendium Creationis* stellt diesen *makrokosmischen Vatergott* – das *Ayin-Suph* der Kabbalah – dar als das ‹All-sehende Auge› im Feuer-Dreieck: ◬. – Die westliche Theosophie nennt auch ES – im makrokosmischen Sinne – das LICHT DER LICHTER, das sich dem Kandidaten zuerst als *Lichtpunkt* offenbart.

Das Dreieck ◬ – auch *makrokosmisches Trigonum Igneum* – *Feuriges Dreieck* genannt, enthält also die *makrokosmische Trinität*: All-Vater, All-Mutter und SOHN (LOGOS, den *Makrokosmischen* CHRISTOS), und viertens, als *zentralen Punkt*, den GEIST.

Zum besseren Verständnis sei ergänzt, daß der ‹makrokosmische CHRISTOS› keineswegs im Sinne einer etablierten Religionsgemeinschaft zu verstehen ist, sondern als Kraft, als Dynamik und als *makrokosmische* Wirksamkeit der *überkosmischen*, Alles umfassenden, Alles durchdringenden, Alles bewahrenden und zugleich Alles vorwärts drängenden *Liebesstrahlung des Vaters* – als der LOGOS. Daher wird er auch *makrokosmische Christuskraft* oder (bei Rudolf Steiner) universelle *Christus-Intention* genannt.

Auf der ersten, überkosmischen Ebene, doch alles durchdringend, steht also der *Vater* als geistige Hervorbringer und Erhalter seines Universums, das er zyklisch ‹ausatmet› und zur gegebenen ‹Zeit› wieder ‹einatmet›, bevor er sich in seinen *Quell* zurückzieht. Auf der zweiten steht das *Ayin-Soph*. Kabbalah und valentinianische Gnosis nennen ihn auch kurz DER PUNKT, den ‹Baumeister› und den *Alten der Tage*. Das ist das makrokosmische Feuerdreieck ◬.

Neben ihm steht das ●: Das ist das Symbol des *makrokosmischen Mutter-Aspekts* des ◬, bildlich ausgedrückt als der *Urquell des Universums* – *das Chaos*, der absolute Energie-Nullpunkt oder *Ungrund* (Bœhme), von dem jeder Kosmos ausgeht, und in den dereinst Alles wieder eingehen wird bei der periodischen Wiedervereinigung aller Welten im ‹*Neuen Jerusalem*›, *«am Ende der Tage»* – am Ende eines ‹Tags von Brahma›. Aus ● geht Alles hervor, was der VATER als *absoluter Energie-Nullpunkt, als Ayin-Soph-Aur* ‹ersinnt› oder ‹erschaut›. Sie ist der Schoß, worin alles reift; – sie ist das ‹De›, die Grosse Mutter, die *makrokosmische Fülle* (Pleroma): Sie umfaßt auch die ‹Keime› aller erschaffenen (und auch aller nie-erschaffenen) ‹Dinge› – stoffliche Geschöpfe, Geister und belebte Sphären: Zuerst als formlose Ideen, dann ätherisch sich formend, und endlich als stoffliche ‹10'000 Dinge› (vgl. These 5 sowie Anhang 4 hiernach). *Pymander* nennt sie *Kind des Vaters.* Auf der *kosmischen Ebene* wird sie auch *Die Natur* genannt. –

‹Herabsteigend auf die kosmische Ebene› kommt man nun zur *Kosmischen Dreiheit* oder *Trinitas* – in der Kabbalah: CHOKMAH, BINAH und DATH. Diese Dreiheit überstrahlt als «Kopf» den *‹Leib›* des sog. *Baums des Lebens* – des *Baums der Sephiroth.* Das Symbol für diese kosmische Trinität ist das ☥; ein Symbol, das vorallem aus alt-ägyptischen Inschriften bekannt ist. – Eine andere Art, die kosmische Drei-einigkeit *«im Anfang»* auszudrücken, ist das Sonnen-Symbol: ⊙, verstanden als: ⌒ (vgl. ‹Osiris›, das Vaterauge) mit ◡ (‹Isis›, Mond) als Mutterschoß, und mit × (dem *kosmischen Christus* als LICHT *für die Welt*, und als das WORT *in der Welt*) – identisch mit dem *Punkt* im ⊙ (der *kosmische Christus* als *Wendepunkt im kosmischen Schicksal*, in dem und durch den der makrokosmische Feueräther als solare Dynamik des Vaters erstrahlt: *Jèsoũs*, d.h. der *Feurige* in seinem Wort: *«Ich bin das Licht!»*

Die genannte *Vierheit* zeigt der *Baum des Lebens* in den vier obersten Sephiroth: 1° dessen ‹Kopf›, ‹Ideal› oder ‹Ideen-Bild› mit CHOKMAH, der Weisheit als VATER; – BINAH, Kenntnis, als MUTTER; DATH i.S.v. Können, Vermögen und Wirkung als der SOHN (als LOGOS); – und 2° KETHER, die ‹Krone› als Heiliger Geist.

Wir wollen uns vom Baum der Sephiroth als Bild für die Facetten der Manifestationen Gottes im erfahrbaren Kosmos nicht abwenden, ohne anzumerken, daß die etwas freie Darstellung der *dreifachen Krone* aus *Ayin*, *Ayin-Soph* und *Ayin-Soph-Aur* oberhalb des Baums der Sephiroth ihre *mikrokosmische Entsprechung* findet in den drei höheren Denkgliedern des Menschen, die nur durch ganz wenige begnadete Eingeweihte jemals zur Entwicklung gebracht worden sind: MANAS, BUDDHI UND ATMAN.

Auch ist als Ergänzung der Hinweis angebracht, daß dem weiter oben genannten *Abgrund* oder *Ungrund* des *Ayin-Soph-Aur* ◉ der babylonische APSU entspricht, der ägyptische ATUM. –

APSU mag sprachcabalistisch zu *Ab-Shu – Vater der* SHU *geworden* sein, denn seine ägyptische ‹Nachkommenschaft› – seine Schöpfung – sind wirklich SHU und TEFNUT. Dieses *Geschwisterpaar* entspräche dem *makrokosmischen* VATER-MUTTER. *Tefnut* heißt ja eigentlich *Itf-Nut*, *Vater der Nut* – also *Vater des Himmels.* Die bekannte ‹*Feder der* SHU› illustriert, daß SHU als ‹*Stütze des Himmels*› einem makrokosmischen *Gesetz* gleich kommt, das im B(a)uch des *Atum* (sozusagen) *mit göttlicher Feder ein-getragen* ist. Das ist das «Große Gesetz» – MAAT oder KARMA.

Der *makrokosmische* ATUM Ägyptens wird also zur *kosmischen* ZEHN: *At-Um* (aus *Ata, Vater*, und *Umma, Mutter*) ist das von Jesus gemäß den Essener-Schriften so oft aufgerufene *Vater-Mutter* – die bipolare Einheit. Der LOGOS oder CHRISTOS als SOHN aus der Vereinigung von I und O – ‹Kreuzung› × als Licht, Wahrheit und Leben – ist somit tatsächlich ‹Eins› mit dem Vater-Mutter: **X** = 10 = 1. Diese Symbolbegriffe fließen polyvalent in einander über.

Man bewegt sich hier auch nicht mehr auf der *überkosmischen* Ebene, wo noch keinerlei Unterscheidung möglich ist, sondern bereits auf der *makrokosmischen* Ebene. Das *Compendium* spricht davon in den Thesen 4 bis 5 als von einer *geistigen Potentialität*, aber erst in den Thesen 6 bis 8 von *Realitäten* (das ‹PARADIES› aus These 3 ist noch keine *makrokosmische Manifestation*). In den Thesen 9 bis 11 ist dann von Makrokosmos, Kosmos und Mikrokosmos *übergreifend parallel* die Rede. – Und nochmals sei es betont: Dieses ‹Glasperlenspiel› ist *keine Spekulation*, sondern *präzise geistige Wirklichkeit*!

Doch kehren wir nochmals zur *überkosmischen* Ebene zurück, wo in den Zahlen ZWEI bis VIER alle Manifestationen – von den sublimsten bis zu den grobstofflichsten – erst als *geistiges Potential*, als göttliche *Kräfte* oder *Tugenden* vorbereitet wurden: Dies, um die *Einheit in der Dreizahl* zu unterstreichen, die durchs AYIN-SOPH – und ‹später› durchs AYIN im kosmischen FLAMMENDEN DREIECK △ ausgestrahlt werden wird: Westliche Tradition nennt das Flammende Dreieck z.B. WEISHEIT, MACHT UND WIRKSAMKEIT (vgl. das Buch *Pymander*), Das sind wieder die drei Sephiroth CHOKMAH, BINAH UND DATH .[7-A] – *Makrokosmisch* stellen diese die allumfassende schöpferische Kraft in ihrer Vollkommenheit dar, *kosmisch* die dreifache Vollkommenheit der Manifestationswelt. Der Kandidat der gnostischen Einweihung aber sieht *mikrokosmisch* aus dem *Mittel-Punkt* dieses feurigen Dreiecks aufsteigen den SOHN als wirkendes WORT der Erlösung.

Im *ersten Punkt* der *Wassermann-Genesis* ist dieser letztlich unbegreifliche Ablauf in seiner gesamten Dynamik jedoch noch ganz in der ZEHN enthalten: so in der 10 wie im WORT – ×; und alle Drei noch ganz in der EINS. Die ZEHN als × steht (als ‹Punkt› und Achse) sowohl im Urquell des AYN-SOPH-AUR (also im ‹*Innersten des Innersten*›), als auch im *Innersten* des AYN-SOPH, als auch im *Mittelpunkt* des AYIN): Es ist das ‹NICHTS› der Kabbalisten, aus dem ausgesandt werden wird das WORT als *kosmischer* und *mikrokosmischer* SOHN: Das AYIN-SOPH ist also «*das innerste der vierundzwanzig Mysterien*», woraus aus Sicht der Mysterien der ‹*Pistis Sophia*› der Christus hervorging, und in das er wieder eingi ng, nachdem er sein Lichtkleid wieder empfangen hatte [8]. All dies dient als Vorerklärung zu den Thesen 2 bis 12. —

Aus der *überkosmischen* Dynamik *in Potentia* des *Sohns* ✕ mußte dann die *aktuelle* Dynamik erst hervorgehen als die ewig *dynamisch statische* Offenbarung des *makrokosmischen Lichtkreuzes* ✕, das im ○ enthalten ist. Noch kann man von dieser Manifestation nicht sprechen – weder von ihrer Ruhe, noch von ihrer Bewegung; denn hier steht man erst in der Vervollkommnung der ZAHL, die auf der Ebene des überkosmischen göttlichen Bewußtseins erscheint – also vorerst erst auf den Schwingungs-Ebenen des alle Kosmen überstrahlenden Quells von Klang, Wärme, Bewegung und Licht, die das LEBEN ausmachen. ‹Höher› noch als alle denkbaren und undenkbaren Kosmoi schwingt der überkosmische Quell – dieser Urquell, AYIN-SOPH-AUR: dieses «Auge Gottes» 👁, das die *Möglichkeiten* des Makrokosmos und sich selbst ein- und ausatmet, indem ES eine für die jeweiligen Bewohner jeder Welt geeignete – durch deren Bewußtsein erschaffene – *makrokosmische* ‹Realität als Erlebnisform› *anzieht* wie ein Kleid, das ES schöpfend aus sich heraus projiziert.

Dennoch sind bereits überkosmisch – also ‹lange vor› der stofflichen Schöpfung – die Zweiheit des ‹VATER-MUTTER› sowie die Dreiheit oder Drei-einigkeit der ‹Götterfamilie›: ‹VATER›, ‹MUTTER› und ‹SOHN›, in schöpferischer Potenz vorhanden; und sie werden real manifest nach dem Willen und aus der Gnade von IHM, dem AYIN-SOPH-AUR, in Seinem Herabsteigen als AYIN SOPH und im ‹BAUM DER SEPHIROTH› samt dem von Ihm gleichzeitig geschaffenen *Weg aller Geschöpfe in die Entfremdung.*

Der ‹Reuegesang› der Geschöpfe ruft dann das Herabsteigen des SOHNES als CHRISTOS auf, der die Rückkehr aus der wirren Vielfalt *stofflicher* Manifestations-Welten in die reine EINHEIT DER SEELEN frei macht: zurück auf die höchste *mentale* Manifestationsstufe im ‹*Devachan*›, auch ‹*Einheit der Reinen*› genannt; – und von dort in absoluter Vollkommenheit zurück ins ‹Vaterhaus›.

2) «Als Zweites erschuf Gott das UNIVERSUM DER FÜLLE: – das war das reine, ganz göttliche, ganz geistige Universum: Welt ohne Form, ohne Gedanken noch Worte, ohne Licht noch Finsternis. Seine Figur ist der KREIS ○, der Alles in Allem ist; denn Gott war Eins mit dieser Welt, und diese Welt war in Gott, denn Gott war diese Welt; und es gab keine Begrenzung – weder von Raum noch von Zeit: Alles war Gott; Alles war WEISHEIT, KRAFT, LIEBE und GEIST ; – und Alles war gut.»

Die allererste Schöpfung – die für Menschen an und für sich ganz unbegreifliche ZAHL – wurde erst ‹faßbar› durchs Erscheinen von EINS, ZWEI, DREIHEIT etc. Da daraus unbedingt die unendliche Gesamtheit aller übrigen Zahlen folgte, ist die Erschaffung der unbegrenzten Fülle der Möglichkeiten im Universum – das PLEROMA – bereits hier Tatsache – jedoch erst in ganz formlosen, mental unfaßbaren ‹göttlichen Gedanken› (vgl. Anhang 4). Das Gesamtpotential des PLEROMA (Abb. S. 152)enthielt indes bereits MASS und PROPORTION samt allen Geistern, Dämonen und Göttern. – Bei deren Herabsteigen aus der überkosmischen *Potentialität* als makrokosmische und kosmische Realitäten gemäß der Scholie zur ersten These des *Compendiums* ging das EINE GESETZ von ZAHL, MASS und PROPORTION sofort auch in die makrokosmische und in alle kosmischen Schöpfungen ein: So entstanden die sieben hermetischen Grundgesetze wie z.B. *«so oben wie unten …»* etc.

Wie auch im Falle des zur vorhergehenden Zeitenwende endredigierten biblischen Buches Genesis betreffend den Ursprung der stofflichen Welt werden nun erstens drei Ebenen (‹Oktaven›) der *Einzahl Gottes* unterschieden: Gott im Sinne des *überkosmischen* VATERS, des *‹All-Ein-Guten›* (AYN-SOPH-AUR), *makrokosmisch* als AYIN-SOPH △, und *kosmisch* als AYIN, d.h. die Sephira KETHER. – Zweitens: die *Einheit der Dreiheit* im makrokosmischen Feurigen Dreieck; – und drittens: die Mehrzahl der *‹Elohim›* im Sinne der *‹Sieben Herren›*, oder der *‹Sieben Geister vor Gottes Thron›*.

Wenn nun die im Zusammenhang mit der ersten These entwikkelte «*Dreiheit* aus EINS, NULL und ZEHN», bzw. die *Vierheit* aus **I**, O × und **H** – auch die *kosmische ‹Trinitas›* ♀, d.h. die klassische Dreiheit aus VATER, MUTTER und SOHN ins bewußte Sein rief, so steht Letztere doch viel ‹tiefer› als die Ersteren, die dennoch erst ‹begreifbar› werden aus einer bewußten Schau des Plans der *makrokosmischen Schöpfung* mit ihren unzählbaren kosmischen Formoffenbarungen, worunter auch die uns ‹bekannten›.

Man kann nun – indem die auf der höchsten Ebene benutzten Symbole neu belegt werden – dieselbe Dreiheit-plus-Vierheit auch verstehen als die *kosmische*, unmittelbar das Erscheinen der kosmischen Ebene be-wirkende *Einheit* der *Sieben Geister vor Gottes Thron* : Sieben Tugenden, deren *Drei* in der *Trinität* des makrokosmischen Feurigen Dreiecks, *Vier* aber im Gottesnamen des ‹*Tetragramma*› יהוה umfaßt werden. Diese Sieben ergeben – vereinigt – den *siebenstrahligen* ‹*Stern*› ⍍, der durch den wahren *Christusmenschen* verwirklicht würde, der im vollen Bewußtsein sowohl seiner vier niedrigen Körper, als auch seiner drei höheren, geistigen ‹Körper› – *Manas, Buddhi und Atman* – als *wahrer Mensch* in der Welt stünde: Dem typischen kosmischen Geschehen gänzlich entwachsen setzen er oder sie nach dem Erlöschen des Stoffkörpers die Mitarbeit am Gottesplan in der geistigen Welt der universellen Bruderschaft fort: vollkommen in der Sieben ⍍, Eins mit dem Einen, geborgen im Schoß der universalen Null ○. Sie haben *den kosmischen Christus mikrokosmisch* im vollkommenen Neuen Gott-Menschen ⍍ *verwirklicht*. Nun wirken sie in die Welt hinein als ‹Engel›: nicht mehr als Persönlichkeiten, sondern als reine Kraftwesen. Sie können aber auch erneut in menschlicher Form incarnieren, wenn eine Aufgabe das nötig macht. Dies ist bei *Christian Rosencreutz* mehrfach der Fall.[8-A]

Auch eine Beschreibung von Leadbeater[8-B] macht uns auf diese *vier Haupt-Ebenen* oder ‹Oktaven› geistiger Schwingungen der *Präsenz Gottes* aufmerksam:

1. Die *über-kosmische* ‹Ebene›, welche die makrokosmische ‹Ebene› und die in ihr geborgenen kosmischen Welten ebenso *enthält* wie alle sonstigen denkbaren und undenkbaren, aktuellen und potentiellen, gewesenen und zukünftigen Systeme. Auf dieser Ebene eines *Raum-Zeit-Continuums* stehen die Punkte 1 bis 3 des *Compendiums*. Hier, wo noch keinerlei Ideenform sichtbare Gestalt hat, erscheint nun im Symbol × das unbegrenzte, formlose LICHT. Im als solches unbeschreibbaren UNIVERSUM DER FÜLLE ○ entsteht so ‹zum ersten Mal› das vom Christus-Licht durchstrahlte universelle, ganz geistig göttliche Licht-Paradies ⊗, wobei × auch für den von ‹DER ZAHL› ausgesandten SOHN steht: hier für das WORT ALS LOGOS.

2. Die *makro-kosmischen Ebene*, die nebst ‹unserer› Welt auch alle übrigen in der Gesamtheit aller Milchstraßensysteme geborgenen Welten enthält: Sie alle werden belebt aus der makrokosmischen ‹schwarzen› Zentralsonne heraus – eben aus dem mütterlichen *makrokosmischem Energie-Nullpunkt* ●.

Diese Verhältnisse werden in These 3 und 4 des *Compendiums* angedeutet. Dem *makrokosmischen*, noch ganz göttlich *geistigen* Licht-Paradies entspricht ebenfalls das Zeichen ⊗. – Die heutigen Gnostiker sprechen diesbezüglich auch von einem (makrokosmischen) ‹*Sechsten Kosmischen Gebiet*› (eine Schwingungs-Ebene) – und von einem *überaus hellen Licht.*

3. Auf den *kosmischen Ebenen* werden daraus folgen: VATER, MUTTER, SOHN und ursprünglicher göttlicher Mensch, *noch vereint* in einer *elementisch* erst vordeterminierten, ätherisch paradiesischen Welt ⊕. Diese entspricht dem *biblischen Paradies.* – Das *Corpus Hermeticum* sagt es im *Schlüssel für Tatios* so:

«Das sind dann also Drei: Gott-Vater, das Gute – und die Welt – und der Mensch. Die Welt wird von Gott erhalten; und die Welt erhält den Menschen. Die Welt ist Gottes Kind; der Mensch ist ein Geschöpf der Welt. Und Gott kennt den Menschen sehr wohl und trägt Sorge zu ihm; – auch will er von ihm erkannt werden».

In der *Chinesischen Gnosis* des Lao-Dse im *Dao-De-Ging* entspricht der *Mutter* das DE; – bei Hermes: *die Welt.*[9] – Indes sind in dieser Situation alle Formen erst mental und astral als *Ideen-Formen* gegenwärtig (vgl. Anh. 4, und Leadbeater, a.a.O.).

Diese *kosmische Ebene* enthält das sinnlich (wenn auch sehr beschränkt) wahrnehmbare ‹natürliche› Sonnensystem und seinen Ausblick auf andere Kosmoi. Auf dieser Ebene stehen die Thesen 7 bis 11 des *Compendiums.* – In dieser ätherischen, *noch* paradiesischen Schöpfung ⊕ gelangen also die göttlichen Ideenformen zu ihrer ersten Manifestation. – Erst jetzt beginnen die Elemente, sich stofflich zu verdichten: VATER-MUTTER, SOHN und Geschöpfe trennen sich auf: Das ist nun der *von Funken des Geistes begleitete,* sogenannte ‹DRITTE FALL› (siehe später).

Dieser *freiwillige Abstieg des Geistes* bis auf die niedrigsten Frequenzen sinnlich faßbarer bzw. zu Stoff erstarrter Urmaterie dauert noch heute fort. Nur der Erste Paradieses-Mensch, ‹*Adam Kadmon*› oder *Adam Protogenos* war zwar bereits ätherisch verdichtet, aber dennoch himmlisch – und *mann-weiblich.*

4. Eine *mikrokosmische Ebene*: Auf ihr wird – dank der Entfaltung eines *inner-eigenen* Bewußtseins – dem Menschen die unverbrüchliche Verbundenheit mit den drei höheren Ebenen individuell und bewußt erfahrbar – ja sogar, *durch ihn* – im Prozeß der Transfiguration –*individuell äußerlich* erneuert und im JETZT als neues Leben, als *«neuer Himmel und neue Erde»* erlebbar. Dieser Prozeß benötigt aber einen *Stoffkörper.* Darum *mußte* der Mensch stofflich werden, geformt durch die Mondengel des JHVH-Jaldabaoth.[9-A]

Aufgrund dieser Differenzierung ‹unterscheidet› die Geisteswissenschaft verschiedene Bewußtseinsstufen, die dann in der esoterischen Praxis typischerweise als *vier Stufen der Erkenntnis des Christus-Lichts* wieder begegnen[10], nämlich:

a. Das *Welt-Christentum* unserer *Erde*, das auch als das *Hirten-Christentum* bezeichnet wird.[10-A] – Dieses stützt sich vorallem aufs *Lukas-Evangelium* (*Lux = Licht!*): Das Symbol für dieses Evangelium ist der *Stier* – ein zu Stall und Hirten passendes Tier, das im zodiakalen Tierkreis das *Element Erde* verkörpert und durch die *Göttin Venus* regiert wird.

b. Das *kosmische* oder *Dreikönigs-Christentum* mit der babylonischen Überlieferung der «*Sternenweisheit*». Dieses wird im *Evangelium nach Matthäus* beschrieben: Das ist sozusagen ein ‹wissenschaftliches› Evangelium (*μάθημα, máthema – Wissen, Unterricht, Lehre*). Sein Sinnbild ist der *Mensch* – auch als der *‹Schwangere blinde Seher›* dargestellt, der in der Apokalypse begegnet sowie in der antiken Mythologie, wo er z.B. als *‹Homer›* (wörtliche Bedeutung: *Bürge*) oder als *‹Seher Theiresias›* auftritt: Sein *Element* wäre die *Luft* (der Gott *Merkur*).

c. Das *Messianische oder Michaels-Christentum* nach dem *Markus-Evangelium*, das vorallem aus den von Jesus überlieferten Wundern – also von *konkreten Fakten* lebt, welche *«die Prophezeihungen des AT erfüllen»* und Jesus als den erwarteten Messias legitimieren sollen. – Es ist ganz folgerichtig, daß dieses Evangelium sowohl den *Löwen* als Zeichen königlicher Kraft trägt als auch das *feurige Schwert* überpersönlicher tätiger Liebe (*Uranus* als höhere Oktave von *Venus*): Der *‹Löwe von Judah›* ist überdies synonym für den nach jüdischer Tradition *erwarteten* messianischen Sproß aus dem mythischen «Haus David» – mikrokosmisch transfiguristisch: das *göttliche Erreichen dank menschlichem Bemühen*. Das Element dieses *geistigen Christentums* ist das *solare Geistfeuer*.

d. Das sogenannte *Johannes-Christentum*, das den universellen makrokosmischen CHRISTOS *im Herzen aufnimmt* – dank dem Erlangen eines *neuen Bewußtseins* – des *‹Jupiterbewußtseins›*, das den Menschen mit dem Geist bleibend verbindet und ihn über alle irdischen Bindungen bis in die göttlichen Sphären erhebt. Es wird zu Recht durch den *Adler* symbolisiert, der *«in den Wolken des Himmels erscheint»*, wie auch im berühmten ‹Traum von Kaiser Constantin dem Großen›. Das *Element* der *Johannes-Taufe* ist zwar das Wasser; das Element des *Johannes-Christentums* aber ist der *Feueräther*.

Zum *kosmischen (solaren) Christentum* mit seiner alten *Sternenweisheit* ist noch zu bemerken, was in Werner Greub's Buch [11] betreffend deren Überlieferung durch *Wolfram von Eschenbach* ausführlich dargelegt ist: Die alte Sternenweisheit basierte auf einem Bewußtsein, das sich nicht auf den heutigen überspitzten Intellekt überspannter Individuen stützte, sondern auf das Bildbewußtsein und die *innerliche Schau* besonders dazu begabter Menschen mit Zugang zu einer hochentwickelten *kollektiven inneren Weisheit* (‹*Akasha*›).

Die Träger dieser Tradition waren einst die *Sabäer* – oder *Sabier*. Deren wichtigste Zentren lagen einerseits in Mesopotamien (Haran), andererseits in Äthiopien (vgl. die *Königin von Saba*: *Sulamit* ist die weibliche Form von *Sulaiman*, d.h. *Salomon*; und *Sab-/Cab-* steht für *Licht*).[12] – Auch sei noch erwähnt, daß damit aufs sog. *Stierzeitalter* verwiesen wird – also auf die Zeit von ca. 4'500 bis ca. 2'200 vor Christus: Das ist der Beginn der altägyptischen Hochkultur, in welcher der *Apis-Stier* – der *Sonnenstier* – seine hervorragende Rolle spielte: Damit ein Stier zum heiligen Apis-Stier erkoren werden konnte, mußte er u.a. ein göttliches Zeichen auf der Stirn tragen – das Zeichen eines *Gottes* oder *Planeten* (*z.B. Sothis*) – oder eben das der *Sonne.*

Auch das syrisch-jüdisch (d.h. *persisch-chaldäisch* und *zoroastrisch*) gefärbte Christentum der *Manichäer* pflegte die Sternenweisheit, bis u. A. der ex-manichäische Apostat und nachmalige ‹Heilige›, *Augustinus*, mit seiner konsequenten Verfolgung des gnostischen Christentums die fast vollständige Auslöschung der Sternenweisheit in Europa bewirkte.

Die biblische Erzählung vom Akkader *Abram*, der von *Haran nach Westen* aufbrach, «um dem einzigen, *neuen* Gott zu dienen», wie der Mythos sagt, meint die Abwendung des jung-hebräisch chaldäischen Nomadenstamms von der *solaren Sternenweisheit* zugunsten des *lunaren* Jahweh-Kults (geozentrisches anstatt heliozentrisches Weltbild), die ganz aber erst ca. 700 v. Chr. erfolgte, d.h. erst ca. 2000 Jahre nach der Zeit, worin dieser Mythos spielt.

Die sog. ‹jüdische› *Kabbalah* und die auf uns Heutige gekommene jüdische Gnosis sind andere Relikte der alten, im sog. Exil erlernten makrokosmischen *Götter-Weisheit*, die von den *Kuschiten* auf die *Chaldäer*, von diesen auf *Assyrer, Akkader und Babylonier* – und von diesen wiederum nach *Ägypten* übertragen wurde: Im vor-islamischen Arabien ganz konsequent, im mittelalterlich islamischen Persien und seinen Universitäten noch punktuell weiter überliefert (*Ibn Sina, Ibn Ruchd*), wurde diese Magie im christlichen Mittelalter in den *Untergrund* verdrängt. Die wichtigste *untergründige* (d.h. *okkulte*) Fortsetzung dieser alten Weisheit im europäischen Westen, die auch im *Corpus Hermeticum* erscheint, ist die *Graals-Tradition* heutiger esoterischer Orden.

ZAHL, PROPORTION UND GUTES MASS sind – wie oben gezeigt – die höchste *Hierarchie der Himmel*, überkosmisch gipfelnd im ‹*Liebes-Willen*› des Alles enthaltenden, Alles umfassenden, Alles bewirkenden und Alles belebenden Einen Ewigen ‹Urvater›-Gottes: AYIN-SOPH-AUR – dem *feuriger Quell, Nabel und Auge*. Aus der *überkosmischen Trias* EINS – NULL – ZEHN, worin das Symbol des ‹Nichts› (d.h. der Fülle des ● im Urquell Ayin-Soph-Aur) durch Umkehr des 🌀 zum eindeutig evolutiv dynamisierten Triskell ☘ wurde, quillt die *makrokosmische Trias* VATER-MUTTER-SOHN, im makrokosmischen *Ayin-Soph* vereint: △.

Im *universalen* Aspekt des △ ist Alles geistig verwirklicht; aus Seinem ‹all-mütterlichen› Aspekt ● geht Alles ins Dasein hervor; in der sich kontrahierenden Doppelspirale kosmischer Nacht, 🌀, kehrt Alles – auch die Begrifflichkeit von VATER-MUTTER-SOHN – ins allumfassende Nicht-Sein zurück. – Der *makrokosmische* VATER, der aus dem △ als dessen EINS erscheint, ist z.B der ANU Babylons. Auch ihn nennt das *Compendium* einfach «*Gott schuf …*», während das *Corpus Hermeticum* sagt, Gott habe die Welt *erschaut*, eingebettet in die *makrokosmische* NULL alles *Nicht-seienden*: Das ist die Allem sein Dasein – aber noch keine Gestalt – verleihende makrokosmische MUTTERGÖTTIN (GÖTTER-MUTTER) mit ihrer Fülle der Keime aller eventuell zu erschaffenden Dinge im PLEROMA.

Auch der *makrokosmische* SOHN geht ‹direkt› aus dieser ‹Schwarzen Madonna›, dem ●, hervor: Stellen EINS und NULL eine *Zweiheit* aus These und Antithese vor – und, als *überkosmische* Zehn (10), die durch den Jesus des Neuen Testaments VATER-MUTTER genannte *dynamische Zwei-Einheit*, so ist die *makrokosmische* 10 die schöpferische SYNTHESE aus der *Vereinigung in Vollkommenheit* aller Gegensätze, deren es daher ‹dort› keine gibt.

Die Biologie spricht von der *Kreuzung* z.B. unterschiedlicher Chromosomensätze. Im Sinne des spirituellen ‹Pfads› besteht der *Kreuzweg* darin, daß die Gegensätze aller Existenzen dadurch aufgelöst werden, daß der Kandidat sie miteinander friedlich vereint, indem er deren ‹Unter-Scheidung› oder ‹Getrenntheit› in obigem Sinne ‹kreuzt›, ‹kreuzigt› oder ‹auflöst›, was alles dasselbe bedeutet. Dies geschieht nicht durch *Wollen*, sondern dadurch, daß die tiefst-innerliche Einheit der Gesamtheit aller Aspekte aller Dinge in der GESAMT-SCHAU des momentweise oder ständig Erleuchteten bewußt für sich als Tatsache erfahren wird.

In dieser Kreuzung oder Kreuzigung der Gegensätze wird der Kandidat selber zu einer *Synthese* – zu einer *höheren Einheit* (römisch ZEHN: X) als ‹Gottes-SOHN›, also ein sogenannter Christus. Dieses Kreuz oder griechische Chi – × – ist, und war stets, die hieratische Glyphe fürs LICHT. Dessen wichtigster Repräsentant innerhalb unseres Kosmos ist die Sonne (vgl. Abb 17).

Diese gedankliche Entwicklung führt wiederum zurück zum WORT als *überkosmischem* LOGOS (selbst unmanifestiert, aber als synthetische Dynamik der 10 alle Manifestationen aus dem ● heraus-lösend – «erlösend»). Auf der *kosmischen* Ebene wird daraus das manifestierte WORT. Und durch dessen *Vermittlung* (in der jüdischen Tradition METATHRON) aufersteht der Neue göttliche Mensch, vollendet als NEUN (9), bzw. als Gottessohn: **IX**.

Als geschlossenes System sieht das wie folgt aus:

Über die *makrokosmischen* geistigen Verhältnisse im Universum – vorallem insofern als sie die planetaren und interplanetaren Welten und Menschheiten betreffen – berichtet in einmaliger Ausführlichkeit Emanuel Swedenborgh.[12-A] Es würde zu weit führen, einen angemessenen Auszug aus diesem selbst schon knappen Büchlein zu zitieren. Jedermann wird sich aber mit Gewinn in diese Seiten vertiefen.

Aus der makrokosmischen Trias geht die bekannte kosmische Trinität ♀ hervor: VATERGOTT (z.B. als *Zeus* dargestellt); – MUTTERGÖTTIN (*Mari-Isis-Ceres-Dana-Venus* etc.); – und der kosmische SOHN × incarniert in *Krishna, Horus, Mithras* etc., und endlich in *Jesus-dem-Christus*.

Auf der überkosmischen ‹Hauptebene›, deren Beschreibung das Compendium nicht gibt, und die man sich darum höchstens durch Analogieschlüsse und Symbole *‹ein-bilden›* (imaginieren) kann, steht eine völlig ‹abstrakte›, d.h. mystische Drei-Einheit als dreifache *Macht und Weisheit* Gottes (vgl. Pymander): unsichtbar, unfaßbar, unausdenkbar. Sie wird erst sichtbar oder/und spürbar in den und durch ihre auf der *kosmischen* ‹Ebene› hervorgebrachten Manifestationen – und das *muß* sie auch!

Warum «muß»? –Einerseits weil die für menschliche Wahrnehmung noch unmanifestierte Fülle, ja Überfülle der ‹Keime im Pleroma› zur Manifestation *drängt*; andererseits weil die Kraft der überkosmischen Dreiheit aus 1, 0, 10 und × in ihrer ununterbrochenen Dynamik jene dynamisiert (vgl. *Corpus Hermeticum*, im Buch *Das Gemüt an Hermes*: *«Hör auf, so lange zu reden, oh dreimal größter Hermes ... »*).

Zwar werden hier *vier Elemente* genannt, doch handelt es sich zugleich um *drei Prinzipien* (kein Entweder-Oder der niederen

Natur, sondern ein Sowohl-als-auch der makrokosmischen, göttlichen Natur). Denn die ‹MUTTER› ist zugleich das *Eine Gesetz*, auch DE, KARMA oder ASHA genannt, das ebenfalls eine ‹dreifache Natur› besitzt.[12-B] Dieses Gesetz kann hier nur angedeutet, nicht explizit erklärt werden. Seine sichtbare, symbolische ‹Form› jedoch findet sich in der *kosmischen Sonne* ⊙, nämlich so:

Der verbale Gesamtausdruck für obige Trias ist das *Eins-und-Alles* aus Punkt und Kreis: ⊙. – Dessen intrinsische Dreiheit aber ist diese: ⌒ als ‹VATER›-Aspekt, ◡ als ‹MUTTER›-Aspekt, ⊙ bzw ⊗ als Aspekt des ‹solaren SOHNES› bzw. ‹WORTS›. – Und es ist zu betonen, daß das Prinzip zur Vierheit – der HEILIGE GEIST – auf allen vier Ebenen, wo immer er überhaupt erscheint (einschließlich der des *Mikrokosmos*), *stets derselbe* ist, weil der GEIST Eins und unteilbar bleibt, wie sehr er sich auch *‹ver-teilen›* würde, vom Gott bis zum kleinsten Sandkorn.

Eine Ergründung der obigen Sicht der *makrokosmischen Dreiheit* würde hier allzu weitläufig. Sie wird aber gestützt sowohl durch die Gesamtheit aller sinnlich erfahrbaren Manifestationen, in deren Zentrum stets die kosmische Sonne steht, als auch durch neue Einsichten der Physik-Wissenschaft sowie durch zahlreiche nur ganz ungenügend verbal faßbare Eindrücke und innere Erfahrungen, die seit Urzeiten mit dem *Sonnen-Symbol* ⊙ verknüpft sind. Darum zeigt sich die makrokosmische Quasi-Aufspaltung zu einer *Drei-Einheit* des soeben als göttliches, unteilbares *Eins und Alles* benannten Sonnensymbols nur in den Symbolsprachen alter Traditionen: In der Theogonie der *Quiché-Maya's* sind es die drei ‹Personen› von *Herz-des-Himmels;* in der ‹europäischen› kabbalistischen Theogonie ist es das *‹all-sehende Auge›* im *Dreieck*: AYIN SOPH: ◬, das – als *kosmisches* AYIN (KETHER) mit den drei Aspekten von CHOKMAH, BINAH und DATH – eine neue, *kosmische Vierheit* ‹begründet›: CHOKMAH als die ‹väterliche› *Weisheit*; BINAH als weiblich polarisiertes *Wissen*, und DATH als Aspekt des Sohnes (Logos) und des konkreten *Könnens* (‹Kunst› ist *Tat* und *Wirksamkeit*) in der Synthese aus den zwei Anderen). – Gœthe übersetzt das Wort LOGOS in Faust (I, 1) gemäß seiner sächsischen Mundart direkt als DATH – und wir verstehen jetzt, warum … –

VATER und MUTTER – das betonen die Heiligen Schriften – sind nur erkennbar im SOHN. Wer aber den SOHN kennt, erkennt auch den VATER – und wer VATER und SOHN kennt, erkennt auch die MUTTER (siehe Abb.13 mit dem SOHN im ⊙.

Der *makrokosmische Gott-Sohn* ist also immer ein *Sonnengeist* oder *Sonnenheld*; das ist die makrokosmische Liebeskraft des

CHRISTOS, als ‹*Sonne hinter der Sonne*›: ‹WORT›, das als *fünfte Dimension* die *sogenannte Zeit* durchbricht, ist Er wirklich *ausgesandt* aus dem *Brennpunkt* des Lichtkreuzes ✕, als *Wendepunkt* für alle übrigen Licht- und Bewußtseins-Zustände. Die alten Alchemisten nannten ihn ihr *Salz* (*hals Christou* oder *Kristall*; – vgl. Mt. 5:13). – Der Sohn, der aus der Vereinigung von ⌒ und ◡ in deren ‹*Heiliger Hochzeit*› resultiert, ist darum auch auf der kosmischen Ebene wiederum [nur] durch das *Sonnensymbol* ⊙ adäquat darstellbar, dessen *Mittelpunkt* und innere Sinngebung er wirklich ist.

Selbst im Symbol ⌒ sind *Vater und Sohn Eins* – wie dies das Evangelium wiederholt festhält. Eine andere Darstellung desselben Zustandes, derselben Kraftausgießung, derselben lebendigen Wirklichkeit ist die ägyptische Hieroglyphe 𓇼, von den Ägyptologen als *Aabd* mit der zeitlichen Bedeutung *Monat* gelesen – aber auch in Verbindung stehend mit *lehren* sowie mit dem Begriff ★ – *s*ᵉ*bā* – *Licht, Stern* und *Erleuchtung.* – Die häufige Formel in den Ägyptischen ‹*Unterweltsbüchern*›: *«p*ᵉ*rjt-m-hrw»*, interpretieren die Ägyptologen als «*hervorgehen bei Tage*» – eine wenig sinnvolle Floskel gegenüber dem zeichengetreuen *«eingegangen ins Licht»*, bzw. *«hervorgegangen aus dem Licht»*, was wiederum an die bereits erwähnte Stelle in den *Mysterien der Pistis Sophia* erinnert, wo Jesus sich bezeichnet als *«eingegangen und wieder hervorgegangen aus dem innersten Mysterium»*.

Die Hieroglyphe 𓇼 kann aber nicht nur als *Licht* oder *Erleuchtung* interpretiert werden, sondern auch als *Sothis*, die als *Morgenstern* die Nilüberschwemmung ankündigt – also *Erneuerung und neues Leben*, was auf der seelischen Ebene mit dem *fünfzackigen Stern* – dem *Bethlehems-Stern* oder *Pentagramm* – angedeutet wird. Auch mit der *Pforte des Lichts* ist das Zeichen 𓇼 verknüpft: Das entspricht der Sephirah *Jesod* (‹Tür› oder ‹Zugang›; eigentlich eine *Feuer-Schwelle*) – gemäß den Jesus-Worten: *«Ich bin die Tür ...»* – sowie: *«Ich bin das Eine Licht, die Wahrheit* {die wahre Lehre, das wahre WORT} *und das [Eine] Leben»*. – So beweist sich immer wieder die *Einherzigkeit (Concordanz)* aus Sprache und Symbolik in aller Welt!

Das Herabsteigen der *überkosmischen* Dreiheit bis auf die stoffliche Ebene herab geschieht also im *makrokosmischen* SOHN – dem LOGOS. Dessen Kommen wird auf der *kosmischen* Ebene ausgedrückt im *kosmischen* WORT oder *Geist der Sonne* (vgl. altdeutsch *Sun, Sohn* – und *Sunna, Sonne*), was seine Benennung als *Sonnengeist* erklärt, der mit dem VATER *Eins ist und bleibt*, und der auch wieder zurückkehrt in Ihn, den VATER, der *das Eins-und-Alles ist.* Die Literatur der alten Theosophen, Rosenkreuzer und Alchemisten nannte IHN das *Alles in Allem.*

Auf der *kosmischen Ebene* wurde auch der VATER oft als Sonne ☉ dargestellt. Die Mysterien *von Dionysos und Kybele* zeigen den SOHN als den ‹herabgestiegenen *Sohn der Sonne*› und auch als den Morgenstern. – Der griechische *Dionysos* wird keltisch auch *Bacchus* (von *bacco[u]: der Kleine*), hellenisch *Evos* genannt. –

Endlich steigt der *kosmische Christus* in den dafür vorbereiteten oder zubereiteten menschlichen *Mikrokosmos* herab, weshalb Teilhaber am Christus-Mysterium von der Antike bis zu den Alchemisten und Rosenkreuzern des 17. und 18. Jahrhunderts sich ebenfalls *Söhne der Sonne* nannten. – Auch zu anderen Zeiten sahen sich die Eingeweihten als Gottessöhne, Söhne des Vaters, Söhne des Lichts, oder kurz als *Söhne der Sonne* (vgl. Mayas, Azteken, Sonnen-Könige, Pharaonen, Jesus, Alchemisten etc.).[12-C]

Die drei Triaden aus VATER, MUTTER und SOHN auf den drei Ebenen bilden eine *göttliche Neunheit,* die nicht horizontal, sondern (wie im *Baum der Sephiroth*) ‹räumlich›, über dreimal drei einander durchdringende Dimensionen hinweg zu betrachten ist. Diese ‹treffen› oder ‹berühren› sich in einer *zehnten, göttlichen Dimension,* wie andernorts gezeigt (Anhang 4). Das ist dann wiederum der in Thesen 1-3 des *Compendium* kurz «*Gott schuf …*» genannte «*Vater, der im Dunkeln wohnt*»: im *Punkt* oder der *‹leeren› Mitte* der Doppelspirale ֍ – d.h. im ●.[13]

Diese *Neunheit* wurde im antiken Ægypten ausgedrückt als *Götter-Neunheit von Heliopolis.* Damit wird einmal mehr ersichtlich, daß die diversen sogenannt polytheistischen Religionen in der ganzen Welt, worauf moderne Theologen gerne hinabsehen, wirklich die Gesamtschau der diversen Aspekte des Göttlichen auf allen denkbaren ‹Ebenen› darstellen: der überkosmischen, der makrokosmischen und der kosmischen. Weil aber modernen Menschen und ihren ‹konkreten› Wissenschaften solche Mehrdimensionalität fremd ist, sprechen sie weiterhin pauschal von *Polytheismus,* in einer begrifflichen Vielgötterei, die – wie im anthropomorphen Pantheon Griechenlands und Roms – Götter, Geister und Personifikationen von vergötterten Naturkräften vermischt bis zur Unkenntlichkeit.

Die *Götter-Neunheit* im alten Ägypten jedoch enthielt auf jeder der drei genannten Ebenen je eine mystische *Dreiheit* – damals durch die degenerierte Priesterschaft verwischt, heute aber durch die Akademie in ihren sterilen Deutungs-Versuchen aus innerer Unkenntnis und Stolz ignoriert.

Auf der *überkosmischen Ebene* ist eine klare Aussage dazu kaum zu erkennen: Auf der *kosmischen* Ebene ist es die Gesamtheit aller stofflichen und unstofflichen Formoffenbarungen – insofern als man auch die (so zu sagen) wolken- und funkenartigen atmanischen ‹Gottesgedanken› und die völlig unbestimmten Nebel monadischer Ursubstanz (reine göttliche Lichtsubstanz) noch makrokosmische ‹Formen› nennen könnte. –

Die alt-ägyptische Überlieferung stellte die Dreiheit aus *Vater, Mutter und Sohn* nicht durch die Symbole **I**, **—** und **X** dar: M. Hirmer in seinem Buch *Ägypten* schreibt dazu das Folgende:

«Bei der Neunheit [der ägyptischen Götter] handelt es sich um ein theologisches System … In diesem System werden die göttlichen Mächte vom prä-existenten Schöpfergott bis zum lebenden König zusammengefaßt. An seiner Spitze steht Atum, *der Ur-Gott* {das wäre unser 𓂀} *… Als prä-existentes Wesen ist er mann-weiblich und erzeugt aus sich heraus das erste Götterpaar,* Schu *und* Tefnut: *den Luftraum und das Feuchte, die getrennt werden durch* Schu, *der «den Himmel hochhält» oder «stützt»* {vgl. *Rune tju* ↑ und die Hieroglyphe *tjw* 𓅃, ein ‹Adler-Bussard›}.[13-A] Schu und Tefnut *werden auch einem nahe bei Heliopolis beheimateten Löwenpaar* {den zwei Sphingen?} *gleichgesetzt. Die nächste Generation* stellen Nut, *der Himmel,* und *Geb, die Erde* dar …». –

Man beachte: Im Unterschied zu bekannten Überlieferungen ist der stets als väterlich interpretierte Himmel in der altägyptischen *Nut* weiblich, die normalerweise als mütterlich erfahrene Erde in *Geb* (gleicher Stamm wie das weibliche griechische *Gè*, lat. Gaia – die *Erde*) – männlich.

Ohne zu erwägen, warum der *Himmel* in dieser Stufung erst *nach* dem *Himmels-Stützer* erscheint, ergibt sich dazu die folgende Bemerkung: Es wäre denkbar, daß hier die Priesterschaft männlich und weiblich absichtlich vertauschte, um das Mysterium besser zu verbergen – wie sie auch für die hieratische Schrift *rechts* (männlich) und *links* (weiblich) vertauschte. Vielleicht auch, daß der Tausch vom Matriarchat zum Patriarchat dieses ‹Vertauschen› verursachte. – In ähnlicher Weise wurden in der theosophischen Kosmogonie seit Ende des 19. Jahrhunderts *Mercur* und *Venus* am Übergang vom *‹Erdzeitalter›* zum *‹Venus-Zeitalter›* vertauscht: Dies wird am Ende dieser Scholien noch beiläufig kommentiert. – Jedenfalls wären also ‹weiblich› und ‹männlich› gelegentlich absichtlich vertauscht worden. – Umgekehrt analog würde dann die Glyphe ⚹ (weibliche Sothis, männlicher Sirius) wieder zum himmlischen Vater-Auge, also zur Mitte des makrokosmischen △. —

Soeben wurde das Sphinx-Paar in Heliopolis erwähnt. Diese *ehemals zwei* Sphinxe können sowohl als die *Zwei Naturen* – die göttliche und die ungöttliche – interpretiert werden, als auch als das archetypische Gegensatzpaar, das in China als *Yin und Yang* bezeichnet wurde – mit allen damit verbundenen Bedeutungen.

Mit *Nut* und *Geb* wäre bereits die kosmische Ebene erreicht – jedoch noch im göttlich-paradiesischen (ätherischen) Zustand.

Vielleicht ist deshalb in der ägyptischen Theogonie eine Personifikation des SOHNS bisher noch nicht aufgetaucht: Bis hier scheint allein die Dynamik des neutralen Kräftespiels negativ und positiv polarisierter Energiezustände gemäß dem ‹Guten Gesetz› zugrunde zu liegen: DE, KARMA, ASHA (siehe oben). Das entspricht dem ‹lemurischen Lichtbewußtsein› gemäß dem *Sonnen-S* (siehe dort).

NUT und TEFNUT bringen jedoch nicht *zwei* ‹Kinder› hervor, sondern *vier;* – nämlich *zwei Paare*: Dem Paar OSIRIS und ISIS stehen SETH und NEPHTHYS gegenüber: SETH könnte man ganz kurz als ‹der Böse› bezeichnen (sein Element ist die Finsternis!). NEPHTHYS als Schutzherrin wäre ‹die Gute›. So kommt hier die Unterscheidung von Gut und Böse als Götterpaar in die Welt. Die ursprüngliche Harmonie mit dem Geschwisterehepaar OSIRIS und ISIS als *Vater-Mutter* wird durch SETH zerstört (das entspricht dem *‹Zweiten Fall›* gemäß der jüdisch-christianistisch-muslimischen Konvention, bzw. dem ‹STÖRER› im Paradies, siehe unten). – Diese *Störung* hebt der *Erlöser-Sohn* HORUS wieder auf: so will es der ewige Mythos. HORUS wird somit zur Christus-Figur. Tatsächlich sind der Wortstamm *Hr-* für *Horus* und *Chr* für *Krishna* und *Christus* gleichwertig. Das zeigt sich noch deutlicher im Folgenden:

Hieroglyphisch-bildlich wird die spirituelle Wiedergeburt dargestellt durch ein Krokodil (*Msj*, Abb. 41), über dem eine Phiole mit *Salb-Öl* ausgeschüttet wird. Der Pharao wurde als *wiedergeborener Horus* bezeichnet – als HR-MSJ – also ganz klar als *der zum gott-königlichen Horus Gesalbte – als Horus-Messias.*

Der Wortstamm *msj* steht im Mittelägyptischen für *gebären und geborenwerden.* – Græcisiert erscheint dann der Ausdruck HR-MSJ (*wiedergeborener Horus*) im griechischen *Hermes*, ☿, der in seinem Symbol ☽+☉++ Seele, Geist und Körper, Mutter, Vater und Sohn in *Synthese* vereint. Der Name *Mercur* entsteht aus *Hermes* durch sprachcabalistische Mutation ($\chi\rho\mu \leftrightarrow$ *mrc*, bzw. *Ms* ↔ *Mr*, *Hr* ↔ $\chi\rho \leftrightarrow$ *cur*, wodurch die Römer ‹ausländische› Namen in ‹römische› zu verwandeln beliebten.

Dem Ausdruck HR-MSJ geht in Persien derjenige von HORMUZD voraus. Dieser ist ableitbar aus AHURA MAZDÂO (ein *Vater-Mutter*).

Dabei wird der Ausdruck *Ahura* sowohl für den Schöpfergott und Herrn des Lichts benutzt, als auch für die durch ihn erschaffenen göttlichen *Ahura's,* (vgl. die indischen *Asuras*), die am ehesten den biblischen *Elohim* entsprechen. Die Gegengötter, die der Fürst der Finsternis – ANGRA MAINYU (oder AHURA MAINYU) erschuf, dessen Name später zu AHRIMAN wurde, heißen nicht *Ahura's* sondern *Deva's, Fravashi's* und *Khrafstra's.*

Integriert man die Götter-Neunheit Ägyptens, in die Philosophie bzw. Theogonie des *Compendiums,* kann man zusammenfassen: ATUM entspricht dem überkosmischen ●. Das ist der babylonische APSU, griechisch und lateinisch zu *Abyss* {Ab Is, Vater des Monds?} geworden: dem unkennbaren, unabbildbaren *Abgrund* oder *Ungrund.* Dieser bringt in Ägypten wie erwähnt das Geschwister-Ehepaar SHU und TEFNUT hervor – gemäß dem zuvor gezeigten System als makrokosmisches VATER-MUTTER zu bezeichnen, mit SHU als ◡ und TEFNUT als ◠.

ATUM wurde im Alten Ägypten elementisch oder als Mensch dargestellt. – Er, der höher steht als alle Götter, mag als Bestätigung dienen dafür, daß der göttliche Mensch als Abbild des höchsten Schöpfers – und darum als Krönung der Schöpfung – deren *Compendium* darstellt. Das Studium des menschlichen *Mikrokosmos* bestätigt dies. – So geben die beiden Systeme einander die Hand: das *fabelhafte* System des 21. Jh. *vor* Christus, und das *analytische* System des 21. Jh. *nach* Christus!

Daß die Ägyptologie – und vielleicht auch die Priestersprache Ägyptens – diesem Pantheon das ‹weiblich› und ‹männlich› etwas willkürlich zugeteilt zu haben scheinen, soll niemanden stören: Widersprüche – sogenannte ‹Fehler› in mythologischen und symbolischen Botschaften (auch Bilder sind wie Texte zu lesen!) haben *immer* einen bestimmten Sinn, und sei es nur den, den ‹Leser› zu vertiefter Betrachtung anzuregen und gemäß seinen Möglichkeiten um neue Erkenntnisse zu bereichern.

Folgendes sei noch zur *kosmischen Ebene* in These 2 des *Compendiums Creationis* angemerkt:

ZAHL, PROPORTION UND GUTES MASS sind enthalten in den Klängen der *Sphärenmusik,* gipfelnd in der Einheit ihrer *bewußten* Harmonie. – ZAHL, PROPORTION UND GUTES MASS wurden darum *bewußt und in Weisheit* wiedergegeben in den Tempeln, Pyramiden und Obelisken Ägyptens, in den Kathedralen der Gotik mit ihrer kosmischen Maßstäben folgenden Harmonik; – aber auch in Gestalt und Proportionen jedes Geschöpfs in jedem Reich – ausgedrückt in jedem ihrer inneren Teile ebenso wie in ihrem äußeren Ganzen. Alle zusammen aber gipfeln in der Einheit ihrer Aller Verbundenheit und Wechselwirkung, gemäß dem *«Guten Gesetz»*: das ist *die durch alle Ordnungen hindurch* wirkende ZEHN – die ZAHL DER VOLLKOMMENHEIT – ob makrokosmisch, kosmisch oder mikrokosmisch – ob geschaffen, ob noch oder ewig unerschaffen – oder längst vergangen!

Wenn nun die gegenwärtige Betrachtung der ägyptischen Theogonie ein so tief detailliertes, systematisches Bewußtsein zutage fördert, so ist das keine willkürliche Interpretation: Das zeigt sich ganz deutlich am Beispiel des *Turms von Babel*: In dessen Zahlen, Proportionen und Gutem Maß sind nicht nur die Hierarchien der Himmel und die heiligen Zahlen *Phi* (Φ) und *Pi* (π) abgebildet, sondern auch Name und Begriff von Gott (*[i]Sem*) sowie das ganze System von Kosmos und Makrokosmos.[14] – Dies geschah, indem zur *heiligen Sechs des gleichseitigen Dreiecks* im *‹Pleroma›* der sechs solaren Elohim (drei Doppelte), so wie im sogenannten *Chrisma* ☧, ein *siebenter, lunarer* hinzu stieß (vgl. Scholien zu Thesen 2, 4, 7 – und passim; bzw. die Legenden zu Abb.27 und 37).

Der ursprüngliche Mensch war als *«Göttlicher Mensch»* – als *«Göttlicher und Irdischer – Deus et Homo»* – die abschließende Zusammenfassung und *«Krönung der vollendeten Schöpfung»*; – und das wird er nach Überwindung des *«Falls»*, und nach Vollendung des *«Wegs zurück zum Vater»*, erst wirklich sein.

Bleibt anzumerken, daß das Phänomen «*Zeit*» ein Resultat des *‹Falls›* ist: Folge der Zerteilung und Aufsplitterung (Vervielfachung) von *Eins*, *Null* und *Neun*; – daß es mithin «*im Anfang*» kein Vorher und kein Nachher, weder ‹Jetzt› noch ‹Dann› gab (außer *potentiell*) – und daß es sie auch *«am Ende der Tage»* nicht mehr geben wird (außer als *Erfahrung in der Vollkommenheit*).

Als die uralten Sakralbauten, die Megalith-Bauten) des *Goldenen Zeitalters* entstanden, war ein Bewußtsein der ursprünglichen göttlichen Einheit noch allgemein gegenwärtig. Jene *«Monumente»*, d.h. göttliche *Erinnerungsbauten* (Stamm *M^{e}n-*, vgl. S. 16, Absatz 4) – wurden als *Wiederspiegelungen* und *Erinnerungs*stücke der Gottheit erdacht, gestaltet und geweiht. Doch der Mensch ging der Einheit mit und in der paradiesischen Zahl EINS verlustig und *vergaß* sie, als er sein Paradies verließ (gemäß jüdischer Qabbalah im SOHAR verdrängte er die Gottheit daraus!). Seitdem empfindet er sich als *gewaltsam davon getrennt*, das zeigen deutlich die folgenden sprachlichen Tatsachen:

In der heutigen ‹Rechtschreibung› – d.h. in der modernmagischen *Sprach-Orthodoxie* – lebt der allergrößte Teil der Menschheit völlig bewußtlos neben dem Göttlichen und ‹sieht› dieses als etwas *ganz Anderes*, Abgetrenntes, ja, *Gegensätzliches.* So heißt z.B. derselbe Ausdruck nicht mehr *Wieder-Spiegelung*, sondern *Widerspiegelung*, drückt also eine förmliche *Gegnerschaft* aus zwischen Mensch und Gottheit – zwischen Wesen (lat. *ens*) und Wesentlichkeit (*Essenz*). – Daher ist auch alles, was die heutige Menschheit bildet und baut, Ausdruck dieser ihrer traurig-trotzigen Abgetrenntheit von Engeln und Göttern sowie von GOTT. Das ist die unvermeidliche Folge von Zweifel und kritisch ‹aufgeklärter› Abwendung!

Aus der *überkosmischen* (über-göttlichen) und *makrokosmischen* (über-menschlichen) *Harmonie* des *«Anfangs»* vor und unmittelbar nach ‹Vollendung› der Schöpfung ist leider ein *ungöttlich kosmisches* – und heute im Vergleich zum *Anfang* bald vollkommen *un-menschliches* – *Inferno* geworden: die *Hölle der Stoffwelt* — ein Ort der Unordnung und *Ver-zweiflung*. Literatur, Kunst und Musik seit Mitte des 20. Jahrhunderts illustrieren diesen Verlust an Sinn und Harmonie überdeutlich.

Damit werden, wenn wir das Ganze wie die Umlaufbahn eines Himmelskörpers um seine ‹Sonne› betrachten, Welt und Menschheit in Kürze das *Apogäum* – den von Gott am weitesten entfernten Punkt – und den Nadir tiermenschlicher Unbewußtheit erreicht haben: den Punkt, wo sie von der Harmonie des Anfangs am weitesten entfernt sind: Sie haben sich selbst jenes vollkommenen Brennpunkts und Ursprungs ● und seiner vollkommenen Harmonie beraubt. Doch gerade im Apogäum oder ‹Aphel› einer Umlaufbahn wird die Rückbeschleunigung zum gegenüberliegenden ‹Perihel› am größten: Auf die gegenwärtige Betrachtung angewandt ist dieses das ‹Momentum› der *Umkehr* – des Beginns der *Rückkehr zum Vater* .

Den *«Anfang, als noch nichts erschaffen war»* beschreiben viele alte Überlieferungen, und er ist im heutigen Sprachgebrauch am ehesten als CHAOS ‹bekannt›. Das ist – kosmisch betrachtet – die Urmutter, die besungen wird in dem alten sumerischen Hymnus, den uns die Kirche Roms erhalten hat in der Form der bereits angetönten *Marien-Litanei* zur *«ungetrübten Erfassung des Geistes»* (im Gegensatz zu Jo. 1:5,11) – *«Litania in immaculatam conceptionem Beatæ Virginis Mariæ»*:

«Der Herr hat mich besessen am Anfang seiner Wege. Ich war, bevor Er das erste Geschöpf erschuf. Ich war da seit aller Ewigkeit, bevor noch die Erde erschaffen war. Noch war kein Abgrund, und schon war ich gezeugt. Noch entsprang der Erde kein Quell; – noch war die große Masse der Gebirge nicht aufgetürmt. – Ich war geboren noch vor den Hügeln. Weder Erde noch Flüsse hatte Er er-

schaffen, noch die Welt an ihren Polen befestigt. Als Er die Himmel ausbreitete, war ich schon da; als Er die Abgründe mit ihren Grenzen umschrieb und ein unverletzlich Gesetz festlegte aller Welt; – als über der Erde die Luft Er befestigte; – als den Wassern der Quellen ihr Gleichgewicht Er gab; – als das Meer Er mit seinen Ufern umschloß; und als den Wassern ein Gesetz Er vorschrieb, daß niemals sie ihre Ufer verließen ... – als die Grundvesten der Erde Er setzte, war ich schon mit Ihm und ordnete alles.»

Im *Popol Vuj* wird der Zustand *vor der Schöpfung* in ähnlichen Worten beschrieben wie in obiger Litanei:

«... Noch zeigte sich nicht die Oberfläche der Erde. Es gab erst das Meer in Ruhe und den Himmel in all seiner Unermeßlichkeit ... Nichts war beisammen, nichts was Lärm gemacht hätte, nichts was sich bewegt oder erregt hätte, nichts was das kleinste Geräusch im Himmel gemacht hätte. – Nur Bewegungslosigkeit und Stille gab es in der Dunkelheit, in der Nacht. Nur der Schöpfer und der Former, Tepeu und Gucumatz: Sie, die erzeugen; – Sie, die das Leben geben, waren über dem Wasser, umgeben von Klarheit. Sie waren verborgen unter grünen und blauen Federn; darum heißt man sie Gucumatz, das Wesen unter den größten Weisen. Auf solche Weise bestand der Himmel, und auch das Herz des Himmels; denn dies ist der Name von Gott – so nennt er sich. – Da erschien das WORT ...»

Eine Überlieferung zur Schöpfung in *Polynesien* besingt diesen Zustand wie folgt:

«Im Anfang war da nur Leere. Weder Finsternis noch Licht waren da, noch Meer, noch Sonne, noch Himmel. – Da begann die Leere, sich zu bewegen ...».

In der Nag-Hamadi-Schrift: *Das Geheime Buch des Johannes* wird gefragt: *«Warum – und wie – bewegte sich die Urmutter?»* – Und die Antwort heißt ungefähr: *«Weil sie, die Sophia, umgetrieben wurde durch Selbstvorwürfe in ihrer momentanen Lage».* [14-A]

In der babylonischen Beschreibung des Chaos vor der Schöpfung (das ist das Vorbild zur biblischen Genesis) heißt es:

«Als die Schöpfung oben noch nicht benannt war, als die fest begründete Erde noch keinen Namen hatte, als nur der Urvater, Apsu ihr Erwecker sowie die Urmutter Tiamat, die alles gebar, ihre Wasser durcheinander mischten; – als noch kein Sumpf gebildet war, als keine Insel gefunden werden konnte, als noch kein einziger Gott erschienen, noch bei seinem Namen genannt worden war, wurden die Götter darin erschaffen ... »

Neben dem *All-Vater* ANU steht hier dessen *all-mütterliche* Ansicht: TIAMAT (*Mat-* für *Mutter* , *Ti-* für *Leben*) – als *Mutter des Lebens* oder auch als *Mutterschwingung* oder *Grundgesetz* zur Erhaltung von Leben und kosmischer Ordnung: DE oder MAAT. – So wird *Ti-a-mat* zugleich zum *Leben, das aus dem Guten Gesetz hervorgeht.* Die ägyptische MAAT: *Gesetz, Ordnung* und *Gerechtigkeit* wird mit derselben großen Maat-Feder dargestellt, wie *Shu*, die *Himmels-Stützerin*: Ohne *Ordnung* (Kosmos) kein *Leben* – und keine Welt! Der Widerpart von MAAT jedoch ist SETH: , der STÖRER oder *Vater der Unordnung* (siehe These 6).

Der *Apis-Stier* war das Symbol *par Excellence* für die fast immer als männlich empfundene, durch die ‹ägyptische Venus› – HAT-HOR – erneuerte *Sonnenkraft*: RE. In den Mittelmeersprachen wurde *Apis* zur *Biene* (vgl. die Funde in Merowinger-Gräbern: *goldene Bienen* d.h. Venus-Sonnensymbole als gute Geister). – Auch bei den Mayas finden sich die Bienen und der ‹Bienengott› aufs Engste mit Venus, ♀, mit den Grundlagen des Lebens und mit den damit befaßten religiösen Traditionen verknüpft: Stets geht es um die solare Energie, der das Metall *Gold* entspricht (vgl. *Gold-Horus*!); – aber auch um *Venus*: ♀, die so Manches mit ⊙ gemeinsam hat, wie andernorts bereits gezeigt.[14-B]

Alle diese Verhältnisse sind an diesem ‹Punkt› des *Compendium Creationis* erst dabei, aus dem vom LOGOS belebten Chaos auszufließen – und noch ganz geistig. Aber selbst da sind sie schon als klare Ideen, d.h. abstrakte, unsichtbare geistige Bilder vorgeformt (vgl. Anh. 4) und werfen ihr konkretes CHRISTISCHES LICHT voraus!

3₃) «Im UNIVERSUM DER FÜLLE ○ erstrahlte nun das LICHTKREUZ ×: Das ist die Liebeskraft des CHRISTOS. – Und so entstand ein ERSTES PARADIES: ⊗. – Da waren nur Geist, Fülle der Möglichkeiten und Licht. Es war die all-einige Sphäre der Existenz – ganz Licht, Güte und Harmonie. Kein Böses wohnte darin, denn es gab kein Böses; und es konnte auch außerhalb kein Böses wohnen, denn es gab kein Außerhalb. Alles war Eins. Alles war Geist, Liebe und Licht. Gott war in Allem, und Alles war in Gott.»

Das *‹Para-Diis›* ⊗ – das bedeutet: «Abbild Gottes in der Vielfalt Seiner reinen Manifestationen» – war durchlichtet von Einheit, Brüderlichkeit und Liebe, in der Harmonie von ZAHL, PROPORTION und MASS, von LICHT, WAHRHEIT und LEBEN – HEIL in HEILIGKEIT.

Unbegrenztes Leben, Licht ohne Finsternis erfüllten das Paradies: Kein Schatten war da: kein Dunkles, keine Angst, keine Begehrlichkeit – und daher auch kein Tod. Das *Zend Avesta* – die Heilige Sprache Persiens – beschreibt es so: *«Ahura Mazdão redete zu Spitama Zarathustra und sprach: «Als erstes erschuf ich, Ahura Mazdão, das Königreich des Lichts, teuer allem was lebt».*[15]

Darum gab es vorerst nur geistiges Licht, geistige Harmonie, geistiges Leben. *Noch* war das Paradies – als Kind der Harmonie des VATERS – ganz göttlich durchdrungen und durchlebt.

– Frage: Wie ist das zu verstehen: *«Es gab kein Außerhalb»*, wenn doch Paradies und Gott Zwei waren?

– Antwort: Es gab noch keine Möglichkeit der Unterscheidung, daher noch weder Gott noch Un-gott, kein Innen und kein Außen.

– Und wie konnten ein ‹Innen› und ein ‹Außen› entstehen in einem Universum, das alle Sphären als *ein* göttliches Paradies *enthält*, das weder Innen noch Außen kennt, sondern Alles in Allem, Eins mit dem Einen ist und gleich Ihm Alles enthält?

– Antwort: Aus einer *Polarisierung*, die im Paradies einsetzte, entstand ein Gemisch aus ungehemmt heiliger Dynamik in Harmonie und Einigkeit – und un-heiler, Uneinigkeit wirkender Dynamik: Ein Unwohlsein wie negative Sehnsucht, Angst genannt, als Schattenbild der nach Manifestation strebenden lichten, liebevollen Gottheit, so wie Lilith einmal das düstere Schattenbild der lichten Eva sein würde. – Doch *noch* war alles vermischt und vereint – ohne Unterscheidung, und daher auch ohne Innen noch Außen.

Jede Wahrnehmung bedingt Bild und Gegenbild, jede Bewegung bedingt Kraft und Gegenkraft. All dies bedingt Teilbarkeit, Unterscheidbarkeit. Diese entstehen in *These 4*; die Folgen davon aber erst in *These 6* des *Compendiums*: Denn *noch* war dies Paradies ⊗ ganz *‹paradiesisch›* – ein *einig beseeltes Licht-Universum Gottes.*

Noch war das Paradies *«eine einzige, einige Sphäre der Existenz – ganz Licht»*. Doch waren die Finsternis und ihr ‹Böses› *potentiell* auch in der ganz göttlichen, paradiesischen Schöpfung enthalten. – Das mußte auch so sein. Denn damit die Geschöpfe sich *in Hingabe* zu ihrem Schöpfer erheben konnten gemäß Seinem Willen, mußten aus Unbewußtheit Bewußtheit, aus naturgesetzmäßigem Dahindämmern freier Wille und selbstverantwortliche Unterscheidung entstehen – und zwar durch *Erfahrung*, d.h. *durch Schmerz* (vgl. Anhang 3). Schmerzliche Erfahrung ist der Boden, auf dem das Bewußtsein der Seele wächst. So betrachtet erhält das ‹Böse› eine durchaus konstruktive, ja absolut notwendige Funktion innerhalb des Universums. Diese Tatsache wird in Gœthe's Faust deutlich gemacht durch Mephistopheles' Spruch: *«Ich bin ein Teil von jener Kraft, die stets das Böse will und stets das Gute schafft … Ich bin ein Teil des Teils, der anfangs Alles war: – Ein Teil der Finsternis,* die sich das Licht gebar … »

Wie muß man diese ominös doppelsinnigen Worte verstehen? *Wer* gebar hier *wen oder was*? – Zwei Varianten auf drei Verständnis-Ebenen sind hier doch unterscheidbar!

Die erste Ebene ist die universell mythische: Mehrere Schöpfungsgeschichten beginnen mit einer Finsternis *als Mutter aller Dinge*. Das ist aber keine Finsternis des Bösen, das ja *«im Anfang»* noch gar nicht existiert; – es ist die Finsternis des Urmutter-Schoßes, auch *der schlafende Gott* genannt: So kann Licht aus Finsternis manifest werden … und in Finsternis wieder zur Ruhe gehen!

Zweitens: die Ebene der Teilwahrheit der Worte womit Mephistopheles – Repräsentant aller hintersinnigen Täuschung – alle Menschen irreführt, die jedes laute Wort einer Autorität zum Gesetz erheben: Das eigentlich teuflische am ‹Teufel› und sein spezielles Charakteristikum ist, daß in jeder seiner Lügen ein Fünkchen tiefster Wahrheit, in jedem Nutzen den er bringt, der Same zu Übel und Leiden liegen. – Doch *«aus Schaden wird man klug …»* – *«im besseren Falle!»* muß man ergänzen. So gibt es denn kein Übles, das nicht auch dem höchsten, dem Allein-Guten diente!

Die dritte Ebene aber ist die der *wahren Lüge*:
«Finsternis, die sich das Licht gebar»? – Finsternis kann *selbst nichts erzeugen*, es seien denn Lichter der Täuschung; – und sicher nie DAS LICHT! – ‹Finsternis› ist auch nicht die *Abwesenheit* von Licht, sondern nur dessen *Unsichtbarkeit* für ‹Blinde›: Für allerhöchste Wahrnehmung ist, was man gemeinhin Licht nennt – einschließlich des unseren Augen unerträglichen Sonnenlichts – doch Finsternis. Für Naturwesen, deren Sehspektrum abseits des

unsrigen liegt, gilt Ähnliches fürs Tageslicht. – Im Sinne des universalen *Alles-in-Allem* jedoch kann es keine Finsternis geben, die nicht auch LICHT – GEIST – GOTTES ATEM enthielte. – *Finsternis* ist also ‹nur› *Unfähigkeit der Wahrnehmung*! Darum kann es nur EIN Licht geben, das keine Finsternis enthält: das ist das Licht der *unbegrenzten Weisheit in Liebe.* – Zu dieser Erkenntnis wird sicher geführt, wer diese Fragen tief meditiert. Die *Lüge* im Ausspruch von Mephisto ist die schlau gewählten Ambivalenz seiner Rede: Wer nicht *wahrnehmen und unterscheiden* kann, wird verführt! Das ist *blendende Finsternis* als *Saat der Unkenntnis*:! – Gœthe hat das zweifellos bedacht!

Am besten ist es darum, von der Konzeption eines ‹Bösen› ganz Abschied zu nehmen, denn ein ganz und gar Böses gibt es in der kosmischen Wirklichkeit ebensowenig wie ein ganz und gar Gutes. ‹Böse› und ‹gut› sind nur gegenteilige Begriffe und Empfindungen einer relativen, subjektiven Realität, die ein betrachtendes oder erfahrendes ICH voraussetzen – also ganz menschlich: «*Ich warf meinen Schatten – Ich, Ahura Mainyu, der Ich ganz Tod bin …*»[15-A]

Das Ich, das zur Bewußtwerdung von Licht und Leben zwar unbedingt nötig ist, neigt zugleich zu Finsternis und Tod. – Tod: das ist tiefste Unkenntnis; und Unkenntnis nährt die *Unterscheidung von ‹Gut› und ‹Böse›* im allerweitesten Sinne.

Wie ist nun dies wieder zu verstehen?

Ein *Mineral* oder *Metall* ‹beurteilt› nicht: es folgt dem Lauf von Kristallisation, Transmutation und Auflösung nach den *Gesetzen der Sternenwelt* – entsprechend den Lebensbedingungen *seiner* Welt: Es kennt nicht diese Bedingungen, sondern wendet die Allem innewohnenden *kosmischen* Naturgesetze auf sie an, bzw. läßt diese Gesetze *neutral* an sich geschehen, sofern man darin eine bewußte Haltung erkennen will. –

Eine *Pflanze* mag für ihren Wuchs, für ihr rechtzeitiges Blühen und Fruchttragen die Gegebenheiten der Umwelt ‹beurteilen›, in die sie durch das Niederfallen ihres Samens eingefügt wurde: Ein Same ‹weiß›, ob und wann er an diesem oder einem anderen Ort keimen, in welche ätherisch vorgeprägte Form die gedeihende Pflanze hineinwachsen soll; – doch ein wirkliches *Urteil* ist das nicht, und nicht einmal eine unbewußte Wahl: Es folgt die Pflanze den *mineralischen Gesetzen* von Sympathie und Antipathie – von Wachstum und Ordnung. –

Ebensowenig ‹urteilt› ein *Tier* – nicht einmal eines, das eine gewisse Individualität bereits entwickelt hat, wie z.B. ein Hund, ein Pferd oder eine Katze: Zwar wählt es den Ort für seine Ernährung, Vermehrung und sogar für seinen Tod gemäß dem Freiheitsgrad seiner Beweglichkeit; – aber es folgt darin den *pflanzlichen Gesetzen* von Gliederung, Orientierung und Anpassung ohne bewußtes Urteil – und ganz ohne Unterscheidung von ‹Gut› und ‹Böse›. – Ein Hundebesitzer wird wohl einmal seinen Hund strafend anblicken und «*Böser Hund!*» zu ihm sagen, weil dieser seinem Instinkt oder seiner Gewohnheit an ‹unpassendem› Ort oder Zeitpunkt gefolgt ist, wie jeder Mensch auch; doch ein Hund wird nie einen Menschen ‹böse› finden, sondern höchstens unverständlich oder bedrohend. Das Urteil über ‹Gut› oder ‹Böse› hat aber *primär* mit Angst nichts zu tun: Es ist eine ausschließlich menschliche ‹Leistung›; denn es bedingt ein Ich, das die Welt, als dessen *Mittelpunkt* es sich sieht, nach seinem subjektivem, d.h. ichzentralem Empfinden beurteilt. –

Diese *menschliche Ichzentralität* wird im Allgemeinen direkt verknüpft mit dem ‹Fall› der Menschheit – also mit der mythischen Vertreibung der Menschheit aus einem *irdischen Paradies*, wegen eines als ‹böse› stigmatisierten Verhaltens, das doch zugleich notwendig war, um von der Unbewußtheit des *Ursprünglichen göttlichen Menschen* zum All-Bewußtsein des *Neuen göttlichen Menschen* zu gelangen (vgl. Anhang 3-A). Gemäß der jüdischen Gnosis hat der Mensch (durch sein ‹Fehlverhalten› eben) Gott aus dem Paradies vertrieben und sucht nun Genesung in der Rückkehr Gottes in ihn[15-B]: Seine Göttlichkeit und Reinheit *«im Anfang»* hat er verloren; seine neue Göttlichkeit muß er sich auf dem Schmerzensweg stofflicher Erfahrung wieder erwerben *«mit Furcht und Zittern»*. Das bedeutet, seiner eigenen mineralischen, pflanzlichen und tierischen – aber auch der menschlichen und der göttlichen Natur in einem selber – *bewußt zu werden durch Selbst-Erkenntnis*. – Doch was ist *das Selbst*?

Dem typischen Massenmenschen in seinem Zustand der Ich-Zentralität fehlt ja sogar jedes Bewußtsein von seinem *Ich*: Ohne eigentliches Bewußtsein überhaupt, sowieso ohne jeden Begriff seiner Bedeutung und Aufgabe im Universum, gehorcht der *Mensch* als Massenwesen vorallem den Gesetzen einer komplexen, animalisch unbewußten *Triebwelt* mit ihren *Rudel-* und *Rassengeistern*, dann, zweitens, einem *Eigenwillen*, über den er keine bewußte Kontrolle hat. Dadurch lebt der sogenannt ‹vernunftbegabte› Massenmensch sogar «tierischer als jedes Tier» (Gœthe).

Auf dieser Basis haben die Welt-Religionen das Bild des ‹bösen›, des ‹sündigen› Menschen geprägt, der Gott als Schöpfer und als Weltenrichter *fürchten* müsse – unwürdig, zu Ihm aufzublicken. Dieses *Urteil* entstammt der Tatsache, daß Jene, die es aussprechen, die Frucht, deren Verspeisen sie eine «*Erbsünde*» nennen, selber noch nicht verdaut haben. Denn wenn es auch wahr ist, daß der Mensch bereits durch sein persönliches Da-sein (wie das Corpus Hermeticum sagt) *zur Hälfte* unrein, ungöttlich und dem Allein-Guten fremd ist, so ist er deswegen doch weder unwürdig noch böse: *Gott liebt alle seine Geschöpfe*! Welcher Mensch dürfte sich anmaßen, jemanden (beginnend bei sich selbst!) zu verwerfen, wo Gott doch Alle gleich liebt in *ungeteilter Liebe*? – Gott will, daß wir zu Ihm aufblicken – zu Ihm aufwachsen! Er hat bereits im Ur-Grund des ersten Schöpfungsakts den *Weg zurück* für die gesamte (*zusammen mit* Ihm und *in* Ihm!) im Stoff untergetauchte Schöpfung – also *für jedes einzelne Geschöpf* – vorbereitet: – Welcher Mensch wollte urteilen, Gott habe sich geirrt? Wer darf an Zorn und Strafe denken, wo Gott nur Liebe ist?

Für die *wirklich menschliche* Ebene mit einem klaren menschlichen Selbst-Bewußtsein aus Selbsterkenntnis wäre nun zu erörtern der Unterschied zwischen Urteil, Unterscheidung und bewußter Wahl, doch würde das im vorliegenden Rahmen gar zu weit führen.

Wie aber drückt sich all dies auf dem absoluten – dem ursprünglich paradiesischen Plan ⊗ aus, wo Mineral, Hund und Gott EINS waren und es kein als solches beurteiltes Böses – und daher auch kein Gutes als Gegenpol – gab noch geben konnte? – Auch könnte man einwenden: «Es ist doch nicht so, daß, weil wir die Ausdrücke ‹gut› und ‹böse› nicht mehr benutzen, das Universum ganz in Ordnung und in göttlicher Harmonie wäre!?»

Dem ist einerseits zu entgegnen, daß in Maßstäben des ewigen Universums betrachtet doch wirklich alles in Harmonie sei, weil ja über Alles und alle Zeiten hin betrachtet die kleinen Abweichungen, die uns Menschen so sehr zu Herzen gehen, absolut ausgeglichen bleiben. Andererseits – und eher ‹realwissenschaftlich› betrachtet – kann man diese Verhältnisse wie folgt in moderner Sprache ausdrücken, wobei der Planet Erde – als *Kleines im Großen* betrachtet – zum Beispiel dienen soll:

Der Planet Erde – lebendes Glied am Körper der Welt – ist wie jeder andere beseelte lebendige Körper aus sieben in einander greifenden, einander vollkommen durchdringenden und einander ständig gegenseitig beeinflussenden ‹Körpern› (*Sphären* sind *Kugeln*!) aufgebaut. Die physische Erde wird also – so wie der menschliche Körper – von ihren feinstofflichen Körpern «umhüllt», bzw. durchdrungen, nämlich von sechs konzentrischen elektromagnetischen Feldern, deren jedes seine ganz bestimmte, ihm zugehörige *Schwingung* aufrecht erhält – entsprechend dem Bewußtseins- und daher Schwingungs-Zustand des Trägers. Lebt ein Lebewesen in vollkommener Harmonie, so sind die Schwingungen seiner sieben Körper in natürlichem Gleichgewicht auf einander abgestimmt und bilden zusammen ein harmonisch lebendes Ganzes. Insofern stand die ‹jungfräuliche Erde› an und für sich genommen – ohne irgendeinen Störfaktor von innen oder außen – im vollkommen harmonischen Gleichgewicht ihrer sieben Körper. Und da die reinen, ursprünglichen Energiefelder des Makrokosmos Entstehung und Entwicklung der Erde ebenso bestimmen, wie das für eine Pflanze *deren* Umgebungsbedingungen tun – in Harmonie mit den Gesetzen des Universums und dem darüber stehenden Einen Gesetz –, so lebte die Erde und alles was auf ihr und in ihr lebte, *«im Anfang»* in harmonischer Vollkommenheit – im ‹paradiesischen› Einklang ihrer eigenen und der höheren, außerirdischen Energiefelder, die sich (so zu sagen) übers atmosphärische Universum ausbreiteten, das man daher wirklich göttlich – *«einen Gott»* – nennen konnte.

Der Ausdruck *Paradies*, im Altdeutschen: *Paradeis*, ist, wie erwähnt, ausgehend vom Wortstamm *djaus / Zeus / deus* – als *paradeisch*, d.h. *gott-ähnlich* (*para-divus*) zu verstehen; und das wird nun klar verständlich, wenn gesagt wird:

«Im Anfang» war die Erde – war die Welt – in völligem Einklang mit ihrem eigenen sowie mit dem *Einen*, Alles umgebenden absolut göttlichen, überkosmischen siebenfachen Schwingungsfeld. Zusammen machen diese 49 Energie- oder Schwingungsfelder das leuchtende All aus und behüten es. Darum war wirklich alles *«sehr gut»* – nämlich in vollkommen *zeitloser*, absolut göttlicher Harmonie. Kein Mißton ertönte in der Welt, noch außerhalb – denn da Alles Eins war *gab es kein Außerhalb*; und diese Sicht läßt sich ausdehnen über alle denkbaren Begrenzungen hinweg.[15-C]

Nun ist die höchste Schwingung, die sich in Mikrokosmos, Welt und Universum manifestieren kann, die LIEBE auf der jeweiligen ‹Oktave› der genannten 49 Schwingungsebenen. – Die Liebe Gottes jedoch – sozusagen die überkosmische Eigenschwingung Gottes selbst – ist die höchste von allen! Darum sagten die Katharer des Mittelalters: «*Gott ist Liebe!*». –

Diese ewig ursprüngliche göttliche Liebesstrahlung ist nur von so hoher Schwingung, daß ihr Licht den Menschen erblinden lassen (ihm also als *schwarz* erscheinen), ihre Hitze aber ihn ‹verbrennen› müßte. Darüber berichtet die Heilige Sprache zur Genüge – besonders im Alten Testament, im *Manichäischen Psalmenbuch*[16] und im sogenannten *Evangelium der Pistis Sophia*[17].

Im Corpus Hermeticum spricht der Trismegistos:

«Ist nicht wirklich – so, wie der Strahl der Sonne mit allzu großem Glanz die Augen verdirbt und blendet – so auch der Anblick des Guten? Es erleuchtet aber das Licht und vermehrt sich fürs Auge umso mehr, je mehr Jemand fassen kann vom Einströmen des Glanzes des Unsterblichen.»

Darum sagt das *Compendium Creationis* zu Recht:

«*Alles war Eins. – Alles war Liebe; Gott war in Allem und alles war in Gott*» – das heißt: Eins mit der höchsten, absolut göttlichen Liebes-Schwingung und mit den harmonischen Schwingungsfeldern, die das Universum und seine Welten in Liebe umhüllen und bergen, umfangen und durchdringen. Darum war «*im Anfang*» die Welt tatsächlich die «*einzige, einige Sphäre der Existenz – ganz Licht, Güte und Harmonie*».

4.) «Als Drittes erschuf Gott die Raute ◊. Und mit der Raute wurde erschaffen auch das Kreuz +, das in der Raute enthalten ist: ◊. Das ist die geistige Potenzialität der Vier Elemente.

In der Raute ◊ waren das Dreieck des Feuers △ und das Dreieck des Wassers ▽ noch mit einander vereint – doch ohne Bewußtsein. Luft und Erde aber waren noch ganz im Verborgenen. – Das war die Fülle der Möglichkeiten im noch ganz geistigen ERSTEN PARADIES.»

Vatergott und Muttergöttin (Götter-Mutter) werden in allen Mythologien durch eine Kindgottheit zur Dreiheit, Triade oder Trinitas vervollständigt. Die Zahl VIER entsteht erst ‹viel später›, als Basis für die stoffliche Schöpfung und ist verbunden mit Materie, Mutterschaft und Weiblichkeit – erst als kosmogonische, dann als kosmologische Erweiterung der Zahl Drei. Diese wird graphisch dargestellt durchs *Dreieck.* – Die Vierheit der *Raute* als weiblich geprägter geistiger *Raum für den Stoff* wird gebildet durch *zwei Dreiecke*, die in ihrer Gegensätzlichkeit bereits auf die Dichotomie der universellen materiellen Schöpfung verweisen:

Erstens ein Dreieck △, das verbunden ist mit den Prinzipien Feuer, Geist, und männlicher Energie im Allgemeinen – bis hin zum *goldenen* Dreieck des Hiram. Zweitens – als Gegenpol – das Dreieck ▽, verbunden mit den entsprechenden Ansichten: Wasser, Seele, und weibliche Energie – bis hin zum *silbernen* Dreieck ▽, das die Priesterinnen von *Atlantis* trugen.

Von dieser Trennung zwischen Silber und Gold, zwischen Mann und Frau, zwischen Oben und Unten, zwischen ‹Gut› und ‹Böse› u.s.w. war jedoch, «als die RAUTE erschaffen wurde», noch keine Rede: Feuerdreieck und Wasserdreieck waren noch vereint in der RAUTE, in harmonisch vollkommener *Potentialität* künftiger stofflicher Manifestation; – sie waren *ungeteilter* Ausdruck der *makrokosmischen* ZEHN (des makrokosmischen VATER-MUTTER) und der jetzt erscheinenden *kosmischen* ZEHN («so unten wie oben»). Damit trugen sie in sich die potentiellen DREI, VIER und SIEBEN – waren mithin auch Sinnbild der künftigen Vielfalt schöpferischen Ausdrucks, samt menschlicher Verkommenheit (d.h. ‹Fall›), bzw. Vollkommenheit (d.h. ‹Rückkehr zum Vater› über eine Unzahl individueller Pfade des Einen Wegs) …

Anders gesagt: Die Fülle aller Kosmogonien zusammen, aller Anthropogonien zusammen, aller Schöpfungsgeschichten und Erlösungslehren zusammen waren in der RAUTE bereits *als Keim* vorhanden wie in einem geistigen Mutterfeld: Aus dem *überkosmischen* Urquell ● kam als *makrokosmisches* CHAOS die RAUTE ♦ – *Flamma* – *Materia* – *Mater* – und daraus die reine Raute ◊, die, indem der Geist einen *dritten Schleier* überzog, zum geistig elementischen, kosmischen ⟠ wurde. Doch bevor die Elemente sich mischten, konnte kein Stoff entstehen. Das kosmische ⟠ wurde somit gleichsam zur kosmischen *Mutter aller Mütter – Muttergöttin* und *Göttermutter.* Die Raute erscheint auch mehrfach im ‹Stern des Metatron›. Sie ist die *babylonische Mari* – und zuvor das *Mutterfeld*, das unter der Einwirkung des Heiligen Geistes unsere stoffliche Schöpfung gebären sollte: ‹SIE› war da, noch bevor irgend etwas Bestimmtes erschaffen war, gemäß uralten Überlieferungen aus Ost und West, welche die Kirche Roms als «*Litanei zur unbefleckten Empfängnis*» für sich übernommen hat (siehe voriges Kapitel). Auch die biblische *Ruth* (gleicher Wortstamm wie *Raute* und das alt-ägyptische *Ruḍ – Kraft*) sind in gewissem Sinne *Urmütter*, nämlich die des nachmaligen jahvistischen Religionskonzepts: Das Buch SOHAR geht auf die Muttergöttin sehr befriedigend ein!

Hierzu zitieren wir aus dem Werk von C. Meurant[18]:

> «Die Hindu-Mythologie assoziiert den Ikosaeder mit PURUSHA, dem samenhaften Bild des höchsten Schöpfers: BRAHMA. Dieses Bild ist der Grundplan des Universums und analog zum *Kosmischen Menschen*» {vgl. den *‹Größten Menschen›* bei Emanuel Swedenborg[12-A]}. – «Der *Ikosaeder* ist geeignet als erste äußere Form, denn alle übrigen Formen entstehen natürlicherweise aus ihm. PURUSHA wird vorgestellt als unmanifestiert – und unberührt durch die {manifestierte} Schöpfung, so wie in der geometrischen Konstruktion der äußere Ikosaeder unberührt bleibt von den platonischen Körpern, die er umgibt.
>
> «PURUSHA projiziert den *Dodekaeder* von PRAKRITI ins Innere. Darin wird erkannt das *Primat dieser Dualität* {Dodekaeder und Ikosaeder} mit der höchsten, d.h. subtilsten, mit fünffacher Symmetrie assoziierten *Phi-Beziehung.*[18-A] – Der *Dodekaeder* wird gesehen als PRAKRITI, die weibliche Schöpferkraft und Manifestation – als die Universelle Mutter, die Quintessenz des natürlichen {stofflichen} Universums. Dieser *Dodekaeder* berührt alle Formen der Schöpfung im Innern ihres schweigenden (silent) beobachtenden Partners. Innerhalb der *dodekaëdrischen Mutter* der Schöpfung entsteht der *Kubus der Stofflichkeit* (Materie) und unterteilt sich ganz natürlich *in einander durchdringende positiv und negativ polarisierte Tetraeder.* Damit wird demonstriert die fundamentale *duale Oszillation* der materiellen Schöpfung des Universums. Das Resultat dieser *harmonischen Wechselwirkung der Gegensätze* ist der *Kubus* {→ ‹Incubation›} als *materielle Existenz.* –

Im Herzen dieses Würfels findet man den *Oktaeder* als *diamantische Essenz* des Stoffs {Anm. d. Hrsg.: Die Kristallstruktur des Diamanten ist der Oktaeder}. – Innerhalb dieser Essenz (indem man nochmals die Phi-Proportion anschlägt), offenbart sich ein innerster *Ikosaeder des Geistes*, der die volle *Oktave* verwirklicht: Der VATER in der Höhe hat hervorgebracht die MUTTER der Schöpfung, durch welche der geistige SOHN incarniert wird. – In dieser konzentrischen Sequenz sind die diversen *Dualitäten* (Komplementär-Paare regelmäßiger Polyeder) in der geeigneten Abfolge angeordnet. Die Beziehungen untereinander respektieren die natürlichen energetischen Strukturen der regelmäßigen Körper. Das kosmologische Schema und die natürliche Geometrie sind hier in Harmonie, und daher in Frieden miteinander.»

So weit das Zitat nach R C. Meurant, das mit Text und Scholien des *Compendiums* überraschend harmoniert.

Die RAUTE ◇, bzw. mit dem darin enthaltenen ‹Materiekreuz› + eben ◇ (2 x 4 Tetraeder) ist also das Symbol der im Anbeginn noch ganz geistigen, *unvermischten* und daher *unmanifestierten* Vier Elemente in vollkommene *Einheit des Oben mit dem Unten*; und sie liegt auch der heutigen Welt noch immer als ein bewahrtes und bewahrendes mütterliches Potential zugrunde (das daoistische DE). Ihr ‹Sinn› ist fast die Umkehrung dessen, was übers Quadrat und das in ihm enthaltene Lichtkreuz zu sagen sein wird.

Auch diese Verhältnisse lassen sich im Licht der heutigen Zustände in unserer Welt verstehen: So wie in den manifestierten Dingen der Formenwelt □ das *Lichtkreuz* ✕ auf ewig als Kern und Keim enthalten bleibt, so bleibt auch das *Materiekreuz* + auf ewig vom göttlichen «So-oben-wie-unten» der hermetischen Raute ◇ umfangen und als ein ewig Göttliches geborgen. – Da wird es von ur-alchimischem *Feuer* △ und *Wasser* ▽ umströmt und beseelt, die in ihrer Vereinigung *«im Anfang»* als *«Æsch-Majim»* – *Feuer-Wasser* – den *Rhombus* oder die *Raute* ◇ ‹formten›. –

Nun sollte der Mensch – im Rahmen einer stofflichen Paradieses-Existenz ⊕ – in sich selbst das Lichtkreuz ⊗ neu *erleben* und *be-leben*. Doch fehlte ihm ein Bewußtsein. Der heutige, dank unzähligen Erfahrungen in MALKUTH bewußt gewordene Mensch kann es – *aus Gnade*. So wird ihm sein *Weg zurück* klar; – so wird in ihm selbst das Licht leuchten; – so *«kommt der Geist ins Fleisch»*. – Sein jetzt durch sieben Schleier wie in eine Puppe eingesponnenes Bewußtsein wird er befreien, damit das reine Licht wieder leuchten kann. Dann umhüllt ihn, das *Elemente-Kreuz*, die *Raute* wieder als reines Lichtkleid, wie es im Anfang war (Abb.10). Dieses Lichtkleid, gebildet durch die *Raute* oder den *Rhombus*, bildet sich, *konsequent symbolisch gesagt*, folgendermaßen[18-B]:

Die Wiedervereinigung des Kandidaten mit dem ur-pranischen Wasser ▽ und dem ur-pranischen Feuer △ ist, was die Heilige Sprache die *«Wiedergeburt durch Wasser und Feuer»* nennt. Man könnte auch sagen: Durch die sukzessive seelische und geistige Taufe (*Instillation*) mit *Æsch-Majim* – Feueräther oder Christusfeuer – nimmt dieses Lichtkleid, das zunächst nur als RAUTE erschien, an Form und Umfang zu, bis es als ein *oktaedrischer Kristall* dasteht. Dieser *enthält* als größte Ebene das *Quadrat mit dem Lichtkreuz. – Nach außen* zeigt er *vier Rauten* bzw. *acht Tetraeder* (vier Dualitäten). Im Innern wird er (Scheidung und Entscheidung!) durchs fünfte Element, den *Feueräther* als Achse senkrecht durchstoßen, wodurch der gemeinsame Punkt aller acht Tetraeder mit dem Oben und dem Unten verbunden wird. – Rotiert der Kristall um diese Achse, so entsteht zudem ein sonnenhafter Kreis ⊙. Die im Oktaeder rotierende Raute kann nun als *Spindel* gesehen werden, und zugleich als ein *umgürtet vom Sonnenkreis* ⊙ rotierender, glitzernder Lichtkristall!

Diese rotierende Spindel entspricht der *Mandorla* im goldenen ‹Strahlenkranz›: Das ist das *neu-astrale Lichtkleid*, das vornehmlich die Figur der MUTTER umgibt – aber auch jene des SOHNS:

«Und ein großes Zeichen erschien in dem Himmel: Ein Weib bekleidet mit der Sonne. Und der Mond war unter ihren Füßen, und auf ihrem Haupte ein Kranz von zwölf Sternen» –

so heißt es in der *Offenbarung des Johannes* (Of. 12:1; Abb. 12).

Das *makrokosmische* (‹archetypische›) *‹Weib›* steht im Mittelpunkt eines *apostolischen Tierkreises.* Der umgibt die 10: das VATER-MUTTER, das auch durch ⊙ und ☽ , bzw., wie oben erklärt, durch ⌒ und ◡ *darstellbar ist* (vgl. Abb. 13). Nebenbei sei erwähnt, daß manche alten Universitäten sich eines Siegels in ovaler oder *Mandorla*-Form bedienten, was genau ihrer Bezeichnung als *«Alma Mater – Nährmutter»* –entspricht.

Nun soll man sich erinnern, daß einer der ungezählten Namen der Großen Muttergöttin jener der *Venus* ist, die unter Anderem auch der *Morgenstern* heißt. Auch der Christus wird – als der SOHN – über den Morgenstern mit der *Venus* verbunden: *«Ich, Jesus habe meinen Engel gesandt, euch diese Dinge zu bezeugen in den Versammlungen (in Ecclesiis). Ich bin der Wurzelsproß und das Geschlecht Davids, der glänzende Morgenstern»* (vgl.

Of. 22:16). – Selbst das *Popol-Vuj* nennt diese Drei: Venus, den Morgenstern und den ‹Messias› im selben Atemzug.[19] —

Weiter oben wurde bereits angespielt auf die Rune Ylhaz – ᛉ – mit der Bedeutung *Apotheose*, die ans *magische Siegel der Venus* erinnert: Diese Glyphe – ⚹ – wurde von H.C. Agrippa von Nettesheim in seiner *Occulta Philosophia* als *magisches Venus-Siegel* überliefert. Diese Darstellung des SOHNES als *Venus* findet sich auch in der so makaber heidnischen wie magischen Darstellung des ‹Gekreuzigten›, welche die Kirche Roms zu ihrem ‹Logo› gemacht hat. – Die Darstellung des SOHNS in der *Mandorla* hingegen begegnet in so manchem Tympanon seit der Romanik, umgeben vom *Quadrat* der vier Elemente – nämlich von den *Vier Tieren* Daniels und der *Offenbarung*, bzw. der jahvistischen Schöpfung, neutestamentarisch *«die Vier Evangelisten»* genannt. Diese Mandorla – eigentlich eine *Vulva im Quadrat des Stoffs* (das ist auch ein *Sechs-Stern*) – ergibt so als Ganzes nochmals ein magisches Venus-Siegel. Dennoch wird in der genannten Darstellung der SOHN allgemein als ‹*Weltenrichter*› interpretiert. - So hat Jesus der Christus sich zwar nie selbst bezeichnet: Er predigte *Vergebung unter allen Umständen außer einem.* Erst das viel spätere Römische ‹Glaubensbekenntnis› hat ihn dazu *gestempelt* (Abb.12). – Wie nun all dies im Zuge des hier geschilderten Schöpfungsmythos verstanden werden kann, schildern die folgenden Absätze:

Die Schöpfung, wie sie in der RAUTE ◈ vorbereitet wurde, war noch ganz *astral geistig.* Zugleich war sie eine *Vervielfältigung des Lichtkreuzes* ✕. Man kann dies heraldisch darstellen, indem ein mit *nur einer* Raute bzw. mit einem *Andreaskreuz* besetzter Schild verwandelt wird in den regelmäßig von zahlreichen Rauten bedeckten, heraldisch ‹*geweckt*› genannten Schild. Das ist das wieder zu vollkommener Kraft und Herrlichkeit *erweckte* (*geweckte*) Herz. Es ist der Schild, der zudem alle möglichen heraldischen Schnitte enthält und gewissermaßen zusammenfaßt.

Den *geweckten Schild* kann man – dreidimensional – auch als einen in unzähligen geschliffenen Facetten funkelnden *Kristall* sehen – oder als *Tiegel* mit dem *ʿαλς χριστου – hals Christou – Christus-Salz*: als einen tausendfältig glitzernden, *fließenden Lichtkörper.* Ebenso mußte das Eine ganz Geistige herabsteigen: zuerst als ein noch geistig Astrales, dann als ein Ätherisches, um zuletzt sich herab zu *projizieren* und zu *kristallisieren* in einer Form stofflicher Verdichtung in *Malkuth*: Das ist die Erstarrung des Geistes in der Materie, die – verglichen mit *«Licht, Wahrheit und Leben»* – ziemlich zutreffend «lebend tot» genannt wird. Von dort aus kann dann die neue Lichtgeburt (Jesus/Jesod, die Tür) beginnen: im *erneuerten Herzen* (‹Maria›, Mandorla oder ‹Raute›) bis zu der in der Alchemie so wichtigen *Vervielfachung – Multiplicatio* – des Lichts und seiner Kraft, durch Vermittlung des feuergeborenen Gottessohns: des vom *Feueräther* durchdrungenen, ‹wiedergeborenen› *Christus-Menschen.*

Jetzt stehen neben einander: Ein Kreuz ×, das ganz besonders mit Licht und Geist verbunden ist – und ein Kreuz +, das der stofflichen Manifestation des Geistes in der Menschheit nahe steht. Das *stehende* Kreuz + in der Raute kündigt jedoch – im Gegensatz zum *Lichtkreuz* × – bereits in der göttlichen, ganz geistigen Lichtwelt – die Trennung der potentiellen vier stofflichen Elemente □ in Feuer △, Luft 🜁, Wasser ▽ und Erde 🜃 an, wie wir sie heute kennen. Darum gehört als ‹Fazit› zu der in den Stoff hinein projizierten, *‹gefallenen›* Welt das Zeichen ♁ – das ist die durch die vier stofflichen Elemente dominierte, vom Geist ‹geschiedene› Welt. Der Kreis – ○ – gilt nämlich auch als Symbol für den Geist; das Kreuz + auch als das der vier Elemente, die durch ihre Verdichtung im Stoff *sichtbar, fühlbar, erfahrbar und überwindbar* geworden sind dank dem *Kreuzweg durch den Stoff* in dessen unzählbaren Realisationsformen.

Auf diese Weise durchdringen sich die Bedeutungen von Kreis und Kreuz im *Zweiten Paradies* ⊕ im Sinne des zitierten Texts des *Compendium Creationis.* Darum ist die Darstellung für die im Stoff *erstarrte* Welt das allbekannte *Erd-Zeichen* ♁, worin nicht mehr, wie im Zeichen der Venus: ♀ der Geist die Materie, sondern der Stoff den Geist beherrscht. All diese Symbole sind *mehrdeutig* und sollen stets *mehrdimensional* betrachtet werden:

So erinnert das Erdzeichen ♁ auch an die zukünftige *Überwindung* der Stoffwelt durch *Entstofflichung* dank dem *Feueräther* – d.h. durchs *Geistfeuer.* Das ist die Rückkehr der stofflichen Schöpfung ins erste Paradies ⊗, woraus sie ‹gefallen› ist und derzeit immer noch weiter fällt. Jene Rückkehr – jenes *Entsteigen* – geschieht in der *sechsten Dimension* (✡) mit Hilfe der *fünften Dimension* (⛤), dank der senkrechten ‹Achse› in deren Zentrum: Dann wenn der *Feueräther* sich als *Christuskraft* ganz in den gespaltenen Mikrokosmos **Y** eingesenkt und ihn so zubereitet hat für das Entsteigen in ᛘ als ein göttlicher *Christall.*

In der alten christlichen Ikonographie hält Christus als *‹Herr der Welt›* – *‹Pantocrator›* den vom Kreuz dominierten ‹Reichsapfel› auf der Hand, in menschlicher Fehlinterpretation seines Auftrags auf Erden: Ein ‹königlicher Priester› ist kein Herrscher im irdischen Sinne, sondern ein göttlicher Diener!

Warum wurden Kaiser auch abgebildet mit dem Erdzeichen ♁ in oder auf der *Krone*? – Kränze und Kronen sind ursprünglich Zeichen des zum solaren Bewußtsein erwachten Menschen: für Mysten, Bacchanten, geistige Könige. – Die ironisierende Form der *Dornenkrone* in der jüdisch-christlichen Ikonographie für *Jesus den Christus* kommt bereits bei *Mithras als Weltenfürst* vor: *Dornen* symbolisieren *Feuer* (Abb.13)! – Die Krone der heutigen englischen Königin mit dem Kreuz über dem gewölbten, *purpur*-samtenen Kronhimmel ist daher eigentlich eine Kaiserkrone – also ein ominöses *Weltmacht-Zeichen* … —

Weiter oben wurde auf die vier Symbole fürs Lichtbewußtsein der ersten vier Epochen hingewiesen: Die Doppelspirale der ‹finsteren› hyperboräischen Epoche – das Sonnen-S der lemurischen Epoche – das Triskell von Atlantis – und die Swastika der Arischen Epoche. Jetzt, wo in These 4 des *Compendiums* das Elementekreuz eingeführt worden ist, kann auf diese Symbole von einer neuen Basis aus zurückgegriffen werden:

Alle diese Lichtsymbole, von der Doppelspirale bis zur Swastika, haben Eines gemeinsam: Sie haben einen *Wendepunkt.* In der Doppelspirale wird der (unsichtbare) Wendepunkt immer weiter einwärts gezogen wie in einem Sog oder Wirbel (Abb. 2-4, 14 und 15-A). Das ist die fortgesetzte Degeneration und Kristallisation der ganzen Menschheit: Immer weniger Bewußtsein vom Licht ist hier vorhanden; es herrscht – so betrachtet – völlige Finsternis: stumpfes bzw. unbewußtes Mittreiben in den Wogen des Geistes «über den Wassern». Im Sonnen-*S* (Abb.15-B), im Triskell und in der Swastika jedoch ist der Wendepunkt direkt sichtbar: Das Bewußtsein vom Licht hat sich zu *entfalten* begonnen; die Einwärtsbewegung der Involution und die Auswärtsbewegung der Evolution stehen alternativ nebeneinander: So sind Licht und Finsternis in einem Gleichgewicht, das sich mehr und mehr zugunsten der Strahlen des Lichts (Zunahme der ‹Äste› oder Strahlen der genannten Symbole; vgl. Abb. 16) entwickelt. Der jeweilige *Wendepunkt* im Symbol aber zeigt immer auch die *Aufstiegs-Achse* an.

Die Bedeutung des *Wendepunkts* ist aus diesem Begriff selbst ersichtlich: Es ist die Wende von der Involution zur Evolution. Psychisch oder mystisch bedeutet das den Moment der *Reue und Umkehr* des Menschen, der wieder zum Licht erwacht, sich neu orientiert und sich auf einen neuen Weg macht – von den Irrwegen in der Natur des Todes zu dem einen, tausendfachen *«Weg, der zum Leben führt»* (Mt.7:14). – Davon spricht das *Compendium* aber erst in seinem elften Punkt.

Dank dem *Wendepunkt* ist die *Doppelspirale* das einfachste Bild fürs *Labyrinth* mit allen seinen Bedeutungen (Abb.11). Schon im Labyrinth als initiatischem System ist die Achse des Entsteigens sichtbar im *Mittelpunkt* – da, wo der Kandidat, der das Labyrinth durchschritten hat, sich *umwendet*, um es wieder zu *verlassen*. – Indes: Sogar in der völligen Umnebelung des Mikrokosmos: in der tiefsten Unbewußtheit des Menschen – ist noch gegenwärtig als *Wendepunkt* (obschon kaum wahrnehmbar) die *Kraft des Entsteigens*: die lebendige *Christus-Kraft* (Abb.21). Der *Lituus* (Abb. 15-A) zeigt außerdem einen *natürlichen* noch zwei Punkte der *bewußten Entscheidung* zwischen Aufstieg und Fall!

Mit anderen Worten: Die Christuskraft, der *Universelle* CHRISTOS existiert von allem Anfang an – *a Principio*: Sie bildet den *Mittelpunkt* und zugleich den *Wendepunkt* – ob bewußt wahrgenommen oder nicht. Zwar bleibt die Christuskraft für ein niedriges Bewußtsein latent und wie inexistent. Diesem fehlenden Bewußtsein entspricht die ganz *unreligiöse* (also ganz *nicht mit Gott verbundene*) Vorstellung eines ewigen Aufenthalts *ohne Hoffnung* im Abgrund der sogenannten ‹Hölle›; – eine Vorstellung, die wirklich aufs *Involutionsleben in der Spirale* ֍ zutrifft:

Im *Corpus Hermeticum* (a.a.O.) ruft Hermes aus: *«Welches Feuers Flamme brennt heißer als das der Gottverlassenheit?»* – Und der Kommentator bemerkt dazu:

«Wer ... als ‹Sieger im Wettkampf› dem Kratèr entsteigt, entsteigt dem ungöttlichen Zustand der Unwissenheit und der Getrenntheit von Gott. Letztere ist zwar wiederum nur eine subjektive Illusion des Menschen; denn eine wirkliche Trennung von Gott ist unmöglich: Gott ist Alles-in-Allem. – Aus diesen Gründen ist die Erfahrung, verlassen zu sein von der Gnade, unbedingt als eine subjektive höllische Empfindung zu relativieren, wie real sie dem jeweils Betroffenen auch erscheint: Gottes Gnade bleibt jedem Geschöpf jederzeit inhärent – innewohnend selbst dem stumpfesten Tiermenschen ... ».[20]

In Sonnen-*S* und *Lituus* ist der Wendepunkt nicht so eindeutig wahrnehmbar wie in einem typischen Schnittpunkt: Es braucht hier bewußtes Erkennen und einen förmlichen *Entschluß* (Umkehr oder Abgleiten, wie Abb. 15-A zeigt). – Der positive Entschluß, in Treue verfolgt, führt zu Erleuchtung und Erhöhung um eine geistige Dimension, wie in ☸, ⊕, ⋆ und ✡. – So zeigt sich wieder die Wirksamkeit des Einen Gesetzes von Zahl und Proportion – also rein geistig genau wie in der konkreten Realität!

In der punktsymmetrischen Figur der Doppelspirale ֍ stellt der *Wendepunkt* die Voraussetzung zur *Synthese* von I und O zur 10 dar. – Der *gleitende Wendepunkt* des *Sonnen-S* weist bereits auf das Erscheinen des SOHNES hin (Son- = Sun); und die spezielle Symmetrie des *Triskell* bereitet die Manifestation des ‹*Heliand*› in der *Swastika* vor. Die *Raum-Achse* durch den klar erkennbaren Mittelpunkt des Kreuzes eröffnet die *fünfte Bewußtseins-Dimension,* sobald der individuelle *Weg zurück* konkret verwirklicht wird, der «*von allen Menschen guten Willens*» gegangen werden kann – aus Gnade, aber durch eigene, selbstverantwortliche Bemühung. Damit wird das *fünfte Element* – der *Feueräther* als *Kraft des Entsteigens* — sozusagen sichtbar. – Es ist interessant, dies symbolisch angetönt zu finden in der etruskischen Darstellung des «*Sonnenwagens*» mit seinen Rädern (Abb.17): Das ⊗ für den göttlichen All-Himmel; – das ⊕ für das kosmische ‹*Sonnen-Pferd*› – Sonnensymbol von China bis Gallien – das auf einer der *Achsen* des Wagens steht, also an *dieselbe Gesetzmäßigkeit* gebunden ist wie der Wagen selbst (der Makrokosmos): an den *Tierkreis*, als dessen zentrale Kraft der Feueräther erscheint. – So viel zur Vierzahl und zum Kreuz. —

Im *Pentagramm* ist die ‹Achse› des Kreuzes zum fünften Strahl des Sterns ☆ und somit dynamisch geworden: Der Mensch, in dem der Fünfstern erstrahlt, hat ein neues und konkretes Bewußtsein vom Licht erhalten – und damit auch erneuten Zutritt zu – und Anteil an – der *Sternenwelt.* – Zwar erstrahlen der Sechs-Stern und der Siebenstern heller als das Pentagramm; – die entscheidende Veränderung aber besteht darin, daß der Kandidat der Mysterien vom *elementischen Konsumieren* des Lichts dynamisch übergeht zum *geistigen Ausstrahlen desselben* als Stern! Daß das *Erscheinen des Sterns* ☆ in der gesamten hermetischen Literatur (ob mystisch-magisch oder operativ) ganz besonders hervorgehoben wird, ist darum sehr verständlich.

Als Ergänzung zum keltischen bzw. alt-germanischen *Sonnenwagen* und zum *Pentagramm* ist nun noch die *Zahl Sechs* zu betrachten. Das ist eine Weiterentwicklung des ⊗ zum ⊛, das A. Schütze in seinem Buch *Mithras* auch als die «*rollende Bewegung, das schöpferische Leben des Sonnenrades*» interpretiert (siehe Abb. 34). Schütze zitiert auszugsweise R. Steiner[21] und kommentiert das um den Mond ☽ ergänzte Sonnenrad mit den ‹sechs Speichen› (hier nur kurz zusammengefaßt):

Bekannt ist das Zeichen ☧ oder ⊛ als ‹Chrisma› oder ‹*Christus-Monogramm*›. Das ist aber nur seine exoterische Bedeutung. Die ersten Christen – zumindest die Eingeweihten ins Christus-Mysterium – erkannten im Chrisma noch die *kosmische Natur des Christus* als «*Der, in dem das Sonnenmysterium und das*

Mondmysterium zusammengefaßt werden» {vgl. These 6 und Abb.27}. – Doch gibt es noch eine dritte Bedeutung, die von Paulus (Kol.2:9) angetönt wird: *«In Ihm* (Christus) *wohnt die Fülle (Pleroma) der Gottheit leibhaftig».* – Unter *Pleroma* wurde damals noch verstanden eine Gruppe von Geistwesen (*Exousiai*), bei den Juden als *Elohim* bekannt. – Die Mysterienlehre vom *Pleroma* beinhaltet Folgendes: Der Mensch lebt auf der Erde, um sich die Liebe anzueignen. Auf der Sonne, die eine höhere Daseinsstufe darstellt, wohnen Wesen, welche Liebe entzünden und in andere Wesen einströmen lassen können. Indem die Erde die Sonnenstrahlen empfängt, entwickelt sich auf ihr die Liebe[22]. – In R. Steiners Worten:

«Da ist im Beginne der Erdenentwicklung der kindliche Mensch, der die Liebe aufnehmen sollte und bereit war zur Aufnahme des Ichs; und auf der anderen Seite die Sonne, die sich [von der ‹Erde›] abspaltete und zu einem höheren Dasein aufstieg. Auf dieser Sonne konnten sich entwickeln sieben Haupt-Lichtgeister, die zu gleicher Zeit die gebenden Geister der Liebe waren. Nur sechs von ihnen nahmen auf der Sonne Wohnung ... sechs Elohim, wie wir sie in der Bibel finden. Einer spaltete sich ab und ging einen anderen Weg ... ; er wählte sich ... den Mond zu seinem Aufenthalt. Und dieser ... ist kein Anderer als derjenige, den das Alte Testament Jahve oder Jehova nennt ... ».[23]

Die sechs solaren Elohim sind quasi *Pleroma*; – *Jahwe*, der lunische Gott, ist der siebente[24]. Das Sonnenrad mit den sechs Speichen und der Mondsichel zeigt also deutlich die göttliche Fülle des Christus als Sonnengeist – als, wie R. Steiner sagt: *«eine zum Zeichen geronnene Imagination, die der Mysterienweisheit des Urchristentums entstammt»* (Abb.37): Das ist Christus als *Vereinigung* der sieben kosmischen Elohim *«in einer Person»*. – Soweit die Zusammenfassung aus dem Buch *Mithras.*

Wie das *Compendium* mit seinen Scholien betont auch Schütze:

«Die vorchristlichen Mysterien sind, soweit sie Anteil am Sonnenwesen hatten, letztlich Bestandteile des Christentums selbst. Das Christentum seinerseits wird nur in seiner eigentlichen Tiefe erfaßt, wenn man die Leibwerdung des Sonnengeistes als seinen wesentlichen Inhalt erkennt». –

Damit wird das moderne, ‹aufgeklärte› Denken zur uralten *Sternenweisheit* zurückgeführt, die seit Beginn unserer Zeitrechnung durch alle dogmatischen Kirchen diffamiert sowie durch Kirchenväter wie Origenes und Augustinus – und nach ihnen durch die Gesellschaft – beinah ganz ausgelöscht wurde. Tertullianus schreibt in seinen *Præscriptiones contra Hæreseos, cap. XI:*

«Wenn ich mich recht entsinne, zeichnet der Mithras[-Priester] dort (im Mithræum) seinen Gefolgsmann auf der Stirn ... » (vgl. Abb.18-A und 18-B)[25]. – Die geheime mündliche *Graals-Tradition* aber hat die alte Weisheit bewahrt, bis sie z.B. (und am hervorragendsten) im *Parzival* von Wolfram von Eschenbach andeutungsweise überliefert wurde.[26]

Kehren wir zur vierten These des *Compendiums* zurück, wo noch keinerlei Sterne manifestiert waren – schon gar nicht im Stoff, der erst durch Vermischung und Verdichtung der ätherisch gewordenen Elemente entstehen konnte: In der RAUTE ⟠ wurde ja erst eine *Vorbereitung* der stofflichen Schöpfung ‹geistig sichtbar›: Die Elemente waren darin erst potenziell – als geistige ‹Tugend› (lat. *virtutes*) enthalten. Das bedeutet: Noch war nicht der aus verdichtetem ‹Ur-Prana› gebildete Stoff der vier bzw. fünf Elemente vorhanden, sondern erst das, was ihre Hauptsache ist: ihre *Potenz* – ihre *Kraft* oder archetypische *Tugend*, ihr *geistiger Same*. – Alles war noch Eins: *ʽεν το παν* – *hen to pan: das Eine ist das All*, wie es in der *Chrysopoeia der Cleopatra* heißt (Abb. 28). – Dazu hier zwei Beispiele:

Das Wasser ist verbunden *astral* mit dem Mond, *ätherisch* mit der Seele, *metallisch-physisch* mit dem Silber, im Menschenreich mit dem *Weiblichen*, im geistigen Bewußtsein der Menschen als *Abel*, im individuellen Selbstverständnis mit dem weiblichen ICH und so fort. - Sein ‹Gegenstück›, das *Feuer*, ist verbunden *astral* mit der Sonne, *ätherisch* mit dem Geist, *metallisch-physisch* mit dem Gold, im *Menschenreich* mit dem Männlichen, im geistigen Bewußtsein der Menschheit mit *Kain*, im individuellen Selbstverständnis mit dem männlichen ICH, und so fort.

Feuer und Wasser stehen einander gegenüber wie die unzähligen Gegensatz-Dualitäten: Nacht und Tag, Aktiv und Passiv, Geburt und Tod u.s.f. – Diese Dualitäten treiben wirklich unsere gespaltene oder doppelte Welt an mit ihrem Rad von Geburt, Aufsteigen, Blühen, Fruchttragen und Absterben. Sie sind es, die das ganze Universum *in Bewegung und daher am Leben* erhalten. Ihre Vereinigung in der RAUTE ⟠ signalisiert sowohl ihren Ursprung, ihre Rolle im Zusammenspiel des Universums als auch ihre Überwindung.[27]

Die in Wirklichkeit noch viel größere Vielfalt von Bedeutungen der Raute und des in ihr enthaltenen Materiekreuzes macht nun eine kurze Zusammenfassung nötig:

Im Anfang, als *«Gott die RAUTE schuf»*, und bevor das Kreuz + darin erschien, waren Feuer und Wasser wie auch alle anderen Gegensätze noch nicht manifest. Alles war noch Eins, göttlich und geistig. Die *Raute* ◇ enthielt also alle vorhandenen Gegensatz-Paare erst potentiell – jedes *Paar* als eine *Einheit*, die eins war mit dem Einen, und die noch ganz vollkommen in der LIEBE ‹ruhte›. Das war eine ur-prinzipielle Ruhe in einem vollkommen dynamischen geistigen Zusammenspiel aller Sphären, Kräfte, Eigenschaften und Potenzen: keine materielle Trägheit, ohne die der Mensch dieser Welt sich nichts vorstellen kann – *und noch keine Zeit*!

Erde 🜃 und Luft 🜁 waren noch nicht; – sie entstanden erst mit der Spaltung, Verdichtung und Verstofflichung der Welt ♁, *nach* deren Trennung vom ‹zweiten Paradies› ⊕ – *nach* der Gründung des ZORN-REICHS ♁ durch den Widersacher oder STÖRER. Auch das erst-erschaffene Feuer △ und das erst-erschaffene Wasser ▽ waren in der Raute keineswegs so stofflich vorhanden, wie wir dies heute kennen, sondern nur als reine geistige Sternenkräfte: Sternen-Feuer und Sternen-Wasser. – Auch das *Wasser der Seele* war im Anfang noch nicht, denn es gab noch keine Seele.

Denn im Anfang waren Wasser und Feuer noch ganz mit einander vermischt: Nicht getrennt waren sie, sondern ganz Eins – so wie noch heute im Inneren unseres Planeten elementisches Feuer und elementisches Wasser in einander vermischt und Eins sind, bis sie mit der atmosphärischen Luft und dem atmosphärischen Licht in Berührung kommen (wie auch das Blut erst an Luft und Licht zur Flüssigkeit wird); – und ebenso wie in der Göttlichen Welt alles Geistige und alles Seelische ganz Eins sind.

Diese *ganz unbegreifliche* Einheit aller ‹gegensätzlichen Prinzipien› bereitet Theologen wie Wissenschaftlern seit Jahrhunderten viel Kopfzerbrechen – besonders seit aus bekannten Gründen Bibelkunde und Naturkunde gewaltsam zur Übereinstimmung gebracht und dadurch *beide unglaubwürdig gemacht* wurden.

Die vier Elemente im ◈ existierten also erst *virtuell*, d.h. als Tugend: Diese astralen ‹Tugenden› (*virtutes*) waren in der RAUTE ◇ noch vollkommen Eins, obschon im Geist individuell vorhanden. Ihre Teilung oder Trennung zur Vierheit der materiellen Schöpfung wurde in der RAUTE durch das darin enthaltene Materie-Kreuz + angedeutet, aber noch in keiner Weise offenbart.

5.) «Als Viertes erschuf Gott das QUADRAT *– ewig jungfräuliche Mutter aller stofflichen Manifestationen: □. Und auch im Quadrat leuchtete auf – als* KREUZ, *das im Quadrat stets enthalten ist – ⊠ – das Lichtkreuz × des* CHRISTOS.»

Dem *Ayin-Soph-Aur*: ◉, dem überkosmischen Ursprung der ersten Zahlen (I, O, 10 und ×) entsprechen nun *makrokosmisch* das △ (‹*Ayin-Soph* der Kabbalah; das ‹*Herz des Himmels*› im Popol Vuh), und *kosmisch* das ‹Sonnenauge› – das ☥ der ägyptischen Hieroglyphen: *Atum* oder *Aton*, d.h. *Ah-Tan – der Große Herr*. Das ist die *Große Sonne* oder der *Große Name* – der *Shem-Er*, von dessen Verehrung *Samarien* seinen Namen hat (*solare*, ‹eloh-istische› Tradition im Gegensatz zur *lunaren*, jahw-istischen Tradition von ‹Judah› seit deren Zuwanderung von Osten her.

Über dieselben Stufen von Ayin-Soph-Aur, Ayin-Soph und Ayin steigt auch das *überkosmische Licht* × (SOHN, LOGOS, WORT) herab. Es manifestiert sich *makrokosmisch* als die NEUN des GOTTMENSCHEN-SOHNS: **IX**, der kosmisch auch – als herabgestiegener *Sohn der Sonne* – mit ✳ symbolisiert werden kann (siehe Scholien 4 und 12, Abb.10). Der ZEHN (10) *entsteigt* der *makrokosmische* SOHN **X** nach dem *Willen* des VATERS **I** und dank der mütterlichen *Weisheit* der NULL, woraus alle Gegenwärtigkeit sich offenbart, wie aus einem *Ei*: 1+0 = **X**. – Dieses **X** ist die aus der ZEHN 10 fließende *Dynamik* – und deren *Wirksamkeit* in der **IX** des ursprünglichen göttlichen Menschen, ‹Adam Protogenos›, der nur als *makrokosmisches* Wesen existieren konnte.

Insofern als der SOHN auf der allerhöchsten Ebene aus der Erschaffung der ZAHL selbst als ZAHL (**X**) hervorging aber noch unmanifestiert blieb; und insofern als in der Erschaffung des QUADRATS Seine stoffliche Manifestation dennoch bereits in einem höchsten, unbegreiflichen und makrokosmischen Sinne als *Lichtkreuz* × Tatsache war, wurde Sein sinnlich erfahrbares *kosmisches* Auftreten in einer noch unerschaffenen Welt, worin Sinne erst erschaffen werden sollten, vorbereitet durch das Kreuz im Quadrat ⊠ *inmitten* der als *Oktaeder* erschauten Raute ◇, d.h. auch schon in der erst potentiellen, noch rein geistigen Gegenwart der Vier Elemente in deren reiner, astraler *Tugend*. Die makrokosmische Dreiheit und die makrokosmische Vierheit (vgl. Scholie 1) werden angetönt in C.W. Leadbeater's kleinem Buch über die *Astralwelt*, und zwar im Kapitel über die *Deva's*, wo er von den *Dhyan Chohans* schreibt, die zweifellos der ‹*Causal-Ebene*› viel näher stehen als der Stoffwelt mit *deren* ätherischen und astralen Spiegelungen (siehe Anm. 8-B).

Die NEUN (9) gehorcht einem eigenen Gesetz: Sie ist faßbar und doch unfaßbar; ist anwesend und doch nicht da; manifestiert sich und bleibt doch – je nach dem sie lenkenden *Willen*, dessen Chiffre die 9 auch ist – verborgen und sogar unwirksam, obschon zugleich Zugang zu aller Vielfältigkeit: Aus EINS, NULL und NEUN entstehen alle übrigen Zahlen: Es führt die NEUN die Vielfalt der Zahlen immer wieder auf ihre Essenz zurück: – EINS plus NEUN ergibt ZEHN und wiederum EINS: 1 + 9 = 10 = 1 – u.s.w.!
So steht die *makrokosmische* NEUN (**IX**) als Brücke zwischen dem Schöpfer (**I**) und dem STOFF (⊠) und ist doch Eins mit Beiden. – So steht der SOHN im PLEROMA zwischen der schöpferischen *Potenzialität* und der manifesten *Realität*!

Dies ist nun weder spekulative Zahlenspielerei, noch sophistische Taschenspielerei, sondern bloß eine ungewohnte, mehrdimensionale Rechenmethode über mehrere Systeme hinweg, wodurch die höchsten sakralen Verhältnisse ausdrückbar und gewissermaßen vermittelbar werden – und dennoch ganz unbegreiflich bleiben, weil die tiefste Essenz der höchsten Göttlichkeit dem menschlichen Verstand unerreichbar bleibt: *«Dei Gloria Intacta – Gottes Erhabenheit bleibt [dem Verstand] unerreichbar!»*

Die *Dynamik*, die *als Ausdruck* der ‹allerersten›, *überkosmischen* Dreiheit herab wirkt aus der *makrokosmischen* Sphäre auf den *kosmischen* Plan, ist also die NEUN (**IX** ⇒ 9). In unseren menschlichen Ausdrücken sagen wir: Der *Erste Adam* – **IX** – ist das noch unmanifestierte und daher vollkommene Menschsein; 9 ist der zu neuer Vollkommenheit gelangte irdische Mensch als die aus den drei Ecken des makrokosmischen *Flammenden Dreiecks* zugleich geschaute *Wirksamkeit* – als Gotteskind der DREI-EINHEIT. – Das verstehe nun, wer es verstehen kann.

Zuerst stand die *Idee des Menschen als astrales Abbild* im *makrokosmischen* Raum: Gottmenschlicher *Mittler* inmitten des schöpferischen Bewußtseins aller drei Ebenen und alles daraus Geschaffenen: «MEDIATIONE UNIUS» – *durch Vermittlung des Einen*, wie die *Tabula Smaragdina* sagt. – Noch waren der überkosmische GOTT-SOHN als LICHT **X**, als überkosmisches WORT, als makrokosmischer LOGOS – und der makrokosmische *göttliche Menschensohn* **IX** — ganz EINS: Aus **X** wurde nun das *makrokosmische* Christus-Feuer, das *auf der kosmischen Ebene in Persona* «in die Welt kam» (Jo.1:1-12) und hier *auch mikrokosmisch* «Fleisch wurde».

Dieses im Jesus des NT *einmalig* erschienene «Mysterium von Golgotha» (R. Steiner) eröffnete die *Tür*, durch welche *«allen Menschen guten Willens»* der Weg zu Licht, Wahrheit und Leben zugänglich wurde*:* Zu einer gott-menschlichen **IX** wird auch jeder *neu-bewußte Menschensohn* 9 wieder, der auf dem Weg der Transfiguration der kosmischen Schöpfung sozusagen entwachsen ist, weil in seinem Mikrokosmos der *allgegenwärtige makrokosmische Christusgeist «Fleisch geworden»* ist.

Damit ist angedeutet die Funktion, die in der *stofflichen Schöpfung* dem *stofflichen Menschen* zukommen würde: Verbindungsglied zu sein zwischen der Schöpfung und ihrem Schöpfer, als elementisch stoffliche NEUN im elementisch erschaffenen Menschen (ADAM = אדם = 45 = 9 = ט).[28] – Diese Zusammenhänge werden im Weiteren noch erläutert.

«*Im Anfang*» existierten also der ‹später› aus LOGOS und DATH Mensch gewordene GOTT-SOHN (**X**) und der GÖTTLICHE MENSCHENsohn (Adamas, **IX**) erst *potenziell* in der *Potenz* des Vaters (**I**) bzw. des Vater-Mutter (10) – und zwar nicht nur unsichtbar, unfühlbar und unkennbar, sondern sogar *unwissbar* wie Gott selbst: *Kernmonade* im noch in Nichts ausgeatmeten, erst von Gott gewußten *Schöpfungs-Plan* auf der höchsten devachanischen Ebene: Das ist die andernorts erwähnte größte göttliche «Ur-Idee» (→ Anhang 4). – Als universaler Daseins-Impuls vom göttlichen Ursprung oder Energienullpunkt ● ausgeatmet, *erzeugt* sie ihrerseits die sieben Lebenswellen der siebenfachen Schöpfung in den ‹sieben Schöpfungstagen› – ‹*Hebdomas Hebdomadum*›.

Man dürfte auch sagen: Sie – die Urmonade – ist es, die sich aufspaltet in die sieben Töne, die sieben Farben, die sieben «Elohim vor Gottes Thron». Doch ist dieses «*aufspaltet*» nur allegorisch zu verstehen; denn in Wirklichkeit ist es der vollkommene siebenfache göttliche Urton, die siebenfache Urfarbe, das all-heilende Siebenmetall, der aus sieben Vokalen gebildete NAME, der als ‹Siebengeist› apostrophierte EINE in seiner – für die manifestierte Schöpfung – sieben mal siebenmal siebenfachen Manifestation auf den drei Haupt-Ebenen der «*im Anfang*» vollkommen göttlichen Harmonie.

Kosmisch sind das: der ‹*Regenbogen*› der Farben; – die musikalische ‹*Oktave*› (deren achter Ton jeweils bereits eine *andere Dimension* betritt!); – die *vereinte* Siebenfältigkeit aller Schwingungen auf den neunundvierzig Ebenen formloser (‹*arupa*›) und geformter (‹*rupa*›) geistiger, ätherischer und physischer Daseinsformen eines göttlichen Manifestationstags (‹*Manvantara*›). – Um alle diese Begriffe im makrokosmischen Sinne zu *erfühlen*, ist es nötig, durchlässig zu werden für die *geistige* Natur – und frei bezüglich der Begriffe der *gewöhnlichen* Natur (Abb.1).

Die «*Zahl Vier*» – um doch nochmals auf sie zurückzukommen – ist auch in der Überlieferung der Maya (im *Popol Vuh*), die

Basis für die physische Schöpfung*:* Die ersten vier Männer, die ersten vier Frauen – symbolisch für die vier Elemente in ihren zwei Polaritäten: Jene «*wurden aus Maisbrei geschaffen und geformt*» – also aus einem Stoff, der primär nicht zu unserer Erde gehört; denn der *Mais* – so will es auch die Überlieferung der *Hopi* – wurde den Menschen von den ‹Außerirdischen Lehrern› gebracht – und zwar von der *Venus* her . [28-A, 29]

Aus dem ‹vierten Schöpfungsakt› entstand also das Quadrat mit dem *Lichtkreuz* ☒ – und dies bedeutet: Das Quadrat – der vierfache Stoff – ist *das wahre Gefäß für den Geist*!

Das QUADRAT ☒ war darum noch ganz göttlich: eine von der 10 *ver-schiedene* aber noch nicht *ge-schiedene* Einheit. Doch der Weg dieser VIERHEIT (Tetraktys) war bereits *«im Anfang»* vorgegeben: Das Quadrat ☐ war nämlich auch eine Vorstufe des *Tetragramma*, יהוה, wovon noch die Rede sein wird – und somit auch eine erste, geistige Vorstufe zu ‹Trennung›, ‹Fall› und Erlösung (→ These 6). Wird aber das Quadrat des Stoffs *durchs Kreuz erleuchtet*, so entspricht diesem ☒ das יהשוה – d.h. der manifestierte SOHN: *Jehoshuah* (✕ = χ = ch = s = sh = ש, wie bereits erklärt).

Daher: Schon ganz im Anfang – noch bevor das Niedersteigen der *ätherischen* Schöpfung ⊕ in den Stoff stattfand; – ja, bevor die erste Schöpfung ⊗ auch nur auf dem makrokosmischen Plan *konzipiert* (das heißt zugleich: *erschaut*, *erdacht* und *empfangen*) war, stand der Weg allen Stoffs zurück in die Einheit mit dem ganz göttlichen geistigen Reich bereits fest und gesichert da – samt ihrem *inneren Licht*, dem universellen ‹SOLAREN CHRISTUSFEUER›, wie ES auf kosmischer Ebene heißen wird.

Das Kreuz ✕, das sei hier nochmals betont, ist das einfachste mögliche Symbol für ausstrahlendes Licht, also für Sterne und Sonnen im Hinblick auf deren bewußte Wahrnehmung, denn die *Doppelspirale* ֍ und das solare ***S*** als ‹aufgeklappte› Form der Doppelspirale sind unbewußt; das *Triskell* ☘ als *dreifaches*, und die *Swastika* ⊕ als *vierfaches Sonnen-S* (beide ätherisch flammend) sind Formen des *Halb-Bewußtseins* vom Licht. – Das ✯ geht einerseits *direkt* aus dem *Flammenden Dreieck* hervor, *indirekt* aber aus der stufenweisen Evolution des menschlichen Bewußtseins vom Licht – über die fünf Zeitalter hinweg – bzw. aus deren embryonaler ‹Rekapitulation› [30]. Das erklärt zugleich die Bedeutung des fünfstrahligen *‹flammenden Sterns›* (des fünffachen solaren ***S***) fürs kosmische Bewußtsein. – Die Bedeutung dieser Symbole soll sofort weiter erläutert werden:

Die Doppelspirale ֍ von *Hyperboräa* zeigt den dumpfen ‹Todesschlaf›, die Finsternis geistiger Involution und Degeneration; das

Sonnen-*S* *Lemuriens* ein nebliges Dahindämmern: erste *Entfaltung* der Doppelspirale zur *«Scheidung von Licht und Finsternis»*. Das *atlantisch-druidische* Triskell steht für ein traumhaftes Halbbewußtsein von der *Heiligen Trinität* des Lichts. Danach folgt die *arische* Swastika – erste Idee von der Erlöserkraft des TRÖSTERS, der makrokosmischen CHRISTUS-KRAFT (Abb.3). – Von hier geht es zu den magischen Einweihungsriten bezüglich des Ätherkörpers, die im Pentagramm ⛤ als fünffaches Seelenbewußtsein symbolisiert werden. Mit dem sechsfachen Stern Salomonis ✡ ist dann grundsätzlich die höchste stofflich manifestierte Stufe geistigen Bewußtseins erreicht, wenn man – siebentens – von den eigentlichen *Transfigurierten* – ⊕ – absieht, zu denen auch die Adepten des stofflichen *Steins der Weisen* – ✡ – gehören, und die z.B. erscheinen und verschwinden können, wie der biblische auferstandene Jesus. Die letzten zwei Symbole sind Vorläufer einer achten und einer neunten Bewußtseinsdimension, die aber nicht stofflich, ja nicht einmal symbolisch vorgestellt werden können.

In mythischer Form wird dieses Mysterium wunderbar beschrieben durch ein bogomilisches *‹Rätsel aus dem Osten›*:

«Sieben Töchter hatte die Schlange. – Die erste schläft wie versteinert; sie sieht nichts. – Die zweite schläft tief: sie sieht bunte Nebel vor sich. – Die dritte sieht Träume und entfernte Bilder. – Die Vierte sieht Alles um sich herum. – Die fünfte sieht die Seelen. – Die sechste sieht die Götter. – Die siebente sieht die Sonne. – Sieben Töchter hatte die Schlange.» [31]

Bezüglich der bekannten Überlieferungen zur Theogonie – der stufenweisen Manifestationen der Einen Gottheit auf den *vier Ebenen*: überkosmisch, makrokosmisch, kosmisch und mikrokosmisch – zeigt sich an diesem Punkt eine gewisse Analogie, die aber *nur allegorisch* zu verstehen ist: Der Wendepunkt in der *Doppelspirale* entspräche hier der ‹Atempause Brahma's› – der ‹Nacht zwischen zwei ‹Schöpfungstagen››. – Im *Sonnen-S* tritt die Zweiheit des VATER-MUTTER auf. – Im *Triskell* stellt sich die Trinität dar mit dem zwar stofflich noch unmanifestierten, aber durchaus existenten und bereits von einigen antiken Priestern vorausgeahnten SOHN, umgeben von der *Großen Vierzahl* (Abb.5). – In der arischen *Swastika* ist dann schon vorbereitet die Manifestation des Heiligen Geists als *Paraklet* (*παράκλητος*, der [gegen Betrübliches] *herbeigerufene Ermunterer und Tröster*). – Die zweite These des *Compendiums* machte ja im LICHTKREUZ bereits symbolisch sichtbar die Manifestation des SOHNES als LICHT.

Der Ausdruck LICHT (Lux, vom Gott Lug) bedeutet sowohl *Wahrheit* in ihrer Essenz, Potenz und Manifestation als *Kenntnis* (Mercurkraft) – als auch *Liebe* (im göttlichen Sinne) – und *Leben* (im weitesten Sinne). – Anders gesagt: Die Existenz von LICHT wird einerseits *möglich* dank jener der Dreiheit VATER-MUTTER-SOHN, andererseits *lebendige Realität* erst dank deren Manifestation im Stoff. Dieses *Vierte* – die Wirklichkeit und Wirksamkeit des SOHNS als *Licht im Stoff* (⊠)– ist Teil der Universellen Schöpfung im Sinne des Makrokosmos: des manifesten *Universums*, d.h. der Gesamtheit aller Kosmen (Milchstraßensysteme, Sonnensysteme etc.) und gilt für alle dieselben bevölkernden Mikrokosmen!

Die überkosmisch universelle ‹Schöpfung› war also bereits als sinnlich nicht erfahrbares ‹QUADRAT› (es *gab* ja noch keinerlei ‹Sinne›) das erste *Abbild* der Zahl VIER, □: In dessen Innerem erstrahlte das LICHTKREUZ des unmanifestierten SOHNS: ⊠. Ohne das LICHTKREUZ – ohne den SOHN – kann das QUADRAT nicht sein; – und auch das LICHTKREUZ kann sich ohne den STOFF nicht manifestieren! So war *«im Anfang»* die gesamte Schöpfung ein universales göttliches *Abbild Gottes* — ein *Compendium Seiner Universalität und unendlichen Vielfalt.* – Noch unmanifestiert, war sie doch *potentiell* – d.h. in der *Macht* des EINEN – *potentia Soli* – bereits enthalten. Es lohnt, in diesem Zusammenhang das erste ‹Buch› des *Corpus Hermeticum* (a.a.O.) zu lesen, das *von der Weisheit und Macht Gottes – de sapientia et potentia Dei* – handelt.

Die noch unmanifestierte Schöpfung war eine ganz geistig feurige MUTTER-Materie oder makrokosmische *Wurzelsubstanz* – *«verborgen im Schoß der Gottheit»*, dem Zweiten Chaos: *Flamma Materia Mater* – ♦ - entsprechend der keltischen Rune *Othala*, die Materie und Geist in ein einziges Zeichen ᛟ faßt: die primär potentiellen 4 Elemente im Rhombus: ◈ – und ×, das Lichtkreuz des SOHNS, überstrahlt von der *Weisheit und Potenz* des VATERS: ∧.

Nun war zwar in dreifacher Form vorhanden die *Wirksamkeit* des Lichts: Einmal in der *überkosmischen* EINS, die als ganz unmanifestiertes Licht im Dunkeln – «im Verborgenen ruht»; zum Zweiten in der Dreiheit aus VATER-MUTTER-SOHN (1, O, |X), die als ‹unsichtbares› *makrokosmisches* FEUERDREIECK △ ebenfalls noch im Verborgenen war und sich dann makrokosmisch als *Ayn-Soph* –△– niedersenkte; – und drittens als der im QUADRAT der makrokosmischen, noch ganz chaotischen Schöpfung ♦ stehende – selbst noch unmanifestierte – kosmische Licht-Sohn ×, der sich erst ‹später› manifestieren und sich *mikrokosmisch* in einzelne dafür zubereitete Menschen einsenken sollte.

Somit war das Licht nun zwar als solches erschaffen; doch war niemand da, es zu sehen – und deshalb war es doch so, als ob noch gar kein Licht da wäre. Denn da niemand da war, es – auf welcher Stufe auch immer – *bewußt wahrzunehmen*, war es auch *noch nicht wahr* – keine *Realität* – *keine Wirklichkeit*![31-A]

Zugleich war da, weil das Kreuz ✕ inmitten des Quadrats steht, ja, stehen *muß*, ein *Fünftes*: der Mittelpunkt des Quadrats als Brennpunkt von stofflicher Schöpfung und Licht, bzw. als Aufstiegsachse in der *Pyramide* (diese ein halber Oktaeder!). Dabei bedenke man, daß noch Nichts als *sachliche Realität* ins Sein heraus getreten war, daß Alles noch ganz in der *geistigen Einheit* stand: Der reine, ewig Eins bleibende göttliche Geist hatte also erst seinen *zweiten Schleier* auf sich genommen auf seinem Weg ‹hinab› in eine stoffliche Schöpfung wie wir sie heute ‹kennen›.

Nochmals ein Wort über den *Mittelpunkt* oder *Kreuzungspunkt* in all den Symbolen: Er zeigt stets den Vektor zur nächsten ‹Dimension› an. In der Doppelspirale ist er der Punkt der Umkehr: von der Finsternis geistigen Todesschlafs zurück zum Licht – *zur geistigen Evolution.* – In den weiteren Fällen zeigt er sich überdies als not-wendiger *Orientierungs- und Drehpunkt*: Dann ist er der Funke der Christuskraft ✕, die jedes Geschöpf von innen her dynamisiert und ‹nach oben› drängen will, von Kraft zu Kraft.

Die moderne Symbolik drückt diese Tatsache aus im *Rosenkreuz* – hier nun zu verstehen als der in der Stoffwelt stehende Mensch (Kreuz), auf dessen Kreuz[ig]ungspunkt oder ‹Herz› die Christuskraft als Rose in der seinem Bewußtsein entsprechenden Färbung erblüht: schwarz, weiß, rot, silbern oder golden.[31-B]

Der Mittelpunkt oder Brennpunkt der VIERHEIT als Wurzel der FÜNF – ist darum *«im Anfang»* der reine, noch unmanifestierte göttliche Mensch **IX**, darstellbar als der *unter dem Einen Auge* 👁 *stehende ‹vitruvische› Mensch* : ☥ – Sinnbild *bewußten Lebens* (Anch; vgl.Abb.6, entnommen der *Occulta Philosophia* von Agrippa v. Nettesheim).[32] — Eins mit dem Einen war er bereits in der noch ausschließlich *potentiellen* Schöpfung deren *Compendium* als Zusammenfassung und Krönung, war Ebenbild Gottes: Ursache und Ziel der Schöpfung zugleich; – war *Vor-Bild* der erst viel ‹später› erfahrbar gewordenen irdischen *Manifestation* des WORTS. So war der Mensch von Anfang an – *«ab Principio»* – dazu bestimmt, selbst SOHN zu werden und *selber auszustrahlen* das Licht und die *ewige Gotteskindschaft der universellen Schöpfung und jeden Geschöpfs.*

Dreiheit und potentielle Fünfheit drückte der im makrokosmischen *Quadrat* stehende Mensch ☥ aus – als einziges Geschöpf ausgestattet mit einem göttlich-vollkommenen, *ihm selbst aber noch unbewußten* Denkvermögen: Als ☥ im Quadrat stehend konnte der Mensch noch nicht sagen: «*ich bin*»; – noch weniger konnte er sagen:«*Ich denke*». – Denn *noch war er nicht*, noch *gab es kein* ICH. Doch in seiner noch nicht stofflich manifestierten, noch ganz göttlichen, *potentiellen* Gestalt – als reine *Idee vom Menschen* – war er außer mit den vier Extremitäten der tierischen Natur bereits ausgerüstet mit einer fünften, sehr besonderen ‹Extremität›: dem dereinst wahrlich denkenden aufrechten Haupt, das ihn von den Tieren essentiell unterscheiden sollte: ⭑.

Schon jetzt, als ☥ im Quadrat stehend, wies der ursprüngliche, noch unstoffliche Mensch hin auf die «Rückkehr nach dem Fall», wo der *Neue Mensch* als neue heilige Vierheit ᛉ sich voll entfalten wird zur neuen Fünfheit ⭑ *im Pentakel* ⬟, und zugleich im *Kreis* ○ der göttlichen Welt: als ✪ – wie dies bei den *Katharern* anläßlich der Einweihung zum *Parfait* inszeniert wurde (Abb.7).

Das Symbol ᛉ – die Rune YLHAZ – steht für Erhebung, Transfiguration und Apotheose – auch daher wohl die doktrinär paradoxe Figur des ‹Crucifixus› in der Ikonographie des kirchlichen Christianismus. Der Fünfstern (Pentagramm) zeigt den wachen *vitruvischen Seelenmenschen* im Pentakel: Bild der *Einheit der vier Elemente mit dem fünften* – dem *Feuer-Äther.* Damit ist das QUADRAT aufgebrochen durch den Geist und auf eine höhere Lage gehoben: jene der *lebendigen Seele*, worin *«der Gott herabgestiegen ist»,* bzw. den vierten Schleier gelüftet hat (mythisch versinnbildlicht durch die Geburt *Jesu*).[32-A]

Bevor jedoch eine geistig begabte stoffliche Manifestation möglich wurde, die unbedingt mit einem *individuellen geistigen Bewußtsein vom Licht* verbunden ist, war es nötig, daß eine stoffliche Manifestation überhaupt auftrat. Und sie trat auf, indem der göttliche Geist (sozusagen) noch «einige Oktaven tiefer stieg» und sich außer den ersten zwei noch drei, dann zwei weitere «Schleier überzog». – Diese ‹Schleier› beschreibt das *Compendium* in seiner sechsten, siebenten und achten These.

So werden das *Quadrat* zum Pentakel, das *Lichtkreuz* zum Pentagramm erhöht, d.h. über die Rune ᛉ auf eine höhere Oktave der Lichtmanifestation gehoben, sobald (sozusagen) im *Pentakel* ein *Gefäß* dafür geformt ist. Dieses Gefäß wird in der Mysteriensprache der *Graal* genannt; und es ist darum ganz unwesentlich, welche stoffliche Form ihm zugeschrieben wird – ob Stein, Kelch, Mensch oder WORT: Immer handelt es sich um die erste definitive ‹Form›, die eine Manifestation des Lichts annehmen, wiedergeben und in gewisser Weise *vervielfältigen* kann: So kommt es, daß in der Tafelrunde des *Graals*, in jener geistig lebendigen, wahrlich dem Licht geweihten und mit ihm verbundenen Gemeinschaft, «*Alle aus dem Graals-Kelch das Heil – das Licht der Vollkommenheit – trinken und auch Anderen liebevoll darreichen dürfen*». Diese Vollkommenheit wird auch ausgedrückt in der Formel: «*Der Graal besteht aus den sieben Metallen*».

So entstand im Laufe der Zeit – d.h. im Lauf der Evolution des menschlichen Bewußtseins vom Licht – aus dem ◎ das *Pentagramm* ✫, was das Symbol des bekannten ‹Dru[i]denfußes› ergibt: Ausdruck erwachten mystischen Bewußtseins, und Versprechen magischer Erfüllung zugleich.

Diese Entwicklung des Pentagramms aus der Doppelspirale ist nun keine mystische Erfindung: Tatsächlich geht die fünfte Bewußtseins-Dimension einer «neuen Seelengeburt» im Pentagramm aus der ersten Bewußtseinsdimension hervor – jener der Doppelspirale ◎, und zwar vermittelst des *Dreiecks*.

Abb. 8-A zeigt auf eindrücklichste Weise, daß dieses «*Hervorgehen aus dem Licht*», bzw. «*eingehen ins Licht*», wie die Alten Ägypter es nannten, eine *gesetzmäßige Entwicklung* ist. Diese Entwickelung beruht auf dem großen Gesetz von ZAHL und PROPORTION, sichtbar in jener Kurve gemäß der sogenannten *Fibonacci-Reihe*. Dies ist ein großes, ganz unbegreifliches Wunder, das noch bekräftigt wird durch die Tatsache, daß die *Jakobsmuschel*, die so eng verbunden ist mit jener alchemischen Prozeßstufe, die im Laboratorium allegorisch der Jesus-Geburt (der des ‹Regulus›) entspricht, sich nach derselben Gesetzmäßigkeit aufbaut (Abb.8B).

Zugleich ist es auch eindrücklich, zu erkennen, wie tief in jedem Menschen – auch im höchst-entwickelten – das Erbe tiefster Hyperboräischer Unbewußtheit verankert ist (Abb.9), und wie unbegreiflich groß die Gnade ist, die den zutiefst in Bewußtlosigkeit versunkenen Wesen die Möglichkeit und die Kraft gibt, wiederum Träger des reinen göttlichen Lichtes – «Kinder Gottes» – zu werden (Jo 1:12).

Warum hat das Pentagramm diese hohe sakrale Bedeutung? – Weil in der Dynamik des fünffachen Linienzugs *verschwiegen* wird ein Sechstes! – Und warum wird in der späten christianistischen Normität das Pentagramm als teuflisch zauberischer Drudenfuß und den Hexen zugehörig bezeichnet? – Weil die Machtstrukturen (bzw. deren Führer) die seelenbefreiende Macht des Pentagramms *fürchten*! Wer wahrlich im Pentagramm steht; – wessen ‹fünf geistige Extremitäten oder Dimensionen› wirklich an die fünf Ecken des Pentakels geheftet sind – als eine Manifestation und Vervielfältigung des Lichtes im Graal – der ist *frei* von jedem irdischen Machtsystem, selbst wenn er und sie im täglichen Leben die Zwänge des Systems, worin sie leben, auf sich nehmen.

Das Sechste ist ein großes Mysterium, das jenes des Graals noch übersteigt. Als heutige Menschen dürfen wir ebensogut wie vorchristliche und nicht-christliche – aber *christisch* orientierte – in Licht und Liebe lebende Menschen aller Jahrhunderte wissen, worin dieses Mysterium besteht: Es besteht in der menschlichen Manifestation des *Christus-Lichtes*, in der *Christuskraft* des im SOHN manifestierten LEBENS – in der von der Gemeinde des CHRISTOS ausgestrahlten LIEBE der höchsten Venus-Tugend! Das ist die wahre Kraft, die «nicht den Frieden bringt», sondern das Schwert hinein stößt in die irdische materielle Existenz des Jüngers oder Apostels: Die ausgebreitete Haltung des Menschen, der mit seinem ganzen Sein im Pentakel steht, ist sein Zeugnis dafür, daß er bereit ist, dieses Schwert zu empfangen – bedingungslos, rückhaltslos, mit allen Konsequenzen.[32-B]

Nicht daß der CHRISTOS im Pentagramm bereits realisiert wäre; – nicht daß die Liebeskraft im Pentagramm bereits als weltweite, geschweige denn als interkosmische Kraft *real manifestiert* würde. Aber sie ist enthalten und *potentiell manifestiert* darin, daß der so ausgebreitete – zubereitete und opferbereite ‹vitruvische Mensch› *als Stern* im *Pentakel* steht, das (als Gefäß) ihn, das Pentagramm, umfaßt. Dank dem Aufleuchten des neuen Seelenbewußtseins ist der Kandidat aus seiner Fixation aufs Elemente-Kreuz *«hervorgegangen im Licht»* als ein Besonderer, Neuer, der Geisteswelt mehr als dem Stoff Verbundener: Er ist wahrnehmbar zu einem *Stern im Gefäß* geworden, aus dessen *Mitte* die Liebeskraft des CHRISTOS – die Manifestation des ewigen göttlichen Lichts in der Welt – leuchten kann: zu einem Heiligen Graal! — Man könnte auch sagen: Er ist wahrlich geworden zu einer Verbindungsbrücke zwischen der im Stoff manifestierten Welt der Kreisläufe und Gegensätze und jener anderen, vollkommenen, ‹unbeweglich› göttlichen Welt! –

Hermes Trismegistos sagt dazu im *Corpus Hermeticum* a.a.O.:
«Die Welt ist das erste Lebewesen; der Mensch ist das zweite Lebewesen, nach der Welt – aber das erste aller übrigen ... – Und er ist nicht nur gut, sondern auch schlecht; darum wird er sterblich gefunden ... – Selbst der Gute Dämon nennt die Götter unsterbliche Menschen, die Menschen aber sterbliche Götter ... – Das sind dann also Drei: Gott-Vater, das Gute – und die Welt – und der Mensch ... »

So ist im ‹fünffachen Menschen› der Christos zwar noch nicht *«in den Wolken des Himmels erschienen»*; Er steht aber in seiner *Mitte* – unsichtbar und doch *wirklich*, d.h. *wirksam*: Licht des wahren Lebens, das sich entwickeln will, so wie Licht und Liebe immer und überall vibrieren in diesem Drang, auszustrahlen, sich auszubreiten, *manifest und wirksam* zu werden. Und es kann ja nicht anders sein: Dieser Drang setzt sich durch: Die potentielle Christuskraft in diesem Menschen *wird manifest* und tritt sichtbar und spürbar auf die Welt wirkend nach außen – selbst wenn diese sie *nicht annimmt*!

So entsteht der so bedeutsame *sechsstrahlige Stern* ✡ – der *Christus-Stern*, auch «Siegel Salomonis» genannt, der in der westlichen Welt zum Sinnbild erlangter Weisheit und Vollkommenheit (Liebe, Gerechtigkeit, All-gesundheit und unbegrenzte ‹Macht durch Freiheit›) geworden ist. Auch der *stoffliche Stein der Weisen* wird durch diesen Stern dargestellt, doch um einen makrokosmischen, zentralen *siebenten Punkt* ergänzt (Abb.10).

Darum eben hat das christianistische Machtsystem das Pentagramm, das noch weitere Mysterien verhüllt, «teuflisch» genannt. Der *erneut* im Pentakel stehende stoffliche Mensch ist dabei, den fünften der sieben Schleier abzustreifen: den zweiten, worein das Licht sich hüllte, um den so tief gefallenen, im Todesschlaf gefangenen Menschen wieder emporzuführen zu seinem lebendigen, strahlenden Ursprung: in sein wahres Heimatland. Das ist die fünfte Stufe der «Rückkehr ins Vaterhaus», wovon die alten Erlösungslehren als vom höchsten den damaligen Menschen erreichbaren Ziel gott-menschlichen Überwindens kündeten:

Noch zwei Stufen mehr, und die ‹Krone der Schöpfung› ist ‹heimgekehrt› und *«strahlt erneut vom Haupt des Schöpfers»* – jetzt aber nicht mehr aus Gold allein gefügt, sondern geziert mit den Edelsteinen des durch stufenweise Erfahrung erworbenen Geist-Bewußtseins – in vollkommener Farbenharmonie!

Hermes Trismegistos sagt dazu:

«Dies ist das einzige Heil des Menschen: Die Kenntnis Gottes; – diese Auffahrt zum Olymp {dem Götterhimmel}. Genau aus diesem einen Grund wird die Seele gut. Bis dahin aber ist sie nicht allein gut, sondern auch gelegentlich schlecht – je nach den Umständen». —

Im sechsfachen Weisheitssiegel ist also noch *ein Siebentes* angelegt. Daraus ersteht ein *Achtes*, und daraus ein *Neuntes*: sei es als neunfacher Stern aus den drei Flammenden Dreiecken der drei Ebenen: Mikrokosmos, Kosmos und Makrokosmos, sei es als *Enneagramm.* Das ist das Symbol allerhöchster Vollkommenheit des *neuen* GÖTTLICHEN MENSCHENSOHNES **IX**; denn der *zehnfach* strahlende Stern wäre ja – am Ende aller Tage –das *Zusammenfallen* der gesamten makrokosmischen Schöpfung mit der vollkommenen 10 des überkosmischen VATER-MUTTER – und darum gleichbedeutend mit der Rückkehr des Universums in Gottes Schoß![32-C]

Indessen greift dieser Hinweis vor: Erst muß Alles entstehen: Die geistige Welt wird durch die zunehmende Verschleierung des Geistes in dessen Opfergang, der zugleich sein innerstes Wesen und Ziel ausmacht, ätherisch verdichtet, dann im Stoff manifest. Zugleich entsteht die Möglichkeit des *Wegs zurück* für alle Geschöpfe, die das LICHT ergreifen und vorwärts gehen in der Kraft des CHRISTOS – des makrokosmischen GOTT-SOHNES ×.

6.) «In der Harmonie des paradiesischen Ursprungsgeschehens geschah eine TRENNUNG: Die Elohim der Dreiheit – △ – erschufen die EVA und zeugten mit ihr den KAIN und die NORIYIA; die Elohim der Vierheit – □ erschufen aber den ADAM; und indem der Eine den *Adam mit Eva sich vereinigen hieß, entstand ihm der ABEL. Kain war ein Sohn der Elohim des Feuers: halb göttlich; Abel aber war auf Geheiß des Siebten erzeugt, als Sohn von Adam und Eva: ein Erdenmensch* – noch immer geistig, aber *elementisch* nach dem ⊕. – *Aus der elementischen Trennung wurde der ERSTE FALL.».*

Die esoterische Geisteswissenschaft spricht bekanntlich von den «*Sieben Geistern vor Gottes Thron*». Wird nun das oben gewählte *Denkmodell* weiter entwickelt, dann spricht man von sieben mal sieben Energie- und Schwingungsfeldern. – Ausgestrahlt von jenem makrokosmischen Urquell aller Energien und Schwingungen: von jenem ‹Energie-Nullpunkt›, Ayin-Soph – ● – von jener makrokosmischen Sonne, die ‹schwarz› ist, wie die alten Eingeweihten sagten, regen diese 49 Schwingungsfelder jedes Geschöpf, jedes mikrokosmische ‹Herz›, jeden Atomkern zum lebendigen Mitschwingen an. Diese sieben siebenfachen elektromagnetischen Schwingungsfelder also stehen – mythologisch ausgedrückt – wie Wächter oder Boten – wie sieben ‹Geister› oder ‹Götter› *vor dem Thron Gottes. «Ihm dienende Herren»* nennt Pymander sie im *Corpus Hermeticum.* – So sind es also im wörtlichen Sinne *stehende Wellen* höchster Schwingungszahl: Einerseits gegenläufig dynamisch, d.h. *‹mann-weiblich›*; – andererseits ewig statisch an ihren ‹Knoten› (vgl. Abb. 36). –

Diese neunundvierzig Schwingungsfelder stehen in vollkommener harmonischer Wechselwirkung mit dem Zentrum ● und tragen ihren ‹Ruf›, ihre ‹Botschaft› hinaus – hinaus in alle Welten!

Übernehmen wir nun und entwickeln weiter das Bild, das uns aus alter Zeit überliefert und in neuerer Zeit durch H.P. Blavatsky[33], M. Heindel, C.W. Leadbeater und R: Steiner erneuert wurde – und das durch die heutige Quantenphilosophie bestätigt wird: Betrachten wir diese *«sieben Geister vor Gottes Thron»*, diese *«sieben Elohim»* ⍓ als sieben Schwingungsfelder. Dann bekommen wir als Deutung der mythischen Überlieferung in heutiger Sprache das Folgende:

Der in These 6 *kollektiv* benutzte Ausdruck *Elohim* ist eine hebräische Pluralform. Entsprechend dem arabischen Wort *Allah* für *einen Gott* kann der Ausdruck *Elohim* (als *Allahim*) einfach mit *Götter* interpretiert werden. Die biblische Überlieferung nennt keine bestimmte Anzahl; – das *Compendium* aber bietet solch eine Interpretation an:

Die Zahl Drei wurde weiter oben makrokosmisch verbunden mit dem *Dreieck* aus *Vater, Mutter und Sohn*; die *Zahl Vier* (Elemente-Kreuz in der Raute, Quadrat) mit den *Vier Elementen*: + oder ⟠ – d.h. mit dem *Stoff*. Die übergeordnete (ordnende) geistige Kraft fürs makrokosmische Dreieck ◬ war ×. Das *Prinzip Eva* wurde dementsprechend ‹geordnet› durch den makrokosmischen VATER ⌒. – Fürs elementische aber noch unstoffliche Universum war die ordnende Kraft das + im ⟠. Dadurch wurde das rein geistige Paradies ⊗ zum ätherischen Paradies ⊕.

Nun kann man sagen, *Eva* sei *kosmisch* geschaffen worden durch die *drei Elohim* der feurigen Tugend des elementischen *Feuer-Dreiecks* △. Dadurch ward *Eva* zur weiblichen Form des herabgestiegenen Sonnengeistes, der in den hellenischen Mysterien *Ευος* – *Evos* – bzw. *Dionysos* genannt wurde (*ονος* – onos = Esel!). Das ist ein Allonym für *Bacchos* (kelt. *baccou/vaccou – der Kleine*). Dieser ist also der herabgestiegene *solare Kindgott:* eine Präfiguration des CHRISTOS in den antiken Mysterien.

Adam aber wurde erschaffen durch die *vier Elohim* des ‹Tetragrammaton› יהוה: aus der ätherisch elementischen Tugend (lat. *virtus*) von *Materie und Form* – der Tugend (*virtutes*) der *Vier Elemente* □. Dieser stofflichen Tugend – diesen Vier Elementen – mußte jedoch noch *eingeblasen werden* als Fünftes das Feuer des Geistes: Das ש in יהשוה und × in ⊠ sind homolog. Nur so konnte die astrale elementische Schöpfung ins *lebendige* Dasein *‹gerufen›* werden. Somit war die als *Trennung der Geschlechter* bekannte Spaltung der paradiesischen Einheit ⊕ bereits eingeleitet, der erste ‹Fall› schon vorbereitet. Denn wo *Unterscheidung* ist, da ist auch Urteil! – Die *Drei* (△) und die *Vier* (□) waren ja bereits eine *Zwei* – durch die Bipolarität der Einen göttlichen Siebenheit in ⍍. Nun wurde (um es kurz zu machen) Kain ‹erzeugt› aus dem Willen des *Vater-Gottes* ⌒, durch die Vereinigung des Geists mit der ‹feurigen› Eva, der *weiblichen* Form des *solaren Evos* : ○ + △ = ◬ Das gibt zusammen ebenfalls *vier*, und somit eine *materielle* (astral-ätherische) *Manifestation.*

Darum war *Kain* außer mit dem zentralen Geist ○ auch mit der Vierheit des Stoffs + verbunden zu ⊕ – aber Herr über Beide, und daher ein wahrer «Gottes-Sohn». Als solcher war er direkt verbunden mit dem *«Vater-Mutter»* des ◬, also mit ⌒ und ◡. Darum ist Kain *seit Anbeginn* verbunden mit dem Sohn, mit der makrokosmischen *Sonnen-Weisheit* ⊙ – und auch mit dem kosmischen *Christus.* Und das gilt in gewissem Sinne noch heute für alle Kains-Söhne: Menschen, die der offenbarenden Kraft des *Zweiten Chaos* ◆ und der urschöpferischen Feuerkraft △ zugleich verbunden sind, und die das ‹Kains-Mal› ⊕ auf der Stirn tragen.

Sie tragen dieses *doppelte Feuer* in der sichtbaren Welt als Zeugen weiter, als Opfer mit allen positiv und negativ polarisierten Aspekten und Folgen: Das ergibt im Ganzen ‹ZWÖLF›, und daher letztlich wiederum die DREI: Das ist das *Neue Feurige Dreieck* der fundamentalen selbstschöpferischen Erneuerung – *Vulcanus.*

Das christliche Mysterium drückt dies aus durch die Inschrift über dem Haupt des gekreuzigten Christus: *INRI – Igne Natura Renovetur Integra: Durchs Feuer soll die Natur zu ihrer Vollkommenheit erneuert werden ... «wie sie im Anfang war».* – Doch bis dahin ist es noch ein langer Weg!

‹Dann erst› wurde Abel erzeugt – aus dem Willen des *Tetragrammaton*, des יהוה im □ – durch Adam und Eva, die *irdisch*, d.h. *elementar* gewordenen, sich gemäß den Gesetzen der Vier Elemente vereinigenden und mehrenden *‹Ersten-Eltern›*, wie die barocke theosophische Literatur sie gerne nennt. Weil nun Abel aber in Allem sozusagen ein entgegengesetzt polares Spiegelbild des Kain ist, wie später noch gezeigt werden wird; – weil die zwölf Kräfte des Abel sozusagen jenen des Kain entgegengesetzt polarisiert sind, so wie *weiblich* und *männlich*, *Eva* und *Adam* entgegengesetzt polarisiert sind – so ergeben *Abel* und *Kain* zusammen die *vierundzwanzig kosmischen Kräfte*, wovon die Theosophie ebenso spricht wie das Popol-Vuj (III-9).

Wie dem auch sei: Sobald Adam und Eva, Kain und Abel «erschaffen waren», war die Harmonie des ursprünglichen Paradieses ⊗ gestört. Das war auch nötig; denn sonst hätte das Universum sich nie entwickeln können (vgl. Anhang 3-A). – Jedoch: diese Störung entwickelte ihre eigene Dynamik – die Dynamik von *Urteil und Schuld*; und aus dieser astralen Dynamik wiederum entstand ein eigenes Wesen: Das *Compendium* nennt es den STÖRER: So geschah eine *Zweite Trennung.*

Der allbekannte sogenannte *Fall* ist also kein *‹Sündenfall›*, liegt auch nicht primär im ‹Eigenwillen›, der überdies zur Evolution der Menschheit durchaus nötig war: Er war eine inhärent *zwingende Folge* der ersten *Trennung* der Schöpfung seit Adam und Eva. Denn die sieben Elohim △, die im Anfang wie eine Einheit zusammengewirkt hatten – so einig, daß sie von den Autoren der biblischen Genesis im Allgemeinen kurz *«Gott»*, anderweitig auch *«Siebengeist»* genannt werden – hatten sich *getrennt*: Nicht mehr gemeinsam als Siebenkraft schufen sie, sondern gruppenweise. – *Pymander* erklärt es Hermes in den Worten:

«Diese aber können sich unmöglich friedlich zusammen bewegen, ohne die Fähigkeit Eines, der sie in eine Gruppe vereint ... So ist es unmöglich, daß da zwei oder mehrere Schöpfer wären, noch, daß

eine gemeinsame Ordnung in Vielen sich befestigen könnte. Denn es würde natürlich der Schwächere unter Allen den Mächtigen beneiden, woraus dann ein Streit unter ihnen entstünde ...»

Drei der sieben Geister vor Gottes Thron, △, «erschufen die Eva», sagt das *Compendium*; die vier übrigen, □, unter der Leitung des יהוה «erschufen den Adam». So wurde wirklich die Trennung der Geschlechter «erschaffen» – und ebenso das erste ätherische, also beinahe stoffliche Gegensatzpaar: Das Geschlecht der aus der Dreiheit gebildeten Eva mit Kain könnte man eine vorerst noch *geistig-göttlich feurige* Ur-Rasse nennen, nämlich die der *Titanen*. Das schlau bedächtige Geschlecht der *Riesen›* mit der Urrasse nach Abel aber – aus Adam und Eva nach dem Willen der als JHVH bezeichneten Vierheit – war ein *sich verstofflichendes*, mit der Form verbundenes *nebliges* Geschlecht (→ *‹Nifelheim›* !). – All dies ist aber *in mythischer Sprache* gemeint!

Das Geschlecht Abels blieb auch in seinem definitiven Abstieg in den Stoff stark mit der weiblich-wäßrigen Tugend verbunden: Das mag erklären, weshalb die jahvistische und rabbinische Tradition Abel und das Weibliche ausgrenzt und verdrängt. Auch das jüdische Christentum nach Paulus und Petrus blieb geprägt von einer *deutlich ausgesprochenen* Frauenfeindlichkeit.

Eine Ausnahme bildet der mit der *Sonnentradition* verbundene ‹König› *Salomo*. – Ebenso mag die feurig-männliche Abkunft des Kain erklären, warum die Kains-Söhne stets dem Feuer verbunden blieben und in ihrer Gottesverehrung das Weibliche hoch hielten – sei es in der Verehrung der uralten Göttermutter als *Ninti-Mama-Mari-Astaroth-Isis-Ceres-Venus-Dana* etc., sei es in der mystischen ‹Person› der *Sophia*, sei es in der all diese Aspekte vereinenden Verehrung der *Minnesänger* für ihre *Dame*.

Auch alle *gnostischen Bewegungen* waren verwurzelt in der doppelten Verehrung Gottes als Feuer, als Sonne, als Licht, als *gestaltende, schöpferisch feurige Lichtkraft* – als *Venus*: der *Morgenstern*. Warum gerade die Freimaurer hier eine Ausnahme bildeten, erklärt R. Steiner in seinem hervorragenden Buch *Die Tempellegende und die Goldene Legende.*

In der keltischen Mythologie hießen die Kains-Söhne *Tuatha de Danaan* – Göttersöhne oder *Titanen der Dana*, der keltischen Muttergöttin. Das waren Menschen, von denen überliefert wird, daß gelegentlich Feuer aus ihren Nasen, aus ihren Augen, ja aus ihren Händen sprühte. Davon erzählen die babylonischen Mythen und Hymnen ebenso wie die *Edda*; – und sogar im Mittelalter wurde das noch so abgebildet und erzählt.(Abb. 29 & Anm. 34)

Es versteht sich also von selbst, daß das Postulat von Jahveh, der *Eine Herr – Jehw Wahw* – zu sein, bereits eine Unterscheidung voraussetzt zwischen *Eins* und *Uneins*; – daß also bereits dieses Postulat Mehrzahl, Trennung, Streit, Urteil, Schuldgefühl und damit den FALL besiegelt. Das erste alttestamentarische Gebot: «Du sollst keine anderen Götter neben mir haben» setzt diese Mehrzahl bereits voraus. Dasselbe trifft zu auf den Allah des Islam: «*Allahw akbar – Allah ist der Größte*» deutet klar auf eine ungenannte Mehrzahl hin. – All dies belegt, daß die *Vierheit* der Elohim den «*Adamu*» (was gewisse Autoren als ‹*der Erdgeborene*› übersetzen) *in einer unausgesprochenen Absicht* erschuf …

Adamas bedeutet aber auch der *Stählerne* – und: «*Der nicht beschädigt werden kann*» (lat. *incorruptibilis*). – Darum wurde später das beständige, korrosionsfreie Eisen – der *Stahl – a-damas* genannt. – *Dami-ourgos* ist *Der Vergängliches erschafft*!

Nebenbei: *Rostfreier Stahl* wurde seit dem Altertum ermöglicht durch die Beimengung von Materialien, die *göttliche* Namen und Eigenschaften tragen: Metalle primär außerirdischen Ursprungs, wie die *moderne Wissenschaft* sagt. –

Zurückkommend auf das modern ausgedrückte Bild der sieben Energie- und Schwingungsfelder ⌂ kann man das Obige auch so formulieren: Das ursprünglich *eine* makrokosmische Feld, das wegen der jedem Energiefeld eigenen Bipolarität «Vater-Mutter» genannt wird, wurde *geteilt in zwei selber ebenfalls bipolare* Sphären oder Schwingungsfelder männlicher △ und weiblicher ◇ Schwingung, beide mit dem SOHN als solarem *Punkt* oder *Keim* in der Mitte (die obere Spitze des Rhombus fällt zusammen mit der oberen Spitze des Dreiecks). Von ihnen spaltete sich wiederum das ‹doppelte› oder ‹geteilte› Filial-Feld ab, im biblischen Mythos *primär* Adam und Eva, *sekundär* Kain und Abel genannt.

Was dies heißt, wie daraus die Fortsetzung des biblischen Mythos folgen mußte, und was es für uns *heutige* Menschen bedeutet, wurde bereits andernorts erwogen[35]. Hier sei nur erwähnt, daß das Kains-Feld das Abel-Feld «*übertäubte und niederschlug*», daß aber ein Energiefeld nur gestört, nicht zerstört werden kann, und daß daraus «als Ersatz für Abel» – ein Feld «Abel-Seth» entstand – ja, entstehen *mußte* …

So wurden die Kräfte der ursprünglich einigen ‹Sieben Herren› gespalten, und Kains-Energie und Abel-Energie, durch den ‹Tod› von Abel noch klarer von einander getrennt – noch deutlicher polarisiert: Kain wurde dadurch noch eindeutiger solar. Das illustriert die *Elias-Tradition* Nord-Kanaans: Männlich-solar, feurig und schöpferisch-innovativ; pionierhaft, kämpferisch und ‹*magisch intelligent›*. – Die mondhafte *Abel-Seth*-Energie ist dementsprechend weiblich-lunar, wässerig, formal bewahrend, mystisch-konservativ und *magisch «schlau»*.[36] – Auch JHVH selbst als Herr der Mondengel wird oft als weiblich betrachtet. Das entspricht seiner lunaren Vierzahl, der Sephira BINAH und der Zweigeschlechtlichkeit des Tetragrammaton: י für IAO – הוה für EVA.

Abel-Seth galt also als *‹lunar›* oder *‹lunisch›*: Das zeigen die ursprüngliche religiöse Tradition Süd-Kanaans mit ihrer Verehrung der Muttergöttin *Ashera*, auch *Astarte* oder *Ishtar* genannt (die von Paulus: so geschmähte *Diana von Ephesus*) – und die auf Hebron bzw. Jerusalem zentrierte jahvistische Religion.[37] –

Dazu ist nun ein kleiner religions-historischer Exkurs nötig:

Die babylonisch *christische* Religion verehrte als Sohn des Himmels (des Vatergottes ANU) den ENKI, eine andere babylonische Strömung dessen Bruder ENLIL. Letzteren nennt die Babylonische Genesis den Herrn der Menschheit und Urheber der Sintflut. Die hebräische (später nach ihren Anhängern ‹jüdisch› genannte) Religion um *Enlil-Jaldabaoth* setzte die ursprüngliche weiblich-lunare Muttergöttin außer Kraft und ersetzte sie durch den als rein männlichen Gott deklarierten, aber dennoch mit der weiblichen Kraft verbundenen *‹lunischen›* JHVH-*El-Shaddai*.

Dieser innere Widerspruch wird noch deutlicher durch den so bekannten *Kampf* des solaren *Samson gegen die Philister* und den des ebenso solaren *David* (Vater eines *Sonnenkönigs:* des Ophiten und Baals-Verehrers *Salomo*; vgl. 1 Kö.3:2-4) – gegen die Verehrer der *Ishtar* – daher deren Name *Phil-Ishtar.*

David selbst wurde von dem *solaren Samuel* zum König gesalbt, um den *solaren Saul* zu ersetzen. Das Alte Testament vermischt in seinen Büchern ständig die *solare* nord-*kanaanitische* Kultur der historisch gesicherten *syrischen* Stämme in der Provinz des *ägyptisch kanaanitischen Jezreel* (die Städte Jezreel, Megiddo und Jerusalem) mit der absichtsvoll konstruierten Geschichte des kleinen nomadischen Hirtenstammes ‹Judah› im südlichen Bergland um Hebron – und Beide mit der semitischen Kultur um den *lunischen Jaldabaoth-JHVH-Enlil.* Dabei ist sogar der mythische Stammvater der Semiten – SEM – selber ein Sonnenheld: *Shams* oder *Shem(s)* = *Sonne.* Aus *Shem(s)* wurden dann das semitische *sem-* und *izm* für *‹Name›* im vulgären Sinne, wobei die ursprünglich sakrale Bedeutung *«Sonne»* = *«Gott»* verloren ging.

Im Ganzen wurden also drei Elemente vermischt und zwischen 700 v. Chr. bis ca. 100 n. Chr. (eigentlich seit der sog. ‹Rückkehr aus dem Exil›) zum Basis-Konstrukt der jahvistisch-rabbinischen Geschichte des sogenannten «Volkes Israel» umgegossen: Das ist die Zeit des endgültigen Zerfalls der drei Großmächte im Vorderen Orient: Omriden (‹Syrien› und ‹Türkei›), Babylon (Sumer) und Ägypten. Dank geschicktem Taktieren gelang es dem bis ca. 730 v. Chr. völlig unbedeutenden Hirtenstamm Judah, sich zur Königsmacht im Lande Kanaan aufzuschwingen. Der Umschwung zum JHVH-Enlil-Kult fand offenbar unter dem bereits erwähnten Einfluß kuschitisch-chaldäischer Weisheitslehren während der sog. ‹babylonischen Gefangenschaft› statt.[38] Auch die aus der Keilschrift entwickelte Quadratschrift des ‹Ivrit› – der Schrift der ‹Zugewanderten› – der *Ibirw* stamme von dort: In der Zeit, worin der phantastische *Mythos vom Tempelbau Salomonis* spielt, gab es noch überhaupt keine hebräische Schrift.[39] – Soviel zur sogenannten biblischen ‹Geschichte›.

Zusammenfassend ist hier noch zu ergänzen, was A. Schütze in seinem Buch *Mithras* aus den Schriften von R. Steiner über die Einweihungswege in der Antike schreibt:

«Unter den verschiedenen Methoden des Einweihungswesens der vorchristlichen Völker gilt es zwei Hauptgruppen zu unterscheiden: Die eine Strömung, zu der die nordischen Völker gehörten, versuchte durch ihre Mysterien das hinter allem Äußeren, Kosmischen, Naturhaften verborgene Göttliche zu erkennen. Die andere, wozu die mehr südlich wohnenden Völker zu rechnen sind, bemühte sich, das Göttliche auf dem mystischen Innenwege durch Eintauchen in die eigenen Seelentiefen zu finden ... Man nannte diese beiden ... Richtungen: den Aufstieg zu den oberen und den Abstieg zu den unteren Göttern ... Der (solare) Weg zu den oberen Göttern wurde dadurch zu einem gefährlichen, daß dem Erkenntnis-Sucher Ahriman entgegentrat: der finstere Widersacher der lichten Sonnenwesen. Der Gang zu den unteren Göttern ... wurde als weitaus gefährlicher bezeichnet. Hier war die Gefahr, daß der Myste durch luziferische Geister verführt und geblendet, in eine Welt des Trugs verstrickt wurde ... Die kosmische Einweihung führte zum Erleben der Sonnengötter (Ahura Mazdão, Marduk, Apollo u.s.w). Die mystische Einweihung führte zu den Mondgöttern (Hermes, Ishtar u.a.)... Bei den Persern wurde der äußere Weg bevorzugt, während in Ägypten vorallem der mystische Innenweg gepflegt wurde ... Die höhere Einheit beider Strömungen wurde in der alt-indischen Zeit noch gefunden, als man jenes allumfassende Göttliche, das Brahma erlebte ... Bei den Persern wurde es ... noch geahnt ...»[40]

Die erwähnte kultische Unterteilung von Nord- und Süd-Kanaan schlug sich – wenn auch undeutlich – im levitischen bzw. rabbinischen Judentum nieder, und zwar in der Trennung zwischen Elias-Tradition und jahvistischer Tradition[41], als der jüdische *Mondkult* vor der Notwendigkeit stand, sich gegenüber dem jungen, *solaren Christentum* zu profilieren: Dadurch wurde die theokratische Einung des ganzen Landes Kanaan unter der einen Hand des Stammes Judah erleichtert, ja, überhaupt erst ermöglicht. Das sind die Hintergründe, weshalb die jahvistische ‹jüdische› Religion – und darum JHVH selbst – verbunden werden mit dem *Mond* und den lunisch-wässerig-weiblichen Kräften. – *Lunisch* sind auch die von JHVH für sich postulierten Eigenschaften: Zorn und Eifersucht sind mikrokosmisch beide *aus allen Körperfluiden* zu erklären: Blut, Lymphe, Galle, Sperma, Nervenfluidum. Das heraldische ⭑☽ meint die Unio Mystica von SONNE und MOND – VENUS und IHVH.

Der Gegensatz von ‹solarem Norden› und ‹lunarem Süden› erinnert daran, daß die alten Ägypter den Gott des Lichts (das ‹Gute›) in den Süden stellten, den Widersacher des Lichts (das ‹Böse›, Seth) aber in den Norden. Diese alt-ägyptische Orientierung stammt indessen von *vor dem großen Polsprung*, wobei gemäß der Überlieferung Nord- und Südpol *ihre Plätze vertauschten*; – sie muß also gedanklich angepaßt werden.

Die Symbolik der *zwei feindlichen Brüder* – Kain und Abel – wird bereits vorweg genommen in der Gegnerschaft der beiden göttlichen Brüder *Enki* und *Enlil* des Babylonisch-Assyrischen Pantheons: *Enki* als Herr des Lichts – *Enlil* als Herr der irdischen Menschheit. Letzterer wird wie erwähnt auch identifiziert mit *JHVH-Zabaoth*, d.h. *Jaldabaoth*). Die sakrale Literatur des späten Babylon zeigt bereits, wie *Enlil* immer mehr in den Vordergrund rückt, mehr und mehr alle täglichen Belange nicht nur des Volks, sondern auch der Könige («*Söhne Enlil's*») beherrscht bzw. begünstigt, während sein Bruder, der *Göttervater Enki,* und die *Göttermutter Inanna* an weit entfernte Plätze erhoben und dadurch quasi ‹aus dem Verkehr gezogen› wurden. Die genau dann entstandene jahvistische Religion spiegelt – wie oben geschildert – diese Tatsachen wieder … [42]

Diese uralte Gegnerschaft zweier Brüder zeigt auch der Kampf zwischen *Seth* (Herr der Finsternis) und *Osiris* (Gott des Lichts), gespiegelt in jenem von *Seth* mit *Horus*, dem Osiris-Sohn. Horus entspricht dem *solaren Gottessohn* und ist damit die ägyptische Präfiguration des Christus, so wie *Marduk* die Präfiguration des Christus für Assyrien war. Die Ägypter waren zur Zeit, welche die Bücher *Exodus* und *Deuteronomium* umfassen, auch die Herren von Kanaan als Teil des gesamten riesigen Landes von Nubien bis zur heutigen Türkei, und vom Mittelmeer bis zum

Indus. Das zeigt einmal mehr die sehr zweifelhafte historische Bedeutung des Buches ‹Exodus›: festgeschriebener Anspruch auf ein durch Invasion und Blutvergießen erbeutetes Land.

Die Thematik der feindlichen Brüder (Abel gegen *Kain*, Sem gegen *Cham*, Isaak gegen *Ismael*, Jakob gegen *Esau*, Adonias gegen *Salomo* etc.) zieht sich durchs ganze AT hin. Sie setzt sich fort im heutigen Krieg um Palästina; und es ist interessant, daß es sich bei diesen mythologischen «Bruder-Paaren» oft um *Halbbrüder* – von unterschiedlichen Müttern geboren – handelt: Das spirituelle Bluts-Erbe wurde stets über die Mutter-Linie weitervererbt, die Königsmacht über den Vater. Im historischen *Jesus* werden (gemäß den Evangelien) diese beiden Linien des Levitischen Stammbaums *vereinigt*. – Bemerkenswert ist nun, daß gemäß der Bibel der echte Erbe – seit Kain – immer *«rotes Haar hatte»*. *Rot* ist die Farbe des *Feuers*. – Vielleicht ist sogar das Paar *Jesus* und *Judas* ein Echo davon … —

Ob nun die ersten und berühmtesten ‹feindlichen Brüder› – Kain und Abel – vor oder nach dem eigentlichen ‹Fall› ‹erzeugt› worden seien, sagt das Buch Genesis nicht ausdrücklich, und es ist schwer (aber auch unnötig), das zu entscheiden: Sie sind ja geradezu *das erste Ergebnis des ‹ersten Falls›!*

7.) «Aus der Trennung in Schöpfung und Gegenschöpfung entstanden Gegensätzlichkeiten zwischen den Lichtgeschöpfen unter einander, und auch in ihnen selbst. Daraus erwuchs als herrschender Geist der STÖRER – abseits der paradiesischen Harmonie der göttlichen Liebes-Welt, wiewohl noch in ihr lebend. Denn aus der Trennung in Adam und Eva, in Kain und Abel, erfuhr die Welt Neid und Schadenfreude, Zorn und Leid, Gewalt und Tod. Das war die ZWEITE TRENNUNG – der ZWEITE FALL. So wurde aus der einigen, geistig göttlichen Lichtwelt, dem ERSTEN PARADIES ⊗ ein ätherisch elementisches ZWEITES PARADIES ⊕.»

Als Folge der ‹Ersten Trennung› oder ‹Zweiteilung› der Sieben Geister vor Gottes Thron entstanden – ja, mußten entstehen – Gedanken, Emotionen, Begierden und Verhaltensweisen, die diese Trennung ausdrückten und verstärkten (vgl. S. 95: Zitat aus *Corpus Hermeticum*). Aus diesen Gedanken, Emotionen und Begierden entstanden nun selbständige Gedankenwesen, Begierdewesen und so fort. Diese störten zunehmend die ursprüngliche Harmonie und zerstörten sie schließlich ganz: Sie gehörten nicht zur ursprünglichen, harmonischen Einen Schöpfung des ‹Paradieses›. Darum war niemand da, sie zu beherrschen. – Weil nun die Harmonie des ursprünglichen Paradieses einmal gestört war; und weil diese Störungen ihre eigene Dynamik entwickelten, entstand aus der Gesamtheit aller Störungen auch ein eigenes Wesen: ein eigener Æon. Das *Compendium* nennt ihn den STÖRER.

Der Ausdruck «Gegenschöpfung» erinnert an den Schöpfungs-Mythos gemäß dem *Zend-Avesta*, wonach, wie bereits angetönt, *Ahura Mainyu* – AHRIMAN, als Herr der Finsternis und des Zorns auch ANGRA MAINYU genannt – jedem Schöpfungsakt des AHURA MAZDÃO (des Vaters des Lichts) einen Schöpfungsakt der Finsternis (Unwissenheit, Verneinung, Lieblosigkeit und Zorn) entgegenstellte. So wurde der ZWEITE FALL verursacht.

Folgt man nun sowohl den *Midrashim*[43] als auch der hellsichtigen Erzählung von Rudolf Steiner[44], so versteht man, warum die einen – die *Vier Elohim* – sich den ADAM erschufen. (Im Folgenden soll man stets beachten, daß mythische Geschehnisse und ihre Wirkungen keine Alternativen sind, sondern sich nur in ihren *Deutungen* überlagern).

Es wurde bereits gezeigt, daß das Wort *Eloh* – Einzahl *von Elohim* – übereinkommt mit *Allah*, *El* und *Illu*. Die Vierheit wird zusammengefaßt im *Tetragramma* יהוה. – *Eloh Jehovah*, besser bekannt als *El-Shaddai* entspricht dem *En-lil* – *‹Herr der (irdischen) Menschheit›*. Als Herr der Mondengel war er auch der Herr von deren Formen-Reich: der Erde. Es waren ja die Mondenkräfte, die – über die Ätherkörper – die Stoffkörper formten. Der

Name für die gemäß der babylonischen Mythologie durch die *Nephilim* geschaffenen Menschen war *Lulu*, was mit dieser Deutung des Namens von *Enlil* (verstanden als *En-Lulu*) übereinkommt.

Enlil-Jehova wird auch gleichgesetzt dem *Adonai* – und damit dem JHVH (יהוה). Gemäß dem sumerisch-babylonischen Pantheon sowie gemäß Talmud und Midrashim war *Kain* der Sohn von *Eva* (*Hava*) mit *Enki*. – Enki wurde auch *Samael* genannt, oder die *Schlange*. Das ist die *Schlange des Lichts* (wie QUETZALCOATL bzw. CUCULCAN): Diese kommt mythologisch mit der Sonne ☉ und mit Venus ♀ überein[45]. So versteht man, daß die *Schlange* in Form des OUROBOROS das *Welten-Ei* umfängt, daß sie also gewissermaßen *der solare Hüter der Welt* ist.

Daß *Enki*, die Schlange, Adam und Eva ermutigte, «entgegen dem Verbot von Enlil vom Baum der Erkenntnis von Gut und Böse zu essen», verwundert weniger, wenn man einerseits die mythologische Rivalität zwischen *Enki* und seinem rebellischen Bruder *Enlil* in der Werbung um ihre Halbschwester *Ninti* begreift – und andererseits die mythologische Identifikation dieses Baums mit dem Paar ‹*Enlil und Lilith*›: Eva ist gemäß diesem Mythos eine Enkelin von Anu. Lilith steht demgemäß – obschon ‹älter› als Eva – im babylonischen ‹Stammbaum› der Götter und Halbgötter eine Stufe tiefer als sie.

Kain war also der Sohn Evas, empfangen von den Sonnen-Engeln. Abel war der Sohn Eva's mit Adam als Vater. Letzteres ist die Grundlage der *stofflichen Menschheit*, die wie erwähnt aus der Zahl *Vier* und dem *Quadrat* erwuchs, als dessen Beherrscher gemäß dem Obigen, Jahveh-Enlil erscheint. – Oder, unter Berücksichtigung der babylonischen Version, der die biblische Genesis entstammt: *Enki* schuf *Eva* und erzeugte mit ihr Kain, den *Feuersohn*, als Sohn des Himmels. – *Jahveh-Enlil* schuf *dem entgegen* den *Adam*: «Aus nassem Lehm» erschuf er ihn – irdisch. Auch die heutige jüdische Kabbalah sagt: Die biblische Eva in Genesis I ist nicht dasselbe Weib wie jenes in Genesis II! – Anders als bei den Geschöpfen, die aus der *Vierzahl* hervorgingen, steht es mit Eva und Kain, die nach dem Gesetz des *Feurigen Dreiecks* entstanden und dann das Geschlecht der Halbgötter – der *göttlichen Menschen* ‹erzeugten›. *Kain* heißt: *der Starke* (vgl. keltisch *khèn*, franz. *chêne* für *Eiche* – ein hochheiliger Baum im Alten Testament!)

Kain, der ‹Feuer-Mensch› ist als Halbgott direkt mit dem göttlichen Geistfeuer verbunden. Man könnte auch sagen, daß die Drei Elohim △ die Eva aus makrokosmisch weiblichem (positiv polarisiertem) Geist-Feuer in eine (negativ polarisierte) weibliche

Materie-Form hinein erschufen, beseelt und begabt mit dem männlich-feurigen ‹positiven› Geist. – *Kybele*, mythologisch verbunden mit Allem, was die *Erde* hervorbringt – ist eine Personifikation dieser gebärenden weiblichen Sonnenkraft (von einem Löwen begleitet!); darum erscheint es ganz folgerichtig, daß Kain als Frucht seiner Arbeit *Ähren und Feldfrüchte* opferte, wie dies noch heute unter der kirchlichen Bezeichnung «Erntedankfest» geschieht. Kain, selbst göttlich und auf der Stirn mit dem göttlichen Zeichen ⊕ versiegelt, ist als Sohn mit der geistsonnenhaft feurigen Göttin – ♀ – verbunden.

Jaldabaoth hingegen hatte Anderes im Sinne mit seiner Gegenschöpfung des Adam. Darum schuf er *aus Wasser* ▽ *und Erde* 🜃 den Adam, den an die irdischen Elemente gebundenen «Erdling», der darum die irdisch wäßrige, kosmisch-weibliche Energie *im Außen* finden mußte. – Nicht wie Kain mit dem makrokosmischen Geistfeuer 🜂 und dem Feuer der Begeisterung △ war Adam verbunden, sondern mit den kosmisch brütenden Mutter-Elementen Wasser ▽ und Erde 🜃. Darum mußte Gott dem Adam noch einblasen ein Geist-Ähnliches – den «Atem»; und darum erhielt die materielle Schöpfung neben Erde, Wasser und Feuer den *Lebensäther* 🜂 *als viertes Element*: flüchtiger Vermittler zwischen Materie und Geist. Bei der Trennung der Schöpfung vom Paradies – also beim Ausstoßen der Erde aus dem Mond, was der DRITTEN TRENNUNG, dem DRITTEN FALL entspricht – entstand durch *Spaltung des vierten Elements* ein *fünftes*: Das Element des *Lebensäthers* spaltete sich; es entstanden die *Luft* 🜁 – Lebens-Element für die niedere Natur der stofflichen Schöpfung – und der *Feueräther*, 🜂 – Lebens-Element der *makrokosmischen Geistwesen.*

Von da an bestand die Schöpfung aus *fünf Elementen*, deren je zwei jedoch wesensverwandt sind: elementisches Feuer und Feuer-Äther, bzw. elementische Luft und Feuer-Äther. – Deutlich zeigt das Symbol dieses subtilsten aller Elemente – 🜂 – das wirkende gott-menschliche Geistfeuer als *Kraft des Entsteigens* ↑ aus der Stoff-Welt +. – Im *Transfigurationsprozeß des Entsteigens* ‹atmen› (< *Atman*) daher die Geschöpfe mehr und mehr aus dem *Feueräther* und nähren sich weniger und weniger aus irdischen Substanzen – also *vorübergehend* aus *allen fünf Elementen.*

Das sogenannte Erd-Zeichen ♁ hat nun mehrere Bedeutungen, und im gegenwärtigen Zusammenhang vorallem diese zwei:

Erstens die Herrschaft der Vier Elemente + über die ursprünglich rein göttlich-geistige Schöpfung ○: Aus ○ wird erst ⊗, dann ⊕, und endlich ♁. Das ist der sogenannte *‹Dreifache Fall›*. –

Zweitens die Gegenwart des fünften Elements, *Geistfeuer* oder *Feueräther* genannt: Das ist die Überwindung der vier stofflichen Elemente + durch den *Geist* × (es entsteht eine *Sonne*: ✳), und durch die *Kraft des Entsteigens* das ♆. – Das Erd-Symbol ♁ ist dann vorübergehend dreidimensional zu sehen: Dann entsprechen die ‹*zwei* seitlichen Arme› den *vier Armen des Elemente-Kreuzes* über dem ⊕, während der *senkrechte obere Arm* des ♁ das *fünfte Element* – die *Kraft des Entsteigens* oder die in der Welt erfahrbare *Christus-Kraft* darstellt. Müßte man dem *senkrechten unteren Arm* des Kreuzes im Erd-Symbol ♁ einen Namen geben, so wäre das ohne Zweifel *der Mensch* – trotz seines gefallenen Zustands doch *ewiger Vermittler* zwischen der *Welt-Natur* der stofflichen Schöpfung und der geistigen *Gott-Natur.* – So umhüllt und durchdringt die *kosmische* Christuskraft die Erde; – so umfängt und durchdringt die *makrokosmische* Christuskraft das Universum; – und so will der Feueräther ♆ als ‹fleisch-gewordene› Liebeskraft Gottes jeden Mikrokosmos im Universum liebevoll durchdringen!

Die *Alchemie* stellt all dies dar im Symbol des ♆ inmitten des Symbols von *Baphomet*, das Fulcanelli in *Wohnstätten der Adepten* ausführlich transfiguristisch erklärt.[45-A]

So also entstanden Adam, geboren aus dem Quadrat der Materie, Eva als Geschöpf des feurigen Dreiecks; – Kain als dreifacher, halb göttlicher Feuer-Mensch △, Abel aber als wässeriger Erdenmensch ∀: Erdensohn eines irdischen Vaters, und – da die Schärfe von Kain's Geistfeuer als ‹Pflugschar› auf ihn nieder fiel (vgl. Anhang 3) – in *negativer Polarisierung* ‹passiv› mit dem Geist verbunden: ♁.

Gemäß der jahvistischen Mythologie, die durch Christentum und Islam übernommen wurde, war es der STÖRER, der Adam und Eva zum Essen der Frucht bewegte – entgegen dem Verbot von JAHVEH-ENLIL, dem *Herrn dieser Welt*, dessen Elemente *im geistigen Sinn* eben *Erde* ♁ und *Wasser* ☽ sind: ☿. – Gemäß der Babylonischen Mythologie war es aber ‹EN-KI›, der Herr des *Lebensäthers* (χ = Chi = Licht und Leben) – wie dies häufig auch für die ‹Schlange› gilt.

Ebenso sagt die *Essenische Schöpfungsgeschichte*: *«Das Gesetz› – die Schöpfer-Götter – sagten: «Siehe, der Mensch ist nicht mehr wie Unsereiner: denn er unterscheidet zwischen Gut und Böse, und er kann nun nicht seine Hand ausstrecken und auch vom Baum des Lebens essen und ewig leben!»*[46].

Dies macht verständlich, weshalb die Schlange am ‹Baum der Erkenntnis› so oft mit *Widder-Hörnern* dargestellt wurde: Der Widder ist ein Feuer- und Sonnen-Zeichen. Aus dem Gegensatz von Feuer-Schlange und Wasser-Schlange entstand der in der mythischen ebenso wie in der alchemistischen Literatur und Ikonographie so oft vorkommende *«Kampf der zwei Naturen»*: Der Kampf der erdig-wässerigen, kriechenden *Schlange* EN-LIL-☽ mit dem feurig-luftigen, fliegenden *Drachen* EN-KI-☉, der endlich in Beider friedlicher, harmonischer *Paarung zum ‹doppelten Merkur›* ☿ enden wird (Abb.19). Aus dem *Kampf* von Feuer △ und Wasser ▽ wird dann – dank der durchdringenden Kraft des ‹Christus-Salzes› – der *Stern der Weisheit* ✡, und daraus die in Liebe und Weisheit *versiegelte* all-wirkende *salomonische Harmonie* des ‹Steins der Weisen› : ✡ – transfiguristisch: ◎.

Davon ist jedoch in der siebten These des *Compendium* noch nicht die Rede: Nicht nur die Menschen wurden des Paradieses ‹verwiesen› und in den Dienst an der Formenwelt ♁ gestellt: Gemäß jüdisch gnostischer Kabbalah *verwiesen sie Gott daraus*, gemäß dem *Compendium* aber sich selbst. Und *Jaldabaoth*, der STÖRER ‹fiel› mit ihnen.

So entstanden eine ERSTE und eine ZWEITE TRENNUNG unter den Geschöpfen, die dennoch vorerst noch *innerhalb* des Paradieses lebten. Erst DRITTENS entstand auch ein Außen – eine Sphäre aus Raum und Zeit *außerhalb* des Paradieses: Hier lebten alle Geschöpfe, die, von der Ersten Harmonie getrennt – besser gesagt: von ihr *entfremdet* waren. Die drei ‹TRENNUNGEN› samt der *‹Ausstoßung aus dem Paradies›* gelten als Bluts-Erbe ohne Unterschied für jeden lebenden Menschen. Darum muß und kann die ‹Trennung› auch durch jeden einzelnen Menschen dereinst wieder aufgehoben werden, wie es das *Compendium* in seinen weiteren Thesen erklären wird. Dazu muß und kann der Mensch sich frei machen von den Gesetzen, die Erde und Mond regieren; – und so wird er heranwachsen zur solaren Freiheit im Einen Gebot des Christos: zur *bedingungslosen Liebe für Alle und Alles.*

Der Herr über die irdische Welt jedoch, welcher der *Eine Herr – Jehw Wahw* – genannt wird (die anderen sechs Elohim blieben ja *paradiesisch*) blieb an den Mond und die Formenwelt gebunden. Doch weil er des *sonnenhaften Feuers* entbehrte, war er auf *Lebensäther* – das *vierte Ur-Element* – als Nahrung angewiesen: Den aber konnten nur lebende Geschöpfe ihm liefern. Alle Arten ätherischer Opfer verlangte Jahveh von ‹seinem Volk›: Räucherungen und Dampf von Oel, Wein und Blut – viel Blut! – Blut-Äther ‹reiner› Tiere in riesiger Zahl, liest man die alten Opfervorschriften: Ochsen, Widder, Ziegenböcke, Zicklein, Lämmer, Tauben – alle *ausschließlich männlichen Geschlechts* – und selbst Menschen! Die weibliche Energie blieb aus der *offiziellen* jüdisch-christlich-islamischen Religions-Praxis (und so auch aus der ursprünglichen Freimaurerei) ganz ausgeschlossen. Und die schwarze Natur-Magie treibt Opfer von Blut, Sperma und niederen Lebensäthern aller Art (z.B. von Gier und Todesangst) noch heute in grausigsten Ritual-Perversionen auf die Spitze … —

Was der Jahveh des AT verlangte, das war die männlich-feurige Ätherkraft: Das ist ein *Lichtkraft-Ersatz*, der im *roten Blut* von warmblütigen Lebewesen enthalten ist. Unter dieser Optik wird verständlich, daß JHVH Abels *Blut-Opfer* «wohlgefällig» annahm, während er Kain's Opfer – die Früchte aus der *Sonnenkraft* – «nicht ansah»: Ähren sind die Sonnenstrahlen der Kybele!

Dieser Umstand wird deutlich geschildert in den Reuegesängen der *Pistis Sophia*, wo es heißt:

«*Da umringten sie aber alle stofflichen Emanationen des Authades. … Man filterte ihre Lichtkraft und verschlang sie … Dort befand sich ein Archont mit einem Löwenkopf, dessen Hälfte feurig und dessen andere Hälfte finster war* (Abb.28)*, nämlich Jaldabaoth, von dem ich oft zu euch gesprochen habe …*»[47]

Unter dem *Authades* soll man nun nicht exoterisch die hellenische Unterwelt – den *Hades* – verstehen. Vielmehr handelt es sich kosmisch um den Äon des stofflichen Universums, das allerdings, verglichen mit dem Paradies, eine *‹Hölle›* genannt werden muß. Mikrokosmisch aber ist *Authades* die aus Gedanken, Worten und Handlungen selbst-erschaffene Hölle jedes einzelnen Menschen. In diesen beiden ‹Welten› herrschen nun die Kräfte oder ‹Götter›, welche die Christuskraft imitieren: Makrokosmisch der *‹Große Fuhrmann›* des Mithraismus; – kosmisch *Jaldabaoth*; – mikrokosmisch aber das aus selbstgesetzten Ursachen angehäufte *Karma* jedes Menschen: Das ist der *Authades* – die *Selbst-Hölle* des Individuums (vgl. Abb. 28 und 30). —

Weiterhin heißt es im Text der *Pistis Sophia* (a.a.O.):

«*Und alle Archonten der Äonen, und die Archonten des Schicksals und die der Sphäre* {des Universums} *kehrten sich ihrem stofflichen Abfall zu* {aus welchem a.a.O. *«Seelen für Menschen, Vieh, Reptilien, wilde Tiere und Vögel»* geformt werden sollten} *und verschlagen ihn. Sie ließen nicht mehr zu, daß daraus Seelen für die Welt geformt würden. Sie verschlangen nunmehr ihre Materie* {d.h. den Seelenfeueräther}*, damit sie [selber] nicht schwach und kraftlos würden ..., und ihr Reich nicht vernichtet würde ..., und damit die Zeit bis zur Vollendung der Zahl der vollkommenen Seelen, die in der Schatzkammer des Lichts ihre Wohnung haben, möglichst lange hinausgezögert würde.*»[48]

8_3) «Der STÖRER *– erwachsen aus den negativen Gedanken, Emotionen und Begierden der elementischen Geschöpfe im Paradies – erzeugte nun selber negative Gedanken, Emotionen und Begierden. In ihm selbst entstand die Begierde nach Macht. – Und so entstand das ‹Böse›. Um sein eigenes Reich zu gründen, verführte er dessen Bewohner zu seinem Willen.*
Aus dem ⊕ trat da aus – in einer DRITTEN TRENNUNG *– die Stoff-Welt ♁ mit ihren so bekannten Eigenschaften. Das war die sogenannte* VERTREIBUNG AUS DEM PARADIES *– der* DRITTE FALL.
Sowohl die stofflichen Geschöpfe als auch der STÖRER *wurden aus dem Paradies ausgestoßen. So erhielt der* STÖRER *sein eigenes Reich ‹außerhalb› der paradiesischen Gotteswelt : das* ZORN-REICH.*»*

Die vorhergehende These erklärte, wie *innerhalb des ‹Paradieses›* die erste Trennung stattfand – das war der ERSTE FALL.
Die noch paradiesische Zweiheit △▽ wurde weiter gespalten in *vier* ⟐, dann in *fünf Elemente.* Dieses noch göttlich harmonische, auf die elementische Vierheit ⟐ abgestimmte Energie-, Strahlungs- und Schwingungsfeld verdichtete sich zur paradiesisch *ätherischen* Schöpfungswelt – das war der ZWEITE FALL.
Aus Interferenzen der Vierheit mit dem fünften Element erwuchs ein Feld der Entfremdung vom ursprünglichen, harmonisch göttlichen Geistfeld. So entwickelte sich ein diesem entgegengesetztes Feld, das bald alle Macht an sich nehmen und sich als *seiner Natur gemäß ‹fruchtbar›* erweisen sollte. Diese unselige Fruchtbarkeit führte zur stofflichen Verdichtung der ätherischen Gotteswelt – und damit zu einem DRITTEN FALL.

Zwar war und ist der Wille des AYIN-SOPH-AUR, daß *alle Geschöpfe* zu Ihm empor wachsen sollen in Freiheit und Liebe, um dereinst als göttliche Wesen sich wieder zu vereinen mit Ihm: *Igne Natura Regeneretur Integra – Durchs Feuer soll die vollkommene, göttliche Natur wiederhergestellt werden!*». – Die Kräfte der ‹Vierheit› jedoch wollten gerade *verhindern,* daß der Mensch jemals göttlich würde; und daraus erklärt sich sowohl das Verbot, vom Baum der Erkenntnis zu essen, als auch der Kommentar der Elohim, nachdem dieses Verbot übertreten worden war:

« *... damit er nun nicht auch noch vom Baum des Lebens esse und werde wie Unsereiner!*» (1.Mo. 3:22).

Darum eben kann man wirklich *drei Trennungen,* drei Stufen des ‹Falls› erkennen: Die erste Stufe war die Trennung des *ganz geistigen* Adam-Eva (*«mann-weiblich erschuf Er sie»*) in Adam und Eva. Als Zweites wurde die ganz geistige Schöpfung *in Vier* bzw. *Fünf Äther* geteilt: es entstanden Urteil und Wahl. –Erst in einem dritten ‹Fall› verdichtete sich die *Welt* zu *Stoff.* –

Allzu klar versteht man es: Wer ‹gut› und ‹böse› unterscheidet, ohne zugleich mit dem *Baum des Lebens* – d.h. mit dem ‹Baum› der universellen Liebe – verbunden zu sein, geht seiner harmonischen Einheit mit dem Paradies – der ‹Gotteswelt› – verlustig. Solch ein Mensch wird gebunden – *«drei Oktaven tiefer»* – an die Welt der Finsternis mit ihren Äußerungen im Stoff: Verdichtung, Emotionen und Begierden (das sind ungeklärte, unintelligente Willensäußerungen). Darum wird er zu einem *Fremdling*, ‹getrennt vom Licht›, das ihn doch ewig umfängt. Denn er ist voller Unkenntnis und Blindheit und kennt nicht mehr *den lebendigen Geist*!

So löst sich das Rätsel um ENKI und ENLIL – um ‹SCHLANGE› und ‹STÖRER›, das der Bibeltext in seiner Widersprüchlichkeit stellt: Der *Mensch verlor* sein Paradies, weil er *nicht vom Baum des Lebens aß* (sonst wäre er *ein wahrer Gott geworden*); der STÖRER wurde davon *ausgeschlossen*, weil er den Menschen vom Baum des Lebens *abhielt*. – Und das ist *noch heute* sein Tun!

Daher entstand ‹außerhalb› des Paradieses› – ‹außerhalb› der in Gott ruhenden dreifachen Sphäre mit dem ‹Guten Gott in der Mitte› – ein von Gott entfremdetes Universum mit seinem eigenen Fürsten als Beherrscher. Von nun an gab es darum drei Reiche:

Erstens ein rein glöttlich-geistiges Reich ⊗ – *paradiesisches Universum* in ganz geistiger Einheit und Harmonie mit dem göttlichen Dreieck ◬: Hier lebten die Geschöpfe weiterhin in Einheit, Liebe und Verehrung des Einen Lichts – *aber unbewußt*.

Zweitens ein ätherisch paradiesisches Reich ⊕, das jedoch polarisiert war in den 4 + 1 Elementen: ◇ + ◇.

Und drittens war da nun ein *‹Reich außerhalb des Paradieses›*, ein *stoffliches Universum*, erfüllt von stofflichen Manifestationen: Von Himmeln, Erden, Sternen und Lebewesen: von in sich selbst gespaltenen Geschöpfen ohne Kenntnis von Gott, d.h. in *Unkenntnis* von Licht und Liebe – und in ihrer Blindheit, Beschränktheit und Finsternis dennoch dem *Aufwärtsführenden Pfad* bestimmt!

Auch der STÖRER wohnte in dieser äußeren ‹Sphäre›: Die einst *einige Raute* ◇ strukturierte sich in vier geistige, dann stoffliche *Elemente*: ◇ und – nach dem DRITTEN FALL – in ein Universum unzähliger Gegensatzpaare, symbolisiert durch △ und ▽, 🜁 und 🜃 u.s.f.. (siehe Abb. 23 und Abb. S. 221).

Die verneinenden Kräfte wurden zu immer stärkeren Wesenheiten, weil sie von den in dieser Welt lebenden Menschen ernährt wurden durch Gedanken, Emotionen Begierden und Ängste der Trennung. Die treibende Kraft dazu ist *Eigenwille* – ob stoffliche oder geistige Wesenheit! – So entstanden neben allen Menschheiten die von den alten Griechen *Dämonen* und *Archonten* genannten Wesen. Man nennt diese Geister z.T. heute auch Äonen. – Äonen und Dämonen zu Fall und Aufstieg entstanden so.

Nach der *Trennung vom Paradies* wurde also die ehemals göttlich geistige, jetzt ätherische Vierzahl der *Natur-Elemente* – ⟠ – im ‹Außen› stofflich manifest. Das göttliche Leben, der göttliche Feueräther als fünftes Element wurde der stofflichen Schöpfung ⊕ *entzogen.* Wer ganz in der stofflichen Natur außerhalb des Paradieses lebte, hatte kein Bewußtsein mehr vom göttlichen Feueräther – und daher auch keinen ‹Zugriff› mehr dazu. Doch blieben auch jetzt Adams Kinder mit dem Paradiesesreich des göttlichen Geistes – ⊗ – verbunden, um dereinst wieder zu ihm aufsteigen und sich mit ihm vereinigen zu können; – und zwar über die hohe himmlische Liebeskraft der *Venus-Urania*: ♀.

Auch der ‹irdische› Mensch ♁, der den *Weg zurück zum Vater* gehen will, muß darum – *«im Kleinen wie im Großen»* – vom Kreuz × überragt und gekrönt, vom Feueräther 🜂 übergossen und durchlichtet werden und sich dann *umwenden* zum ♀ – zur *Venus-Columba*: Das ist der *‹Adler›* ⚹, der dem Constantinus erschien: *«In hoc signo vincas – In diesem Zeichen sollst du überwinden!»*. – Dann wird er, in den *feurigen Purpur*-Mantel der Priesterkönige gehüllt, den *‹Reichs-Apfel›* ♁ – das Zeichen eines ‹Beherrschers der Welt› – in der Hand haltend «auf ewig zur Rechten des Vaters sitzen». – Doch vorerst … :

Aus Gegensätzen waren Streit und Zorn entstanden; daraus das REICH DES ZORNS mit seinem Beherrscher – dem FÜRSTEN DES ZORNREICHS. Dieses Zorn-Reich füllte sich allmählich auch mit allen anderen Arten ätherischer und astraler Geschöpfe: Das sind die Schattenbilder von Lichtgeschöpfen des Paradieses sowie deren gegensätzliche Ausgeburten. Der FÜRST DES ZORNREICHS wurde auch der Fürst des Totenreichs, und weil er die Sphäre des Lichts verlassen hatte, wurde er auch ‹FÜRST DER FINSTERNIS› genannt. – Hier wird nun ANGRA MAINYU deutlich sichtbar, der jeder Existenz aus der paradiesischen Lichtnatur einen Schatten aus dem Reich der Finsternis überwerfen will.

Diese ganz mythische Situation kann in der heutigen Symbol-Sprache noch deutlicher beschrieben werden:

Das erste Reich ist die dreifache Sphäre höchster Harmonie in ihrer ursprünglichen siebenmal siebenfachen Strahlungsfülle: 🜁 – das sind die ‹Sieben Geister vor Gottes Thron›, in der Reinheit des ursprünglichen göttlichen Universums ⊗ erstrahlend. Das ist das Reich, dessen Schwingungen sich stets erneuern aus dem überkosmischen siebenfachen Licht absoluter Reinheit und Liebe. Die

‹Sieben Geister› oder fundamentalen Strahlen, die von Gottes Thron ausgehen, sind unveränderlich Eins mit dem Einen und werden daher mythologisch als ‹unbewegliches Königreich› – ⊚ – verehrt. Bei der Trennung der Schöpfung vom Paradies senkte sich das *makrokosmische* ‹Feurige Dreieck› △ nicht bis in die stoffliche Welt hinab: Es blieb unbeweglich verborgen in der Mitte des Makrokosmos – als sein unsichtbarer, ewig göttlicher Lichtquell, als *‹schwarze vulkanische Zentralsonne›*, die alles Licht und alle Liebe ins Universum hinaus strahlt: Dieses feurige göttliche Auge △ – das *makrokosmische Ayin-Soph* – wird im *sichtbaren Kosmos* als SONNE ☉ dargestellt und, wie oben erwähnt, auch als göttliche Trinität aus ⌒, ◡ und × – Vater, Mutter und Sohn vorgestellt.

In der ägyptischen heiligen Schrift steht dafür die Hieroglyphe ☉. Das ist die von *‹Echnaton›* so oft abgebildete, in sich selbst ruhende, aus sich ausstrahlende, wie mit tausend helfenden Händen ins Universum hinausgreifende Sphäre der Vollkommenheit, *«deren Zentrum überall, deren Peripherie nirgends»* ist. Die ägyptische Hieroglyphe fürs *Auge* ist sowohl als *Ayin* zu lesen, als auch (berberisch) als *Anu*. Das ist der über-kosmische Ur-Vatergott Sumers, der ägyptische *Atum* oder *Aten*. – *A-nu* kann aber auch als Das Große Wasser verstanden werden: als der Urquell, woraus Alles fließt – hieroglyphisch: ꜥ3-Nw – [Hieroglyphen].

Man denke hier an die weiter oben gemachte Aussage, daß das arabische *Ayin* – ع – ursprünglich zugleich *Auge, Nabel* und *Quell* bedeutet und mit der *Farbe Schwarz* (arab. *‹kohl›*) verbunden wurde, und daß dieses ‹Auge› in der westlichen Symbolik *stillschweigend* mit der *Sonne* ☉ vereinigt und identifiziert wird. Man erinnere sich auch, daß Fulcanelli schrieb:

«In den Tempeln Ägyptens nahte sich dem Kandidaten, unmittelbar bevor er die initiatischen Prüfungen bestehen sollte, ein Priester, der ihm den mysteriösen Satz ins Ohr flüsterte: «Vergiß nie, daß Osiris ein schwarzer Gott ist!» [49]

Das *vierte oder irdische Reich* ist jenes der *vierfachen* Sphäre der Veränderung mit den *vier* siebenfachen Geistern der Finsternis – den ‹Dienern› oder Unterfürsten des ‹Ahura Mainyu›: Ahriman steht für die aus Angst, Verdichtung und Verhärtung bis zur *Kristallisation* fallende Schwingungszahl; – das ist, nach den Gesetzen des Universums verstanden, ein zunehmender ‹Tod›, auch *Sheol* – *Abgrund* – genannt (vgl. Jes. 14:15). Dies ist die finstere Alternative gegenüber dem *Weg zum vollkommenen Leben*!

Im Laufe der Zeit spalteten sich immer mehr solcher ‹Todes-Schwingungen› in Form neuer Æonen aus den vier siebenfachen Schwingungen des Zornreiches ab. Das bedeutet, daß Erde und

Menschheit mehr und mehr umgeben und eingekreist wurden von Schwingungs-Sphären und Energiefeldern des Todes: Deren Schwingungszahlen lagen so viel tiefer als jene des ‹Unbeweglichen Königreiches›, daß diese Welt mit Recht als zutiefst in Finsternis und Tod getaucht bezeichnet werden muß.

Den ‹Fall› gemäß dem biblischen Mythos malt sehr farbig das Märchen von *Schneewittchen*: Die reine, aber unbewußte Seele die zwischen Gut und Böse *nicht unterscheiden kann*, wird zum *Biß in den Apfel* veranlaßt und fällt in einen *Tod-ähnlichen Schlaf*, woraus sie – wie in *Dornröschen auch* – nur *«durch den ersten Kuß wahrer Liebe»* erweckt werden kann. Begleitet wird sie von sieben klar differenzierten ‹Geistern› oder Bewußtseins-Stufen, hier als Zwerge dargestellt (die Zipfelmütze entspricht der *Liberia* der persischen Eingeweihten). Damit wird es einmal mehr betont: *Die einzige wahre Dynamik zur Erlösung ist die absolute, bedingungslose Liebe!...* – [50]

Nun soll man aber nicht glauben, es würden das ‹erste›, ‹zweite› bis ‹vierte Reich› sozusagen als alternative Räume *getrennt von einander* existieren: Nein, alle Energiefelder und Schwingungen *durchflechten und durchdringen* einander. Das ‹Drinnen› und das ‹Draußen› sind nur Bewußtseins-Realitäten; das heißt: Ausgehend von der *jüdischen Gnosis*, daß Adam Gott aus dem Paradies vertrieb – nicht umgekehrt – erkennt der Kandidat als Erstes seine Entfremdung von Gott, dann (dank der ‹neuen Seelengeburt›) seine *ätherische* Verbundenheit mit Ihm im ‹zweiten Reich› ⊕, und endlich, wenn alle mentalen Fixationen gefallen sind, die beidseitig ewige Allgegenwart Gottes im Menschen und des Menschen in Gott. – Aber je mehr ‹gefallene› Schwingungs-Felder durch Gedanken und Wünsche, durch Begierden und Leidenschaften, durch Haß, Zorn und Unwissenheit, durch Freude und Tränen der Menschen aufgebaut und folglich äonisch und mikrokosmisch in ihnen selbst – makrokosmisch jedoch im gesamten Universum, – auch in und über der Erdatmosphäre, *in und über allen andern Geschöpfen* – befestigt werden, desto dichter wird das Licht durch diese Bewußtseinstrübungen verschleiert; – desto größer werden Verirrung, Verwirrung, Disharmonie und Verzweiflung; – und desto schwieriger wird die Verwirklichung des *Einen Wegs der Erlösung* für einzelne Menschen, für Menschengruppen, für die ganze Menschheit und fürs gesamte Universum!

Darum soll man sich den *‹Kampf zwischen Licht und Finsternis›* keineswegs als märchenhafte Schlacht weißgekleideter Engel mit goldenen Flügeln gegen rußig-schmutzige Teufel mit grausigen Hörnern vorstellen: Das sind Bilder aus der uralten naturmagischen Schau, die einer nüchternen Betrachtung nicht standhalten. Wirklich führen solch kriegerisch magische Bilder immer weiter weg von der Errettung durchs Licht: Erlösung von diesem Kampf ist nur möglich, wenn das astrale Bild des Kämpfens *wie von selbst* aus dem Bewußtsein *erlischt* – nicht aber, wenn es in gutmenschlicher Absicht als solches bekämpft wird!

Besser läßt sich dieser Kampf vorstellen als ein Nebeneinander und Durcheinander von zwei grundsätzlich entgegengesetzten ‹Naturen› oder Schwingungssystemen:

Ein Schwingungssystem ist jenes der göttlichen Reinheit höchster Frequenz und Klarheit, gebildet durch die harmonisch geordnete siebenfache Strahlung des *Ayin Soph* – in der bleibenden makrokosmischen Ausstrahlung der Sieben Geister vor Gottes Thron, in göttlicher Liebe, Weisheit und Wirksamkeit. Das ist die universale Liebesstrahlung, genannt DER CHRISTOS, der sich opfert, die erwähnten «Schleier auf sich nimmt» und so bis ins Herz jedes Mikrokosmos dringt. Das extrem entgegengesetzte Schwingungsfeld ist das des zutiefst unreinen Durcheinanders von Schwingungen im ganz verhärteten Zornreich mit seinen trotzigen, trüben, trägen Schwingungen. Und es gibt viele Zwischenstufen. Zusammen ergibt das die Situation, welche die esoterische Geisteswissenschaft die *Dichotomie des Universums* nennt – oder eben den *«Kampf des Lichts gegen die Finsternis»*.

Den «Kampf dieser zwei Reiche» kann sehr deutlich das folgende *Ton-Bild* vergegenwärtigen: Läßt man gleichzeitig zwei disharmonische Schwingungsbänder mit allen ihren Ober- und Untertönen erklingen, so baut sich zwischen ihnen eine sogenannte *Interferenz-Schwingung* auf – ein Störungs-Ton, der anschwillt bis zur Unerträglichkeit, wieder abschwillt bis zum Verschwinden, sich wieder aufbaut, wieder abbaut … – und der ganz geeignet ist, das ständige Auf und Ab darzustellen, das für diese ‹dialektische› Welt so überaus typisch ist. Auch wird dadurch einigermaßen vorstellbar, wieviel Mühe und Schmerz, welch unermeßliches Opfer es für die Bruderschaft der reinen Sphären mit ihren göttlich reinen Urschwingungen bedeuten muß, in diesem Durcheinander von einander stets noch verstärkenden Interferenzen gegenwärtig zu bleiben, um sich endlich – endlich! – doch durchzusetzen. Kaum vorstellbar ist es, wieviel innere Kraft nötig ist, um in dieser «*Liebe, die höher ist als alle Vernunft*» den Sturm in und über der Atmosphäre der Erde, in und um die gereinigte Lipika eines Mikrokosmos – bald auch zwischen den Planeten und Kosmen – so gut als möglich zu neutralisieren – und dadurch den Einen Weg der Harmonisierung des Universums, den ‹*Weg zurück zum Vater*› für *«alle Menschen guten Willens»* in Kraft und Hingabe dennoch offen zu halten!

Die Situation der stets zunehmenden Finsternis, die doch in unendlicher Geduld und Liebe begleitet wird vom Licht, das tiefer und tiefer in die Materie herab steigt, wird wiederum verdeutlicht durch das Symbol der *Doppelspirale*֍: Während die *Involutionsspirale* sich enger und enger, tiefer und tiefer zusammenzieht, zieht auch mit – solange es nur irgend möglich bleibt – der *Wendepunkt* von der Involution und Kristallisation zur Evolution und Vergeistigung. Dieser (unsichtbare) Wendepunkt ist der Erlöser – DER CHRISTOS! – In der einen Dynamik wird das Element Erde 🜃 stets schwerer, bis das elementische Feuer △ im ‹Sheol› das höchst Erreichbare, eine Erlösung durchs Geistfeuer × aber ganz unmöglich wird. – In der anderen Dynamik wird die Schwingungszahl der Erde dank geistiger Evolution und Sublimation immer höher, bis das All zu leuchten beginnt und der *Geistfeuer-Äther* ⯒ ganz die Oberhand gewinnt: Das ist die Vergeistigung und Erlösung durch *Transfiguration* – ᛉ.

Als Klammer sei noch angemerkt, wie *auch die Sprache* den Vorgang des fortgesetzten Falls aus vollkommener kosmischer Gesundheit in den zutiefst kranken Zustand der heutigen Welt begleitet: Aus der ursprünglich harmonischen *Melodie* (das griechische *melos* hängt mit dem harmonischen, liebevollen Herzen zusammen) wurde eine *Meladie* (das griechische *melas* heißt *schwarz*); – als Ausdruck tiefer Finsternis; – und daraus schließlich *Maladie*: die *Krankheit* oder das *Übel* – Ausdruck der bis tief in den Stoff eingedrungenen *Disharmonie,* die kurz «*das Böse*» – franz. *le Mal* – genannt wird.

Nicht daß die innere Schwingungsharmonie des ‹Unbeweglichen Königreiches› dadurch geschwächt oder gar zerstört werden könnte: das verspricht die alte rosenkreuzerische Devise: *«Dei Gloria Intacta!»* ebenso wie die Symbolik der ewig jungfräulichen *Muttergöttin – Venus-Isis-Kybele …* – Makrokosmisch ist Sie es, die – unter ungezählten Namen seit Anbeginn der Zeiten – verehrt wurde und wird. Ihr Zentrum ist der *‹Nabel des Universums› – Ayin* – ع, den manche alte Kulturen unserer Welt im *Planeten Venus* vermutet haben. – Aber es könnte ein Punkt kommen, wo sich diese heiligen, reinen Schwingungen zurückziehen *müßten*!

Genährt wird das Feld der ‹ewig jungfräulichen Mutterschwingung› aus der ewig reinen Harmonie des elektromagnetischen Mutterfeldes, aus dem alle anderen Schwingungen hervorgehen: aus dem makrokosmischen ‹schwarzen› Energie-Nullpunkt ●.

Dieses elektromagnetische Mutterfeld wiederum wird genährt aus der überkosmischen Dreiheit von Eins, Null, 10 und ×, nach dem Willen des über-kosmischen Einen Vaters  : Das ist der Erste und der Letzte – der absolute Energie-Nullpunkt AYIN-SOPH-AUR – und zugleich die vollkommene Fülle und Erfüllung; die *absolute, all-ursächliche ‹Zentralsonne›*, die *vor Allem war und nach Allem noch sein wird*; – in ihrer Unnennbarkeit «GOTT», «LICHT», «MONAS», «das ALLEIN-GUTE» und «VATER» genannt.

Doch wie reagiert auf diese Strahlung die unwissende Menschheit inmitten ihres Wahns – in diesem Wahn, den der Fürst des Zornreichs aufs Raffinierteste aufrecht zu erhalten weiß?

9.) «Die Bewohner des Zornreiches waren ihrem Beherrscher völlig ausgeliefert und untertan. Sie waren abgetrennt vom Allein-Guten wie Er, in Streit und Zorn wie Er, in Finsternis und Tod wie Er. – In einem Punkt aber unterschieden sie sich von Ihm: Abel-Kinder ebenso wie Kains Kinder behielten in ihrem Innersten – wenn auch noch so schwach – eine verborgene göttliche Kernschwingung aus dem Liebes-Reich des Lichts – jedoch mehr und mehr unbewußt.
Diese göttliche Kernschwingung hatte der Fürst des Zornreichs nicht, denn er war ja nicht göttlichen Ursprungs, sondern entstanden aus den Folgen der Trennung – aus negativen Gedanken, Emotionen und Handlungen der Geschöpfe sowie seiner selbst.».

Im Zornreich wurde die göttliche Dynamik des paradiesischen Ursprungs-Geschehens – jene in absoluter Harmonie in sich selbst ruhende und aus sich selbst strahlende Kreisbewegung – zu einer ‹einwärts› und ‹abwärts› führenden Involutions-Spirale: zu einer zentripetalen Spirale der Verdichtung und Kristallisation, welche TOD genannt wird. Diese Gegensätzlichkeit zum vorherigen Kapitel verdeutlicht die *doppelte Natur der Doppelspirale* ֍ als *arch-ontische, d.h. ur-wesentliche Dynamik* von Involution und Evolution. Ausführlich beschreiben dies eine Schrift, betitelt: *Hypóstasis der Archonten* – und ähnliche sehr alte, aber erst Mitte des letzten Jahrhunderts wiedergefundene Textfragmente.[51]

Im *fünften Reuegesang der Pistis Sophia* wird dieser Zustand wie folgt ausgedrückt:
«Meine KRAFT ist von Finsternis erfüllt, und mein LICHT ist zum Chaos hinab gesunken ... Ich bin zu einem stofflichen Leib geworden, den niemand im Himmel retten will. Ich bin geworden wie eines jener stofflichen Wesen, denen DIE KRAFT entzogen ist, sodaß sie weggeworfen werden im Chaos».

Und im *Dreizehnten Reuegesang* heißt es nochmals:
«Ich bin zum versündigten Stoff geworden. Ich werde hierhin und dorthin geschleudert wie ein Luftgeist. Meine KRAFT ist gewichen, weil ich das Mysterium des Heils verloren habe. Und meine Lichtmaterie ist geschwunden, weil Jene mein LICHT weggenommen haben. – Und sie verspotten mich; und mir zuwinkend schauen sie auf mich herab ...».

Bildlich ließe sich das ausdrücken wie folgt:

Der *Ouróboros* – die lebendige Sonnenkraft oder sonnenhafte Lebenskraft war das strahlende «ἑν το παν» – *Eins ist zugleich Alles* (Abb, 28) – entsprechend der Lichtkraft der hermetischen Harmonie: *«im Kleinen wie im Großen – so oben wie unten».* Im Mikrokosmos wandte die ursprüngliche leuchtende Schlangenkraft des *Ouróboros* – das bedeutet: *Der das All trägt* [52]– ihre

Bewegung nach innen, sich um einen bisher nicht vorhandenen Mittelpunkt windend, woraus so etwas wie ein ICH entstand. So waren also nicht nur Unterschied und Trennung in die Welt gekommen: Es war auch ein (unbewußtes!) ICH entstanden, fähig, Unterschied und Trennung *wahrzunehmen* und zu *erfahren.* Da aber jedes Ich Unterschied und Trennung anders erfährt, kamen zugleich auch Streit und Zorn in die Welt. Dies war der *Wendepunkt* von der ewig harmonischen Kreisbewegung zur Involutions-Spirale aus Kristallisation und Tod. Denn wo Zorn ist, da fehlt Liebe; und wo Liebe fehlt, da ist Tod!

Indem sie ihre Einheit mit den Sieben Geistern vor Gottes Thron und die Harmonie mit den sieben heiligen Ur-Schwingungen *vergaßen*, sanken die Bewohner des Zornreichs tiefer und tiefer in Mißklang und Trägheit der Materie hinab. Immer langsamer wurde die Kernschwingung der Geschöpfe; denn sie waren ja *abgefallen* von der Einheit des Alls – vom *innersten Quell*, der Nährmutter jeder Schwingung: Nicht wurden sie mehr ernährt wie zuvor aus der unmittelbaren Einheit in Liebe, Weisheit und Kraft; und so konnte es nicht ausbleiben, daß alle Geschöpfe – mit fallender Schwingungszahl – immer träger und träger, immer dichter und dichter wurden: Zuerst die ‹Krone der Schöpfung›: der Mensch; dann – in unbedingter Resonanz der gesamten Schöpfung mit dem Menschen – auch alle übrigen Geschöpfe.

Anstatt bewußte Liebesschwingungen auf seine Mitgeschöpfe zu übertragen und sie so zum Thron Gottes empor zu führen, verlor der Mensch sogar seine eigene Verbindung zum göttlichen Liebesfeuer, wurde träge und dicht, fiel selbst in tierische Unbewußtheit, in pflanzliche Unbeweglichkeit, in mineralische Härte und Kälte, in urelementische Formlosigkeit und Ordnungslosigkeit wie vormals im Chaos. Indem er selber fiel, zog der Mensch den ganzen Kosmos mit hinunter in die dadurch entstehende Stoff-Welt.

Man könnte das um eine dritte Sicht ergänzen:

Die Geistwelt ○ wurde zur Stoffwelt; die Stoffwelt ⊕, die zuvor noch in der Lichtkraft geborgen gewesen war, *stieß sich von der Lichtkraft ab* und stand nun außerhalb von ihr: ♁. – Die Vier Elemente □, die zuvor die Welt ○ harmonisch – d.h. im Gleichklang mit dem Geistfeuer △ – erfüllt hatten: (○□△), fielen aus dieser Einheit und *beherrschten* die Welt. – Noch Manches könnte hier zu diesen Tatsachen angeführt werden!

Wie dem indes auch sei:

Immer weiter entfernte sich der Mensch aus den reinen Gebieten des Ursprungs; – immer mehr glich er den Ausgeburten der durch ihn selbst erzeugten Emotions-, Begierde-, Angst- und Gedanken-Wesen, die seine Geschöpfe sind aus der Vaterschaft des STÖRERS. – Immer mehr wurde der ursprünglich ganz göttliche himmlische Mensch ein Wesen der Erde – irdisch!

Auch der STÖRER wurde, als FÜRST DER FINSTERNIS und der jetzt gottlosen Schöpfung, aus dem Paradies verbannt. In diesem durch ihn neu entstandenen *Außen* baute er sein eigenes Reich auf. Dieses beherrschte er, indem er als zentrale Dynamik der Involutions-Spirale – als makrokosmisches Ich sozusagen, und vermittelst von ANGST, FURCHT und SORGEN – seine trennende Wirkung weiterhin ausübte. Das ist die ‹Ahrimanische› Dynamik des STÖRERS.

Zugleich entstand die *physische Trennung allen Lebens* in zwei ‹Geschlechter›. – Keine nur geistige Bipolarität war das mehr, sondern eine physisch erfahrbare Gegensätzlichkeit: Daraus entstand die *Heils-Sehnsucht*: das ist der Wunsch der getrennten Teile nach Wieder-Vereinigung (→ Anhang 3). Und aus der Empfindung des Mangels an Harmonie und Liebe in dieser Getrenntheit, entstand *der Neid*.

Die *Entfremdung von Gott* ging so weit, daß die Menschen in ihrer abgrundtiefen Unwissenheit Gott selbst zu mißtrauen begannen: «Denn» – so glaubten die in der Illusion der Trennung gefangenen Menschen – «ein nur guter Gott kann doch kein Böses und kein Leid – keinen Zorn und keinen Schmerz erschaffen noch dulden!». – Indes ist weiter oben bereits geschildert worden, wie ‹das Böse entstand› und die ‹Trennung vom Vater› geschah; – und wie der Störer, den unser Text auch *Jaldabaoth* nennt, sein Reich begründete. –

Wenn nun vom *Fall in die Trennung* die Rede ist, und wenn zugleich gesagt wird, die Trennung sei eine *Illusion*, so gilt Letzteres zwar nicht auf der mikrokosmisch subjektiven, aber doch weitgehend auf den kosmisch und makrokosmisch objektiven Ebenen – und vollkommen auf der überkosmischen Ebene, so wie die *Dichotomie des Universums* zwar eine kosmische Wirklichkeit ist, auf der überkosmischen Ebene aber eine Illusion: Kein Geschöpf kann ja ganz aus seiner Einheit mit Gott fallen; denn Gott ist überall, ist in Allem und Allen, und Alles ist in Ihm. Das *mangelnde Bewußtsein* des Menschen ist es, das ihn eine Trennung von Gott erfahren und empfinden, fühlen und erleiden läßt, weil das Schwingungsfeld, worin er lebt, so niedrig geworden ist, daß die Erfahrung, mit Gott ewig Eins zu sein, ebenso wie das damit verbundene Glücksempfinden, den gewöhnlichen Menschen ganz abhanden gekommen ist. Tiefe Schwingungszahl, Unbewußtheit, Trägheit der Materie und Tod sind ebenso eng mit einander verknüpft, wie hohe Schwingungszahl, waches Bewußtsein und Dynamik des *Lebens im Geist.*

Am winzigen göttlichen *Erinnerungskern* des Mikrokosmos jedoch *spiegeln* sich die beiden Bewegungen von Fall und Erlösung so, wie dies die makrokosmische Doppelspirale mit ihrem Wendepunkt zeigt (Abb. 21 & Legende): Wird die göttliche Kernschwingung im mikrokosmische Kern eines Wesens vom Liebes-Impuls des Feueräthers berührt und *entflammt,* so wird dieser *Kern* des Wesens zum *Wendepunkt* – zum *Punkt der Umkehr* für den berührten Menschen. Das kommt der *Erweckung* des Bewußtseins aus seinem ‹hyperboräischen Todesschlaf› gleich.

Ist also auch ‹Das Böse› nur eine Illusion?

Ja und nein: Erfahren wird das ‹Böse› in dieser Welt ja als *Schmerz.* – Schmerz und Enttäuschung sind das tägliche Brot des ichzentralen Menschen dieser Welt; denn Schmerz und Enttäuschung sind die überreifen Früchte des ICH! Gerade der Schmerz ist aber ein Geschenk aus der Liebe Gottes, der seine Geschöpfe erwecken will aus Stumpfheit und Finsternis zu intelligenter Empfindung und zur Sehnsucht nach Erlösung zum Licht! – Der *Schmerz* ist es, der die Fragen des Suchers gebiert: *«Woher das alles? Wozu das alles? Wie kommt man aus diesem Schlamassel, aus diesen Schmerzen heraus?»* – Nur Wenige sind es, in denen bereits bei ihrer Geburt die Erinnerung an den *Rückweg zum Licht,* an den einen, doch vielfältigen Weg zu Gott wach ist!

In diesem Dilemma, inmitten dieser schmerzvollen Fragen wird der in tiefe Unwissenheit und Finsternis getauchte Mensch getroffen durch die Liebesstrahlung aus der göttlichen Welt. Die äußerste Trennung wird somit zugleich zum *Apogäum* der Bahn, auf welcher der unbewußte Mensch sich so ins All hinausgeschleudert fühlt, als ob jede Rückkehr unmöglich wäre, wie dies die Pistis Sophia im zitierten Reuegesang ausdrückt. Und so wird das Böse selber zum Ausdruck des «Guten Gesetzes» – denn aus Enttäuschung und Schmerz wächst der Antrieb zur *Selbsterlösung in Willensfreiheit.* Der Schmerz ist die Wunde, durch die der Strahl des Heils eindringen kann!

Der tiefen Einsicht und bewundernswürdigen Übersicht Gœthe's war es vorbehalten, in seinem *Faust* die Personifikation des Widersachers – Mephistopheles – die kürzeste Definition seiner selbst aussprechen zu lassen: «*Ich bin ein Teil von jener Kraft, die stets das Böse will und stets das Gute schafft!*»

Wohl scheint der Mensch verloren im ‹Apogäum› der Spirale, worauf er – ob auf- oder absteigend – um Gott kreist wie ein Planet um die Sonne. Gott aber «*verläßt nicht die Werke seiner*

Hände»: Seine Liebe – das ist die all-eine, all-umfassende Energie und Dynamik im Universum – ist zugleich Ursprung, Schoß, Hülle und Lebensraum von Allem was ist. Gottes Liebe ist eine überaus hohe Schwingung, unbegrenzt ausstrahlend in alle Richtungen, aus einem Ursprung, der «überall ist»; – als eine Strahlung, die universal IST.

Die universal wirksame, unbegrenzt leuchtende göttliche Liebes-Schwingung ist zugleich absolute Freiheit und absolute Geborgenheit, und sie dringt in die tiefsten Tiefen des Reichs des Zorns, sich in der Tiefe opfernd und zugleich Alles zur Höhe erhebend. Sie ist die Kraft und ewig allgegenwärtige Wirkung, die man – unabhängig von Zeit, Ort und Kulturraum – den *universellen Christus-Impuls* nennt: Das ist die königliche *Kraft des Gesalbten* – die *Messias-Kraft*, die Alles heiligen und Alle retten will. – Man nennt diese Kraft auch den *Graal.*

«Wer immer Ihn aufnimmt, dem wird die Kraft gegeben, wiederum ein Kind Gottes zu werden», sagt das Evangelium des Johannes; – und das bedeutet, daß, wer immer zum Bewußtsein der ewig lebendigen Gegenwart der universalen Christuskraft erwacht und *ihren Impuls aufnimmt*, auch bereits als lebende Seele darin geborgen – *erneut Ihr Kind geworden* ist.

Das ist die konkrete und bejahende Antwort auf die scheinbar so plumpe Frage des Nikodemus in Joh. 3:4 – *«Wie kann ein Mensch neu geboren werden, wenn er alt ist? Kann er etwa zum zweiten Male in den Schoß seiner Mutter eingehen und neu geboren werden?»* – Der ursprüngliche göttliche Mensch – der göttliche «Menschensohn» **IX** – ist ja wirklich hervorgegangen durch den Schöpferwillen des VATERS aus dem offenbarenden Schoß der MUTTER. – Die **IX**, das ist das WIRKEN, wovon Gœthe, weil er den *Baum der Sephiroth* kannte – Faust ausrufen läßt:

«Im Anfang war die DATH!»

Der ‹gefallene› Mensch aber muß, um *«aus Wasser, Geist und Feuer wiedergeboren»* zu werden, sich der Kraft, wovon er sich einst *abwandte*, *zuwenden*, um mit ihr wieder Eins zu werden.

Die Rettung der kosmischen Natur aus dem Nadir der Sterblichkeit – diese universal erlösende Dynamik – wird nun dargestellt durch die Rune Ýlhaz – ᛘ – entstanden aus der Einsenkung der Kraft des VATERS – ' – in die Dichotomie des Universums **Y** und seine Fleischwerdung darin: Das ist das *«ex Deo nascimur»* der klassischen Rosenkreuzer, mikrokosmisch *das Einsenken des Heiligen Geists* in den verwaisten, von Natur geteilten, ‹doppelten› Menschen: **Y** (Abb. 38). – Das Corpus Hermeticum sagt dazu:

«So ist wirklich die Welt eine Anhäufung von Übeln, Gott aber [die Anhäufung] des Guten ... – Darum darf man es wagen, zu sagen, der irdische Mensch sei gewissermaßen ein sterblicher Gott; – ein himmlischer Gott aber sei ein unsterblicher Mensch».

Die göttliche Liebeskraft ist die Wirklichkeit, die – abseits von jedem religiösen Dogma, abseits von Glauben und Disput – einfach IST. Sie wirkt gleich für jedes Geschöpf: Wer sich auf diese ewig liebevolle Schwingung einstimmt und sich für die Einsenkung der erhebenden Kraft – den Christusimpuls – öffnet; – wer diesem ‹Vibrationsschlüssel› «nachfolgt», wird naturgesetzmäßig aus der Tiefe der Finsternis und Unwissenheit *erhoben zur Kenntnis* des Lichts und zur *Teilhaberschaft* am Licht: Das ist die *«Nachfolge Christi»*; doch muß sie aus eigenem bewußtem Wollen und Bemühen des Geschöpfs erfolgen. – Das ist die Erlösung aus dem *‹Zornreich des Todes›*; denn wo DIE LIEBE ist, kann kein Zorn sein. – Das ist die *«Auferstehung des göttlichen Menschen aus seinem Grabe»* – durch Selbsteinweihung und durch Selbst-Heiligung: Wo die Zorn-Natur überwunden wird, da erwacht ewig grünendes, freudevolles Leben!

Die Chroniken der Welt sind voll von Berichten über blutige Machtkämpfe, Eroberungs- und Missions-Züge, soweit man zurück denken mag. Hinterfragt man nun die Gründe für all diese Versuche, die Macht Weniger auf Kosten der Vielen zu befestigen, so wird die nächste Ursache immer auf dem Hintergrund pseudoreligiöser Machtpolitik gefunden. Das gilt für die Eroberungszüge Alexanders des Großen und die Zerstörung von Troja ebenso wie für die Feldzüge Karls des Großen und die als Entdeckung maskierte Eroberung der beiden Amerika. Dasselbe gilt für die als Hinrichtung getarnte Tötung von Mani durch die persischen Magier – oder jene des Jesus im NT durch die jüdische Priesterkaste. – Und dasselbe gilt für die Abschlachtung von im höchsten Sinne gläubigen Menschen zu allen Zeiten: Im Frankreich des 13., 14. und 16. Jahrhunderts; – im Nordamerika von Ende des 15. Jh. bis heute; – in Iran, Syrien, Afghanistan und Palästina seit 1945 bis heute: Krieg und Unterdrückung, Ausgrenzung und Schändung werden andauern in der Welt, solange Ichsucht und Größenwahn sie regieren.

Wahre Religiosität hingegen kennt nur die Standhaftigkeit nach außen und den Kampf des Einzelnen gegen seinen inneren Feind. – Doch auch hier kann von Kampf nur bedingt gesprochen werden: Wer mit irdischen Mitteln – mit dem Willen des Ich – den Kampf gegen ‹das Böse› aufnehmen wollte, müßte sich nur noch tiefer verstricken in die Unterscheidung von ‹Gut› und ‹Böse›, würde sich also noch fester an die niedere Natur binden als zuvor: *«Wahrlich siegt, wer nicht kämpft!»*, sagt ein typisch daoistisches Weisheitsbuch [53].

Fast alle Akteure der menschlichen Gesellschaft, die dank ihrer (wie immer gearteten) ‹Überzeugungskraft› in die Weltgeschichte eingingen oder schon als Lebende berühmt sind, glaub(t)en zwar, aus eigenem Antrieb und für ihre ganz bestimmten menschlichen Zielsetzungen zu handeln. In Wirklichkeit jedoch handeln sie im Interesse des STÖRERS, des ‹Herrn dieser Welt›: im Dienst des Widersachers gegen den Geist – jenes Äons, der sein Reich der Finsternis verteidigen und vergrößern will. Das ist ja auch sein Daseinszweck im sogenannten ‹Notordnungs-Plan› des allein guten Gottes, der ganz Liebe ist; – in dieser – genau betrachtet – vollkommensten aller möglichen für Menschenwesen bewohnbaren Welten!

Bevor jedoch diese Liebe *bewußt erfahren* und auf die einzig richtige Art beantwortet wird, bleiben – so sagt die Wassermann-Genesis – *«die Bewohner des Zornreiches ihrem Beherrscher völlig ausgeliefert und untertan»*.

– Und wie sieht dann der wirkliche Ausweg aus?

10) «Jene aber, obschon ganz in Unwissenheit und Finsternis getaucht, wurden von Zeit zu Zeit berührt von den lichtvoll feurigen Liebes-Schwingungen aus der reinen, geistig göttlichen Welt ○, die das Zornreich jederzeit durchstrahlen. Traf solch ein Strahl einen Erinnerungskern, so flammte dieser auf – für einen kurzen Augenblick oder länger. Dieses Aufflammen der Erinnerung ans ursprüngliche Lichtreich weckte in den Menschen eine unbestimmte SEHNSUCHT, *zurückzukehren ins ursprüngliche göttliche Reich».*

«Gott verläßt nicht die Werke Seiner Hände». – Seine ‹Hände›: das sind die sieben ‹Schwingungen› – die Sieben Geister vor Seinem Thron, die sieben siebenfachen Strahlen. Diese brachen durch alle Sphären hindurch bis in die tiefsten Tiefen der Finsternis: in die Tiefen des Zornreichs, des Reichs der so hart geknechteten Schöpfung. Nicht in ihrer essentiellen Kraft und Reinheit drangen sie in die niedrige Welt, denn die Welt und ihre Kreaturen wären unfähig gewesen, das Feuer dieser Strahlung – diese Schwingung von unbegreiflich hoher Frequenz – zu ertragen, ohne dadurch ‹verbrannt› zu werden. Darum senkten sich die Sieben Geister – die sieben siebenfachen Lichtstrahlen – in einer Kraft-Wirkung in die Welt hernieder, die für Welt und Menschheit noch erträglich waren. Sie hatten sich – um weiterhin von Schwingungen zu sprechen (und das ist vielleicht ein Grund, weshalb die Engel mit ‹Schwingen› dargestellt werden) – so auf Diejenigen abgestimmt, die darauf überhaupt reagieren *konnten*, daß diese eine *positive Resonanz* aufbauen und, indem sie den Minimal-Anforderungen entsprachen, in ihrer Finsternis *das Licht erfahren*, zu ihm aufblicken und sogar *zu ihm aufsteigen* konnten. Aus der ‹höllischen› Interferenzschwingung in der sogenannten Dialektik wurden sie erweckt durch ihre unverhoffte Resonanz mit der harmonischen Schwingung der ‹Engel› aus dem Lichtreich.

Die siebenmal siebenfache göttliche Schwingung kam also nicht in ihrer unerträglich feurigen, blendenden Fülle herab: Indem sie aus den höchsten Sphären herabstieg, die ihre ‹Wohnung› sind, zog sie, wie die Überlieferung sagt, *«sieben Schleier»* über: einen Schleier nach dem anderen. – Mit jedem ‹Schleier› wurde die Schwingungszahl niedriger, die Hitzestrahlung geringer, der Unterschied zur ursprünglichen Reinheit und unsäglichen Leuchtkraft größer. Aber ihre *Essenz* blieb erhalten.

Das ist das *«Herabsteigen des Sonnengottes»*, wovon die Mythen und Märchen erzählen; – das ist die *«Ankunft des Erlösers»*, die *«Wiederkunft von Quetzalcoatl»*, welche die Maya's erwarteten. – Das ist das unsägliche Opfer des universalen, reinsten Liebeslichts des ‹Messias›, der die Trägheit und Mühsal der Erdensphären auf sich nahm, bis die auf Erden lebenden Menschen Ihn *be*-greifen, *er*-greifen und dadurch *«wiederum Kinder Gottes werden»* konnten. Und so werden verständlich die *«Sieben Schleier der Mysterien»* und der *«Tanz der sieben Schleier»*: stufenweise Befreiung der Seele von den sieben Hüllen ihrer Unwissenheit; – jener Tanz, der, gemäß der Heiligen Sprache, Johannes den Täufer den Kopf kostete (vgl. Abb.11) …

Wieder zitieren wir in diesem Sinne aus dem Corpus Hermeticum (a.a.O.):
«Zu allererst aber ist es nötig, daß du den Umhang, worin du umherschweifst, ablegst: dieses Kleid der Unkenntnis; – diese Grundlage der Verkommenheit; – diese Fessel der Verderbtheit; – dieses dichte Fell, diesen lebenden Tod, diesen fühlenden Leichnam, dieses tanzende Grab, diesen schurkischen Diener!»

So also brach die göttlich reine Liebesstrahlung durch alle Hindernisse hindurch, wie ein Ruf: Ein Weckruf an die in tiefster Unwissenheit dahindämmernde Schöpfung – und besonders an jene Menschen, die als Folge ihres Entwicklungszustandes prädestiniert waren, die Christus-Schwingung *wahrzunehmen*, sie positiv zu *beantworten* und diesem feurigen Ruf *«nachzufolgen»* als getreue ‹Jünger›. Das hat nichts mehr mit einem mystischen Dogma zu tun, nichts mit einer bestimmten Lehre aus Ost oder West: Es ist das Hören mit Ohren, die verstehen; – das Sehen mit Augen, die selbst zu unterscheiden vermögen; – und darum kann auch kein einziger menschlicher Vermittler – kein Priester, Magier, Schamane oder ‹Heiliger› einem anderen Menschen diese Erlösung verleihen, noch sie ihm versagen: Allen, die IHN empfangen, so verkündet das *Euangelium (ευαγγέλιον – die Gute Botschaft)*, wird die Kraft gegeben, wiederum Teilhaber am ewigen Liebesreich zu werden: *«… Denen, die an Seinen Namen glauben; – die wiedergeboren werden nicht durch Blutmagie, noch durch Fleischopfer, noch aus Menschenwillen»* (Jo.1:13).

Es liegt also vorerst ganz am Kandidaten selber, der Erlösung von dieser Welt würdig zu werden. – Darum gab es Welche, die bereits in diesem Leben erlöst – «hinweggenommen» wurden, die aus eigener innerer Erfahrung das Licht kannten und, weil sie selber DEN WEG täglich gingen, dem jüngeren Bruder, der jüngeren Schwester gewissermaßen behilflich sein konnten beim Finden gewisser Schlüssel, womit jeder Kandidat eine erste, dann weitere Türen öffnen kann im *«Haus Sancti Spiritūs»*.

So blieb die Menschheit – blieb die Schöpfung – auch in der tiefsten Verlorenheit und Finsternis verbunden mit dem unbeweglichen Lichtreich Gottes, dessen Liebe seine Geschöpfe nie verläßt.

«Wenn die Not am größten ist, ist auch die Hilfe am nahesten!», so sagt die Heilige Sprache. – Am Apogäum ihrer Bahn – da, wo sie von Licht und Liebe am weitesten entfernt schien, wurde die Menschheit zugleich für das rettende Licht am empfänglichsten, war sie der erlösenden Umkehr am nahesten – *Gott sei Dank!*

Die Spaltung der Elohim war die *Ursache* des *‹Ersten Falls›*. – Man könnte auch sagen: Die Spaltung der Elohim *dynamisierte* Trennung und Fall, *dynamisierte* die schwunghafte *Entfremdung* der Kreatur vom EINEN GOTT, der dennoch ihr unverlierbarer ‹Brennpunkt› blieb. Ohne diese Entfremdung hätte der Mensch, geborgen in der sich selbst ewig vollkommen erhaltenden göttlichen Harmonie und Einheit, niemals eine positive *Eigendynamik* entwickelt: *«Wer nie fort geht, kommt nie heim!»*, heißt ein altes Sprichwort; und das gilt auch für den Menschen im Paradies: «*Er wäre*» – so sagt ein Text über Adam – «*für immer unter seinem Baum entschlafen*».[54]

Der Mensch wäre also auf ewig unfähig geblieben, in Selbst-Bewußtheit und Selbst-Verantwortung Dinge zu *unterscheiden*, Dinge oder Verhaltensweisen zu *wählen*, geschweige denn, in Autonomie selbst Dinge zu *bilden*, zu *erzeugen* oder gar – *«am Ende der Tage»* – zu *erschaffen*. – Das war ein schwerwiegendes Hindernis auf dem Weg zur wirklichen Vollkommenheit der Schöpfung, die erst dann erreicht ist, wenn jedes zum Einen Leben erwachte Geschöpf selbst zum Schöpfer geworden ist! –

Der dreizehnte Reuegesang der Pistis Sophia drückt das so aus: «*Unter den Unsichtbaren, an deren Ort ich mich befand,* {nämlich im Licht-Paradies ⊗ der göttlichen Einheit Aller mit dem Einen} *habe ich die Übertretung allein begangen, damit Dein Gebot erfüllt werde ...* »[55]

Der ‹Fall› der Menschheit wird allgemein der Entstehung des Ich zugeschrieben. Doch das ist nur zum Teil richtig: Ohne die Existenz eines Ich könnte nie das große Wort ausgesprochen werden: «*Ich bin!*». Das Ich ist zur geistigen Evolution so nötig wie Judas für die Passion Jesu! Macht man sich diese Einsicht zu eigen – und das ist eigentlich unvermeidlich – so erhebt sich sogleich die Frage: Wie denn? – Worin besteht nun der Unterschied? – Warum ist gemäß allen Weisheitslehren Selbst-Verleugnung und «Abtöten des Ich» wichtigste Bedingung für den «Weg zurück zum Vater»?

Das Wort: «*Ich bin Der ich bin*» setzt unbedingt voraus eine doppelte Individualität: *«Ich»* – und ein bewußtes «*Selbst*». *Selbst-*

erkenntnis ist also nicht nur die Erkenntnis der äußeren *Ich-Person*, sondern das Erkennen des inner-eigenen *Selbstes.* Auf der Basis *dieser* Selbst-Erkenntnis steht die Erkenntnis der Bedeutung, die dieses Selbst innerhalb des gesamten Universums hat, und die es *selbst-bewußt erfüllen* soll. – Der Ausspruch: «*Ich bin Der Ich bin!*» wird bekanntlich in der Schrift dem JHVH zugeschrieben. – Der Unterschied zwischen dem zwar reinen, aber ganz unbewußten *ursprünglich-göttlichen,* ich-losen *‹Menschen im Paradies›* — und dem *Neuen göttlichen Menschen*, der sein Ich durch *Distanz von allen Leidenschaften* überwunden hat, ist dieses Bewußtsein: Während *Er* nun in vollem Selbst-Bewußtsein sagen kann: *«Ich bin Der Ich bin – und ich weiß wer ich bin!»*, irrt der gewöhnliche Mensch in der Welt herum *mit den so bekannten menschlichen Fragen: «Wer bin ich? – Woher komme ich? – Wohin gehe ich? – Welchen Sinn hat all dies Leiden?»* —

Wer dann in voller Bewußtheit sagen kann: *«Ich bin Der ich bin»*, der ist tatsächlich ein Übermensch geworden in Weisheit und Kraft. Wer jedoch dieses *«Ich bin Der ich bin – und ich weiß wer ich bin»* aussprechen kann auf der Basis vollkommener *Liebe*, der ist über jede irdische und jede lunische Trennung hinausgestiegen, ist ein GÖTTLICHER MENSCHENSOHN – **IX** – geworden und kann darum wie Jesus der Christus sagen: «ICH und der VATER sind EINS!»

Diese Darlegungen beantworten die Frage, weshalb bereits die Einweihungsschulen der Antike ihren Schülern – in welcher Form auch immer – die Aufgabe stellten: *«Erkenne Dich-selbst!»* – Man versteht darum leicht, weshalb in unzähligen Märchen die Hauptperson vor der Aufgabe steht, *sich selbst zu erkennen.* – Ob es sich ums Erwachen aus todähnlichem Schlaf handle wie bei *Dornröschen* oder *Schneewittchen*; – oder um Transfiguration wie beim *Froschkönig* oder dem *Gestiefelten Kater*, – ob Einer ausziehe, das Fürchten zu lernen; – ob einer Hindernisse zu bezwingen oder Prüfungen zu bestehen habe, um *«die goldene Feder»* oder die Prinzessin zu erringen ... ; – ob alle diese Aufgaben in Indien gestellt werden (*Baghavad Ghita*), in Persien (*1001 Nacht*), oder in den westeuropäischen *Volksmärchen*: Stets geht es um eine Form von *Selbsterkenntnis und Selbst-Verwirklichung* auf dem *«Weg zurück zum Vater»*. Ichbewußtheit und Selbstbewußtsein sind also *wichtige Zwischenstufen* auf dem Weg. – Aber auch als *Widersacher* auf dem Weg wird das Ich in Mythen, Sagen und Märchen in aller Deutlichkeit geschildert!

Nun haben in der Welt Religionen und Volksglauben für den Widersacher das zumeist farbige Bild eines bösen Dämons mit zahlreichen Namen geprägt: Im frühmenschlichen Bildbewußtsein, bevor der heutige analytische Intellekt entwickelt war, konnten solche Bilder ein inneres Verstehen, ein «‹Gemüts-Wissen› erzeugen und in die Seele der Menschen projizieren; – andererseits wurde durch solche abschreckende, mit allen üblen Attributen ausgeschmückte Feindbilder ein hoher Abschreckungs-Effekt zugunsten der herrschenden Dogmen erzielt.[56]

Dieses Abschreckungsbild des «Teufels» in Form einer *einbildbaren* ‹Person› war für eine gewisse Zeit wohl zweckmäßig, entspricht aber ebensowenig der Wirklichkeit, wie das Bild eines Vatergottes mit wallendem Bart: Wäre es wirklich so, daß *«der Teufel herumgeht wie ein brüllender Löwe ...»*, so wäre wohl sogar heute niemand blind und dumm genug, sich in seinen Rachen zu stürzen und das Zorn-Reich bevölkern zu helfen.

Nein, die Wirklichkeit ist viel subtiler, nuancierter und raffinierter: So wie im gesamten erschaffenen Universum jedes Ding seinen Widerspruch von ‹Gut› und ‹Böse› in sich trägt vom ersten Augenblick seines Bestehens bis zu seinem Ende, so trägt jeder Mensch einen Widersacher *in sich selbst* – über alle Geburten und Tode hinweg. – Der Theosoph Valentin Weigel hat dies in seinem *Gebetbüchlein* um 1570 herum so formuliert:

«Daß sich ein jeder vor dem Teufel und der Welt solle hüten und vorsehen, das ist Jedermann bekannt; aber daß sich einer vor sich selber hüten solle, mehr als vor dem Teufel, das ist den Ungeübten wunderbarlich und gar schwer zu glauben. Aber gottweise Menschen empfinden es sehr wohl, daß der Mensch keinen größeren Feind habe als sich selber; und wer sich selber erkennet, muß es bezeugen: Es ist nichts so schwer als sich selber überwinden.» [57]

Indessen trägt auch jede menschliche Entwicklung in Kultur, Wirtschaft, Religion und Wissenschaft – und trägt jede Chance für das sichere Begehen des *Wegs zurück* bereits in sich selbst den Keim zu Mißbrauch, Irrtum und Irreführung in noch tiefere Unwissenheit: Je höhere Grade ein Mensch in seiner geistigen Evolution erreichen mag, desto subtiler werden die Einladungen und Verführungen des Widersachers; – je mehr die äußerlichen Verführungen zurücktreten, desto raffinierter nähert sich dem Kandidaten der Versucher im eigenen Inneren. Wer die klare positive Orientierung verliert oder – wie Orpheus im Mythos – «zurückblickt» auf seinem Weg, verliert gar leicht Dies oder Jenes oder Alles: *«Man kann nicht zugleich sein, wer man ist und wer man war; – man kann nicht zugleich haben was man hatte und was man hat!»* – so heißt es in der durch Igor Strawinsky so genial vertonten *Geschichte vom Soldaten.*

Glaubt der Mensch, sicher und erfolgreich auf dem Weg auszuschreiten; – glaubt er, sein Ich weit hinter sich gelassen und *in gar vorbildlicher Weise* verleugnet und vernichtet zu haben, so steht bloß ein anderes, sublim schimmerndes Ich neben ihm, das noch viel schwerer zu verlassen ist, als das rohe, unkultivierte alte Ich. Wer sich von seinem Ich befreien will – z.B. in einem fortgesetzten *Willens-Akt,* kettet sich daran wie an seinen eigenen Schatten. Allein schon durch das Nachlassen des größten Leidensdrucks kann der Mensch leichtsinnig werden, und empfänglich für die dem Licht und dem Erlösungspfad entgegengesetzten Kräfte des ‹Großen Widersachers› in ihm selbst.

Im *Siebten Reuegesang der Pistis Sophia* heißt es dementsprechend:

«Als Ich (Jesus) sie (Pistis Sophia) zu einem etwas offeneren Ort im Chaos gebracht hatte, hörten die Schöpfungen des Authades ganz auf, sie zu bedrängen, weil sie dachten, daß sie ganz aus dem Chaos hinaus geführt würde. Als die Schöpfungen des Authades aber bemerkten, daß die Pistis Sophia [noch] nicht [ganz] aus dem Chaos hinaus geführt wurde, machten sie sogleich wieder Kehrt, um heftig über sie her zu fallen. Darum nun sprach sie ihren achten Reuegesang, weil Jene nicht aufhörten, ihr nachzustellen und sie aufs Äußerste zu bedrängen ...»[58]

Ist dem Widersacher der Weg über ein starkes oder sublimes Ich verwehrt, so bedient er sich seiner eigenen Mittel: Das sind die Kräfte, die sein eigenes Wesen ausmachen. Sein Wesen aber ist die *Verneinung.* Diese Tatsache wird in unübertroffener Prägnanz formuliert durch *Mephisto* in Gœthe's *Faust*: «*Ich bin der Geist, der stets verneint!*».

Verneinung meint jedoch nicht nur das klare Nein eines Individuums; – sie lebt bereits im *Zweifel,* ja sogar in der intellektuell kritischen *Analyse,* die nur nach Widersprüchen Ausschau hält: Sobald das klare JA, die eindeutig positive Orientierung fehlt, ist der Weg für Verneinung und Irrtum offen. – So versteht man leicht die tiefe Bedeutung des Wortes des Meisters: *«Wer nicht für mich ist, der ist wider mich!»* – und: *«Deine Rede sei ja, ja oder nein, nein – was darüber ist, das ist vom Übel!».*

Dieses JA muß jedoch aus neuem Wollen des Kandidaten kommen, nicht etwa aus blindem *Glauben* oder noch blinderer *Gläubigkeit* an eine *Orthodoxie* !

Nun sind Zweifel und Verneinung ursprünglich nie als Tugenden betrachtet worden. Dem französischen Aufklärer *René Descartes* war es ‹vorbehalten›, die Bewegung der «Aufklärung» zu definieren mit seinem stolzen Spruch: «*Dubito, ergo cogito, ergo sum – Ich zweifle also denke ich, also bin ich* (lies: *ein Mensch*)». Hat nicht gerade diese neue sogenannt wissenschaftliche Geisteshaltung des Zweifelns die *Unterscheidung zwischen Gut und Böse* für die neue Zeit zementiert? – Und ist nicht gerade dadurch die Menschheit noch tiefer in Irrtum, Überheblichkeit und Verlorenheit gestürzt worden?

Die modernen Wissenschaften beweisen es doch täglich mit ihren sich jagenden «Fortschritten» und «Neuorientierungen», welche die Menschheit nur immer weiter und weiter von der inneren Wahrheit der Dinge – *von Licht und Leben* wegführen! Davon sind besonders jene Menschen überzeugt, die wissen, wie der Zweifel negative Prozesse aktiviert, und daß Antipathie, Abwehr und Kampf stärker binden als Liebe.

Darum ist der STÖRER bei jenen Menschen «übel dran», die bei reinem Herzen und klarer geistiger Orientierung eine feste, in *innerem Erfahren* wurzelnde Überzeugung – ‹Glaube› genannt – pflegen: Was gut ist und sich bewährt, ist nicht so leicht zu stören. *Lao Dse* in seinem 54. Spruch sagt es so:

«Ein gut belehrter Mensch wird nicht verführt. – Wer sich gut festhält, wird nicht abgeworfen ... ». [58-A] —

Des STÖRERS erfolgreichstes Instrument zur Irreführung ist die *Perversion.* Dabei muß man nicht nur an eine grobe Umkehrung der Tatsachen denken, noch an direkte Lüge und Betrug. Diese gehören zwar besonders dann zu seinen Instrumenten, wenn sie – wohlverborgen unter der Wahrheit – subtil und schlau eingeflochten werden. Nein: gemeint ist die *Perversion*, die hervorgeht aus perfider *Übertreibung*, aus der überspitzten *Bestätigung* einer Tatsache oder Überzeugung: Was nicht mehr fließt, ist bald des Todes; was sich zu hoch heraushebt aus der Harmonie des Ganzen, trennt sich von ihm und fällt (vgl. Anhang 3-C).

Das gilt auch fürs Ich-Verständnis der menschlichen Persönlichkeit: Zuviel Frömmigkeit wird zum Pietismus; zuviel Überzeugung erzeugt Intoleranz. – Wo das JA für das Eine allzu exklusiv wird, da wird es zum NEIN für alles Übrige. Und darum sind Intoleranz, Exklusivität und Perversion genau so wichtige Instrumente im Interesse des STÖRERS und seines Zornreichs, wie irgendeine Übeltat: Aus Intoleranz sprießen Verfolgung und Unterdrükkung, fließen Gewalt, Blut und Tränen. Als weitere Folgen verbreiten sich Angst, Furcht und Schrecken – die vorzüglichsten Waffen der Finsternis. Dieser Kampf unter Menschen dient – über Alles betrachtet und nicht nur auf ein paar Jahre – *keinem Menschen*, sondern nur den Archonten dieser Welt und deren

Vasallen. Und weil dann der Mensch eine Möglichkeit sucht, in relativem Frieden zu überleben – oder weil er anders gar nicht am Leben gelassen würde – folgen daraus wiederum Kompromiß, Vergessen und endlich völlige Unwissenheit bezüglich der ursprünglichen Schönheit, Wahrheit und Kraft.

Die nächsten Ergebnisse sind das Schwinden und Verschwinden wahrer Kenntnis aus dem Bewußtsein der Menschen: aus ihren Bildungssystemen und ihrer Kultur ebenso wie aus dem *Volks-Wissen und Volks-Glauben* – und letztlich aus dem Blut: Was nicht stets belebt wird, stirbt! – Hier gibt es wirklich nur JA oder NEIN – Wachsen oder Sterben – Leben oder Tod ...[59]

Obschon nun Lüge und Perversion, Angst, Furcht und Sorgen, Irrtum und Unwissenheit sich in der Welt – heute mehr als je – immer weiter ausbreiten, wie es dem Fürsten dieser Welt gefällt, dringt doch der Ruf des *Lichtreichs nicht von dieser Welt* bis tief in die Herzen der Menschen. Dort trifft er auf den winzigen unvertilgbaren kleinen Rest menschlicher Verbundenheit mit Gott: Dieses Kernbewußtsein, diese *«Kernschwingung»* wirkt wie eine Erinnerung und verläßt die Menschen auch in ihrem tiefsten seelischen Todesschlaf nicht (vgl. Abb.21 und ihre Legende).

Um beim Bild der siebenfachen fundamentalen Schwingung des Lichtreichs und dessen sieben mal sieben Kräften zu bleiben, die in dieser Welt wirken, kann man auch sagen: In jedem lebenden Geschöpf – vom Wasserstoff-Atom bis zum Planeten – lebt immer auch eine minimale göttliche *Kernschwingung* unsterblich fort, die auf jede Einstrahlung aus dem göttlichen Reich reagiert – gesetzmäßig reagieren *muß* in einer *Resonanz*, die darum einer *Erinnerung* gleich kommt.

Erinnerung ist ja nichts Anderes, als die Resonanz des Individuums mit einem Gedanken, einem Gefühl oder einer Bewegtheit (Emotion) von außerhalb, die mit etwas in seinem Inneren übereinstimmt. Ist diese Resonanz nun ein *positiver* Gedanke, ein *positives* Gefühl, eine *positive* Bewegtheit, so entsteht daraus sogleich auch der Wunsch, die entsprechende Erinnerung zu erneuern durch *Wiederholung* der entsprechenden Gefühle, Emotionen und Gedanken. Im gewohnten täglichen Leben spricht man von einer *Sehnsucht*, positive Resonanzen (d.h. Glücksempfinden) zu erneuern und in der Gegenwart zu befestigen.

Aus Resonanz und Sehnsucht entsteht das Dilemma – und daraus wiederum die Aufgabe – zu *unterscheiden*, was zu dieser irdischen, vergänglichen Welt gehört, was zu jener geistigen, unvergänglichen. Wegen dieser Reaktion auf die ‹rufenden› Schwingungen der sieben Geister vor Gottes Thron, die auf seine ewige

Kern-Schwingung treffen, ist der menschliche Mikrokosmos von Anfang an von der *Ent-scheidung* des ihn tragenden Ich abhängig: Zwar weiß der Mensch noch nicht, *was* ihn ruft, noch *wozu* er gerufen wird; – aber aus seiner mineralisch-dumpfen hyperboräischen Nacht geht er über in die lemurische Dämmerung einer ersten Einsicht: Er nimmt Licht und Wärme wahr, wenn auch nicht deren Ursache und Wesen – wie eine träumende Pflanze.

So erwacht die unfaßbare *Sehnsucht* nach dem Licht, und zugleich die *‹Reue›* – dieser vage Schmerz aus dem Unvermögen, den Ruf zu beantworten, der zwar als Aufforderung empfunden wird, zugleich aber auch als ein unklares, unbeschreibliches Drängen des ‹Herzens›. – Dieser sozusagen *animalische* Reueschmerz, der nichts zu tun hat mit Schuldbewußtsein oder gar Erkenntnis, ist zugleich die erste positive Antwort auf den ewigen Ruf der solar göttlichen Äonen (vgl. Abb.22).

Diese erste Antwort genügt, den erlösenden Prozeß in Bewegung zu setzen; denn allbereits beginnen die Säfte aus dem mikrokosmischen ‹Ungrund›, worin die genannte Herzensblüte wurzelt, der neuen Blütenknospe zuzufließen: Das ist gewissermaßen die atlantische Phase halbbewußten Träumens. – Wird der so ins Halbbewußtsein gerufene Mikrokosmos nun erwachen zu einem wirklich menschlichen Bewußtsein? Wird die Blüte sich dann auch öffnen? Wird der Mensch den Entschluß fassen, positiv *in neuem Wollen* zum Licht zurück zu pilgern? – Auf diese dringenden Fragen geht der nächste Punkt des *Compendium* ein. —

11_3) «Diese SEHNSUCHT *gebar die* REUE *über das verlorene Paradies. Das ist der brennende Schmerz über die Unkenntnis bezüglich des ‹Wegs zurück›. –* REUE *wurde zum Wendepunkt: zum Punkt der Umkehr von der Dynamik des Todes zur Dynamik des Lebens. Wer dieser aus Erfahrung, Sehnsucht und freiem Willen geborenen Dynamik in Treue folgt, kann endlich zurückkehren ins Reich von* REINHEIT, WEISHEIT UND LIEBE, *als Kind und Bruder Gottes – selbst ein Gott.»*

Im zehnten Artikel war vom *Aufflammen der Erinnerung* die Rede – einer Erinnerung, die sich eigentlich auf nichts Bestimmtes beziehen konnte; denn eine wirkliche Erinnerung ans ‹Paradies› und die Verhältnisse im ursprünglichen göttlichen Reich – die konkrete Erinnerung an Harmonie, Einheit und Liebe – war ja nicht mehr vorhanden. Genau darin besteht das Wesen von *Finsternis, Unwissenheit und Tod*, im Gegensatz zu *Licht, Weisheit und Leben.* Nur eine uralte Kern-Erinnerung – eine göttliche *Kernschwingung* als Resonanz auf die sieben fundamentalen Schwingungen des ursprünglichen göttlichen Reichs – war noch da. Aber aus der Resonanz dieser Kern-Erinnerung mit der rufenden Schwingung, die das Menschenherz aus dem Innersten des Universums erreicht – aus dem makrokosmischen ◬, über das kosmische Sonnen-Auge (☉ oder ⚲) – sowie über die Sonnenkraft des interkosmischen Christus × – entstand eine undeutliche, dann die immer deutlichere *Sehnsucht*, wieder ganz in und mit der ursprünglichen Schwingung mitzuschwingen.

Daß die Welt der Illusionen und schmerzhaften Erfahrungen nicht der wahre Sinn der Schöpfung, nicht die ‹wahre Wirklichkeit› sein könne – das ist ins Herz eines jeden Menschen eingeprägt. Tatsächlich darf gesagt werden: In jeder Zelle eines jeden Geschöpfs schlummert die Erinnerung an die ursprüngliche göttliche Liebesschwingung, als ob im Bauch eines Instruments ein Ton eingeschlafen wäre, der auf den ursprünglichen Klang hin *in Resonanz neu erweckt* werden wollte.

Zwar tun der Beherrscher dieser Welt und seine Vasallen alles Mögliche, um die Menschheit vom Licht fernzuhalten und sie für immer ans irdische *Rad unintelligenter Erfahrungen* zu fesseln, worauf sie als Folge ihrer Zugehörigkeit zum Zornreich täglich neu geflochten wird: *«Enger und enger schlangen sich die Dornen um Mauern und Zinnen des verwunschenen Schlosses»*, so heißt es im Märchen vom *Dornröschen.* – Dennoch lebt der Kern der Erinnerung an die ursprüngliche Schwingung fort – inmitten der wuchernden Dornen, wenn auch *«in tiefem Schlaf»*. –

Die *Spindel* aber blieb liegen!

Das ist die im Text des *Compendium* erwähnte Eingetauchtheit in den Todesschlaf tiefster Unwissenheit. Einmal jedoch – oder auch öfter – wird die Liebesströmung aus der göttlichen Paradieseswelt verspürt; wird sie als Licht und Wärme wahrgenommen: Der Erinnerungskern belebt sich neu; – es erwacht die eng verschlossenen Knospe, obschon die Blütenblätter ganz einwärts gekehrt sind, sodaß das Licht kaum hinein dringen kann. Die Kelchblätter strecken sich dem freien Raum entgegen; – die feinen Gefäße der Kronblätter beginnen zu schwellen; – ein unbestimmter Drang durchzieht die ganze Knospe, die nun sich zu öffnen beginnt, ohne es selber zu wissen. – Wenn nun die aus ihrem Todesschlaf erwachende Blüte sich so weitet und Raum schaffen will für das Entfalten der *Blüten-Krone*, dann wird das eingestrahlte WORT, der göttliche Ruf aus der Ewigkeit in der Seele verspürt als ein Schmerz; und wie ein Ruck geht es durch den ganzen Menschen: Der Drang, sich zu öffnen, der Schmerz, es noch nicht zu können – das ist die REUE des erwachenden Menschen!

Nun gibt es primär zwei Möglichkeiten, auf Sehnsucht und Reue zu reagieren:

Die eine Möglichkeit ist die *Zuwendung* zum Licht, das diese Schwingung aussendet wie einen Ruf. Diese Zuwendung kann sich im Wunsch und sogar gelegentlich in einer eigentlichen Gier äußern, sich mit dem Quell dieser Sehnsucht zu vereinen. Doch bald wird dem durch die göttliche Schwingung entflammten Kandidaten bewußt, wie weit sein jetziger Zustand entfernt ist von jenen Sphären, woher diese rufende Schwingung ihn erreicht. Der Mensch wird sich seiner Unfähigkeit bewußt, zu *verstehen*, was er nur unbestimmt *empfindet*, und zu jenem Quell hin zu *gehen*, den er *nur ahnt* – auf einem Weg, den er *noch nicht kennt.* Seelisch, geistig und sogar körperlich erfährt der Mensch dieses ganz besondere Dilemma:

Er wurde entflammt – nun brennt er in Verlangen: Doch wie ist dieses Verlangen umzusetzen? Aufgrund des *«kurzen oder auch längeren Aufflammens der Erinnerung ans ursprüngliche Lichtreich»*, wie der Text sagt, fühlt der Mensch einen brennenden Schmerz: Einen Schmerz, der im Empfinden der völligen Disharmonie zwischen der göttlichen Einstrahlung und dem Schwingungsmuster des befangenen Mikrokosmos besteht.

Die Frage ist nun: Wie reagiert der so vom göttlichen Feuer entflammte, in Reue brennende Mensch? Reagiert er als Abel, der dem Schmerz entflieht, um sich der nächsten ‹Zone der Bequemlichkeit› zuzuwenden? – Oder wird er aktiv, nimmt Schmerz in Kauf und setzt den Fuß mutig auf den ihm durch Sehnsucht und Verlangen angedeuteten Weg?

Dieser Konflikt besteht nicht nur auf der gutmenschlichen, der humanistischen Ebene, sondern auch auf der Ebene des Gesetzes von Ursache und Wirkung: Kein einigermaßen bewußter Mensch würde ja sich oder einem anderen Wesen vorsätzlich Leid und Schmerz zufügen; und daraus sind bekanntlich – vorallem in orientalischen Glaubenssystemen – die extremsten Verhaltensweisen entstanden. – Tatsächlich: Wer wollte sich zutrauen, abschließend zu entscheiden, was *verantwortbar* ist, und was nicht?

Indessen erscheint es doch notwendig, daß ein wirklich positiv aufs höchste Ziel des ‹Evolutionswegs› der gnostisch transfiguristischen Entwicklung ausgerichteter Mensch nicht nur selber Opfer bringen, sondern in gewissen Fällen auch Opfer und Schmerz anderer Wesenheiten in Kauf nehmen muß, um seinen Weg – den Weg des Universums! – zu gehen. Daß dieser Mensch auch die Verantwortung für so verursachten Schmerz übernimmt, versteht sich. – Das zeigt sich auch im Falle von *Kain*, dem Feuer-Sohn oder *Sohn der Sonne*, der seinen innerlichen Bruder Abel – den *Mond-Sohn* — *«niederschlagen muß»* auf seinem Weg (vgl. Anhang 3-B).

Gerade darin besteht das Opfer Kains, daß er Schuld auf sich nimmt, um die Verwirklichung des höchsten universellen Ziels zu fördern: Der kämpferische, revolutionäre Aspekt im Menschen muß, will der Mensch wahrlich weiter schreiten, den bewahrenden, trägen Aspekt in ihm selbst *«niederschlagen»*, der ja ebenso vom ‹Blut› Anderer lebt wie Abel. Zwar wird Abel's Blutopfer von seinem Gott – vom Gott der Vierheit – «angenommen», doch erhält er nichts dafür. Kain hingegen wird für sein mit Schuld und Verantwortung verbundenes Opfer auf der Stirn mit dem Zeichen des Gottessohns (⊕) *versiegelt* (Abb.18-A und -C). Das ist das Zeichen der Christuskraft *in der Welt* – das Zeichen für die *«Fleischwerdung»* des Christus-Geists im Stoff. Nicht umsonst hat der *Orden der Tempelritter* dieses Zeichen ⊕ zu seinem Siegel gewählt: *«Et VERBUM CARO factum est!»* – Das in der *RAUTE* (im *KARO* ◊) verborgene WORT – das *Kreuz* +– ist in Kain – und zugleich im ganzen Universum ◊ – *«Fleisch geworden»*!

Die Lösung des Dilemmas bezüglich der Schuld ist dem humanistischen Gutmenschen schwer verständlich, der mit und nach den Kriterien *alttestamentarischer Normen und Vorstellungen* lebt. Denn die Lösung kommt aus dem *Neuen Testament*! Sie heißt: *«Liebe deine Feinde! – Liebe Die dich hassen!»* –

Haß ist eine Kategorie aus der Welt des Zorns und der Finsternis. ‹Feinde› sind also Hindernisse auf dem Pfad, Ausdrucksformen des *Widersachers*, der den Menschen vom Einen Pfad abhalten möchte. Indes bleiben für den Menschen, der wirklich dem Weg des Seelenwachstums in zunehmender Erkenntnis und wahrer Liebe folgt, seine Feinde ebenso seine Brüder wie Jene, die ihm in allzu gutgemeinter Liebe auf dem Weg übel forthelfen möchten: Gemäß seiner *neuen Natur* weiß er sich seinen Feinden in überpersönlichem Mitgefühl verbunden – selbst wenn er sie im allegorischen Sinne «schlagen muß».

Denn der Kandidat darf sich auch nicht leichtfertig schädigen lassen: Er würde sonst mitschuldig an der Tat dessen, der ihn schädigt. Das ist letztlich auch der Sinn des Jesusworts: «*Seid klug wie die Schlangen und sanft wie die Tauben!*». Der griechische Ausdruck *ακεραιοι* – *akéraioi* in Mt.10:16 wird oft falsch mit *einfältig* übersetzt. Dem ursprünglichen Wortstamm käme *ungehörnt* am nächsten; – das bedeutet: *unaggressiv*! –

Auch ist mit der ‹*Klugheit der Schlangen*› nicht die ‹atlantische Schlauheit› gemeint, sondern die *intelligente Achtsamkeit in Liebe*: *Die Schlange* ist nämlich – besonders in der gnostischen Tradition der *Ophiten*, in die auch Jesus eingeweiht war – ein eng mit *Venus* verbundenes Weisheits-*Symbol*, und *Jesus* selbst hat sich in echt esoterischer Symbolik sowohl mit der *Schlange* als auch mit der *Venus* (dem *Morgenstern*) verbunden, wie man im NT und in der *Apokalypse des Johannes* lesen kann (vgl. Anm. 19). Mt.10:16 sieht also keinen *inneren Gegensatz* zwischen Schlangen und Tauben, obschon dies gewöhnlich so verstanden wird, sondern die *gegenseitige Ergänzung von ‹Yin› und ‹Yang›*!

Die *Enge des Pfads* wird nun gut sichtbar: Zwar sucht der Kandidat auf dem Pfad alles zu meiden, wodurch er Schmerz und daher neue Schuld verursachen könnte; doch darf er sich der Gutherzigkeit, Demut und Milde wegen, die sein Wesen prägen, weder leichtfertig schädigen lassen, noch auch von seinem Pfad abweichen: Im ersten Falle würde er mitschuldig an der ‹Tat›; im zweiten Falle würde er als Beute des Widersachers zum Verräter!

Indessen muß die Entscheidung, Gott sei Dank, oft nicht durch den Pilger selbst getroffen werden: Wenn der richtige Zeitpunkt gekommen ist, wenn die Voraussetzungen und Bedingungen erfüllt sind, entsteht oft eine Situation, die den nötigen Schritt aus der natürlichen Dynamik der Dinge heraus wie von selbst geschehen läßt. Ist dies jedoch nicht der Fall, und läßt der Kandidat sich dennoch nicht von dem Einen Weg abhalten, so wird er – wie vorallem die esoterischen Lehren der ‹Naturvölker› es nennen – zum «*Krieger*». Das ist der Kainsmensch, der *in Liebe ohne Furcht* und in voller *Selbstverantwortung* den Einen Weg kompromißlos verfolgt – *weil er nicht anders kann!*

So also sieht die eine Möglichkeit aus, auf Sehnsucht und Reue zu reagieren: Durch mutige Zuwendung zum Licht, wobei der damit verbundene Schmerz *in freiem Willen demütig* angenommen wird: «*Ich bin nicht gekommen, den Frieden zu bringen, sondern das Schwert*», sagt der Meister. – Das ist der «*Kreuzweg*», den die Heilige Sprache in der bekannten *Passionsgeschichte* schildert, und der nicht *nur einem* Jesus vorbehalten *war*, sondern *für alle Menschen* gilt: «*Wer immer Ihn annimmt …*» – nämlich «*allen Menschen guten Willens…*», so verheißt das Evangelium – dem ist die Erlösung verheißen (Abb. 24).

Die andere mögliche Reaktion ist die *Ablehnung des Schmerzes.* Das entspricht dem gewöhnlichen menschlichen Leben, wo Einwirkungen und Anstöße *negiert* und *verdrängt* werden, weil sie bedeuten, daß die gewohnte ‹Zone der Bequemlichkeit› verlassen und ein neues Gleichgewicht gefunden werden müßte, was mit Mühe und Anstrengung – gelegentlich auch mit Schmerz verbunden ist. Dabei spielt es in erster Linie keine Rolle, ob dieser Schmerz durch den sich verändernden Menschen selbst erlebt – oder durch die in diesem Menschen vollzogene Entwicklung einem anderen Wesen – Pflanze, Tier oder Mensch – zugefügt und als Schuld erlebt werden müsse – denn:

Veränderung ist oft mit Schmerz verbunden, *immer* aber ein Fortschritt auf dem Pfad – selbst wenn diese Veränderung zuerst als ‹Umweg› erscheinen sollte. Allerdings fehlt dem *Neophyten* zu dieser Wahl einfach noch das Unterscheidungsvermögen. Auch der sehr begeisterte *junge Pilger* wird oft mit seinem Ichbewußtsein auf dem gefundenen Weg vorwärts streben und dadurch Illusion, Enttäuschung und Schmerz auch hier erleben. Der *bewährte Kandidat* aber geht *unbeirrbar* immer weiter.

Wer nun den Schmerz des Kreuzwegs ablehnt und dem Weg fern bleibt, der *bleibt zurück.* Es ist jedoch die Bestimmung jeder Kreatur im Universum, dereinst – nach unsagbarer Zeit und am Ende des für Alle grundsätzlich gleichen Kreuzwegs – «ins Vaterhaus zurückzukehren» und den Allen bestimmten «Platz zur Rechten des Vaters» einzunehmen. Darum wird mit dem Fortschreiten eines Offenbarungstags die rufende Liebesstrahlung immer kräftiger. Aber auch Enttäuschung und Schmerz für die Zurückgebliebenen werden immer unerträglicher, damit, als letzter Ausweg vor der völligen Vernichtung des Individuums, doch endlich – aus Schmerz – die Wahl zugunsten des Befreiungspfades getroffen werden solle.

Schmerz ist bekanntlich ein besonders typischer Ausdruck des Lebens in dieser Welt. Zwar kann nur ein Ich Schmerz *bewußt* empfinden – doch gerade dadurch wird es auch in Bewegung gesetzt: Was der rufende Liebesstrahl, die göttliche Lichtschwingung, die ganz Liebe ist, nicht durch den Schmerz einer positiven *Sehnsucht* erreichte, das wird endlich doch erreicht durch den Schmerz der *Zerbrechung*: So werden Illusion und Enttäuschung endlich aufgelöst. Wo Einsicht und Reue fehlten oder nicht genügten, da helfen das Hereinbrechen eines großen Schmerzes oder die Auswegslosigkeit der Existenz in dieser Welt: Wenn ein zögernder Mensch Enttäuschung und Schmerz so satt hat, daß ihm jeder Ausweg willkommen ist, so wird er endlich doch reif, dem schmalen Lichtstrahl zu folgen, der durch die kleine Pforte fällt; – jene Pforte, welcher der überbeschäftigte, überindividualisierte Weltmensch auf dem «Breiten Weg» so lange den Rücken zugewendet hat.

Zwar kann hier vorerst nicht von einer positiven Zuwendung zum Licht gesprochen werden; – doch wird aus Zweifel am und Abwendung vom Licht mit einem Mal Zweifel und Abwendung *an und von der Welt*: So entsteht aus dem leidenden Menschen ein *Sucher*. Jedem Sucher aber, der sich dem universellen CRISTOS und seinem kosmischen Licht der Erlösung wirklich öffnet, ist – so sagt das *Compendium* gleich wie das *Evangelium* – die Erlösung fest versprochen:

«*Wer dieser aus Erfahrung, Sehnsucht und freiem Willen geborenen Dynamik in Treue folgt, kann endlich zurückkehren ins Reich von Reinheit, Weisheit und Liebe, als Kind und Bruder Gottes – selbst ein Gott!*»

Was in dieser Situation positiv geschehen *muß* und endlich auch geschehen *wird*, liegt auf der Hand: Jede Entwicklung oder Veränderung in der Welt – seit es ‹Zeit gibt› und bis zum *«Ende aller Tage»*, wenn die *Illusion Zeit* ganz aufgehoben sein wird – geschieht zu keinem anderen Nutzen und Zweck als dem, daß die Menschen, die diese Entwicklung in der Welt erleben, den erwähnten Ruck empfinden, Sehnsucht und Reue erfahren, den *Einen Entschluß* fassen und so ihren *Weg zurück* finden sollen.

Andererseits ist es Eigenart und Essenz des Widersachers, genau diesen Entschluß immer wieder in Frage zu stellen, um dadurch dem Kandidaten den Weg so zu erschweren, daß er ihn – wenn möglich – verläßt. Denn jede Wesenheit, die in die Gemeinschaft mit dem Licht eingeht, ist für das Reich der Finsternis – *Sein Reich* – verloren. Es ist also ganz und gar natürlich, daß der Widersacher – der STÖRER, oder JALDABAOTH – alles ‹tut›, um solche Verluste zu verhindern: Der Mikrokosmos sucht sich erneut in reiner Resonanz einzustimmen auf die göttlich harmonische Schwingung der Sieben Geister vor Gottes Thron; – der STÖRER oder WIDERSACHER aber sucht immer wieder, diese Resonanz durch seine Schwingungsfelder zu übertäuben und – wenn möglich – zum Erliegen zu bringen, und wäre es auch im allerletzten Stadium des Evolutionspfads des Hocheingeweihten! Das wird besonders im *Evangelium der Pistis Sophia* bis in die letzten Kapitel hinein immer wieder deutlich gemacht, und es bestätigt sich auch in der erschaubaren Wirklichkeit!

Diese Situation spricht das *Compendium* an, wenn es sagt: *«Wer dieser aus Erfahrung, Sehnsucht und freiem Willen geborenen Dynamik in Treue folgt, kann endlich zurückkehren ins Reich von Reinheit, Weisheit und Liebe ... »* –

Nichts Anderes bedeutet ja die Rückkehr zur ursprünglichen göttlichen Harmonie, als die Rückkehr in den vollen Akkord des Flammenden Dreiecks von *Freiheit, Brüderlichkeit und Liebe.* – Darum spricht hier der Text die *Treue* des Kandidaten auf dem Pfad an – d.h. seine *unbeirrbare innere Standhaftigkeit.*

Diese *Standhaftigkeit*, die doch der Widersacher immer wieder umzustürzen sucht, erreicht der Kandidat auf der Basis eines *unerschütterlichen Glaubens.* Das ist die erste «Tugend», deren er unabdingbar am Anfang, in der Mitte und am Ende bedarf; – das ist das erste Feuer, das er auf seinem Altar entzünden und sorgsam brennend erhalten muß – wie es die alten Zoroastrier symbolisch taten: Ohne Glauben ist *Nichts* möglich – *dank* dem Glauben ist *Alles* möglich.

«*Soviel Glaube wie ein Senfkorn ...*» – Damit weist der Meister nicht nur auf eine Minimalanforderung hin, sondern auch auf den *feurigen Charakter* des Glaubens: Wann und wo immer der Kandidat auf seinem Weg strauchelt oder sich verirrt glaubt: Geht er zurück auf seinen ersten Glauben, so faßt er wieder Tritt, weiß wieder, wo er steht und kann erneut mutig vorwärts gehen. Auf diese Weise schreitet der Pilger auf dem Pfad unaufhaltsam weiter – *«von Kraft zu Kraft ...»*.

In ebendiesen Worten gibt die Heilige Sprache (2 Petr.1:5-8) ihre klare Anweisung für diesen leuchtenden Weg:

«*So wendet allen Fleiß daran und reichet dar durch den Glauben die Tugend, in der Tugend aber die Erkenntnis* (wörtlich: *Gnosis*), *in der Erkenntnis die Standhaftigkeit, in der Standhaftigkeit die Geduld, in der Geduld die Gottseligkeit, in der Gottseligkeit die Bruderliebe, in der Bruderliebe {endlich!} Die Liebe. Wo nämlich diese [beiden Letzteren] in euch vorherrschen und im*

Überfluß vorhanden sind, werdet ihr weder untätig noch fruchtlos dastehen in der Nachfolge unseres Herrn Jesu Christi!» –

Anders ausgedrückt: Wer auf der Basis festen Glaubens und inneren Erkennens (wörtlich: *Gnosis*) den Weg geht, erhält die *Kraft* (das ist die «Tugend» oder Fähigkeit) und die *innere göttliche Fülle*, fortzuschreiten bis zur wahren Harmonie mit Gott, der DIE LIEBE ist. Damit ist der Pilger – ist die Pilgerin – heimgekehrt und sitzt «HEUTE» als Kind Gottes wieder zur Rechten des Vaters (Lk 23:43), *«wie es im Anfang war»*!

Wieder hat dann wirklich *Angra Mainyu – das Ich, das «ganz Tod ist»*, selber das Ende dessen verursacht, was sein absichtsvoller Wille erstrebte. Der von Ihm gesäte Zweifel hat sich endlich gegen Ihn selber gerichtet. – Wenn wir sagen: *«Sein absichtsvoller Wille»*, so gilt das aber nur für Sein, des Widersachers erstes Bewußtsein. Sein *endlicher Zweck* in einem vollkommenen Plan des ‹Guten Gottes› aber, der *ganz Liebe ist*, wird sichtbar in der Entfaltung des Lichts im Universum – in der *Auflösung* des «Kampfs des Lichts gegen die Finsternis»:

Die hyperboräische *Doppelspirale* ֍, worin *Umwendung und Evolution* eingezogen waren in die Spirale der *Involution*, öffnet sich zum lemurischen *Sonnen-S*: Nun liegt der Wendepunkt frei – abwägendem Zweifeln öffnet sich der Weg! – Da beginnt das *Knospen* der dreifachen Unterscheidung gemäß dem keltischen *Triskell* ࿋. – Zum Beginn der ‹arischen› Bewußtseins-Epoche des Kandidaten entfalten sich die vier Äste der *Swastika* 卐 und werden dann zum offen ausgebreiteten Kreuz des Christos. Jetzt öffnet sich die Sternenblüte des *Pentagramms* ⛤ – das ist der Übergang vom passiven Mitschwingen des Seelenmenschen zum aktiven Ausstrahlen der Liebesbotschaft als *Graal*. – In Ansätzen leuchtet schon der Stern des *Geistsiegels Salomonis* ✡, der in der arischen Epoche bereits durch wenige Pioniere erreicht wurde: Daraus wird das Zeichen fürs Adeptat des physischen *Steins der Weisen* der Alchemisten, ✡ in seiner *verborgenen Siebenzahl*. – Und ebenso erstrahlt auf dem gnostischen Weg das Zeichen der nur von ganz Wenigen zu Lebzeiten erreichten *absoluten Einswerdung* mit Gott: ⊛ – das Zeichen der vollendeten *Transfiguration!*

Das ✡ ist der Bewußtseinszustand, der den «Säulen im Tempel» der künftigen ‹neukeltischen› Rasse der *Neo-Galater* geschenkt ist. Hier sind alle Gegensätze aufgehoben – zusammengefallen zu dem Einen, das ganz Licht, Harmonie und Liebe ist. Das ist die Zahl 6, die fürs erhobene *Venus-Bewußtsein* – ♀ oder ⚹ – steht. Von hier kann der entscheidende, letzte Schritt der «Apotheose» –

der Aufstieg ins makrokosmische *Feuerdreieck* △ geschehen, wo die ‹Universelle Bruderschaft› der Erlösten wohnt[60]: – Das ist dann die Wiedervereinigung nach Pfingsten mit der Einheit der ‹Sieben Geister ...› und mit Gottes Thron selber. – Der so Zurückgekehrte kann zu Recht «*Kind und Bruder Gottes – selbst ein Gott*» genannt werden!

– Warum «*selbst ein Gott*»? –

Das erklärt die Scholie zur letzten, der zwölften These des *Compendiums*.

Der *zwölfte Punkt* des *Compendiums* steht zwar für unsere Welt auf *unserer*, für andere Welten aber auf *deren kosmischer* – und darum *für alle gemeinsam* auf der *makrokosmischen* Ebene; – doch ist er grundsätzlich ausgerichtet auf die *überkosmische Ebene* und den *Urquell* ● (den *Energie-Nullpunkt*), aus dem «*im Anfang*» Alles hervor kommt, und in den «*am Ende der Tage*» Alles zurückkehrt: Ausgangspunkt und Endpunkt eines ‹Tages von Brahma› (ein ‹*Manvantara*›, ca. 300 Mio. Jahre). –

Dieser Urquell auch der *Ur-Ursachen* ist der *Ur-grund*, oder, wie Jacob Bœhme es nannte, der *Un-grund*, wofür es überhaupt kein Symbol geben kann. – So kehrt – oder biegt sich zyklisch – das *Compendium* in seiner zwölften These wieder auf die erste zurück: Wenn *Alles in Allem* über die Zehnheit wieder zur ursprünglichen Einheit zurückgekehrt ist, ist zugleich der Ausgangspunkt für einen neuen ‹Tag Brahma's› erreicht – und so beginnt mit dem Abschluß des früheren zugleich ein neuer Zyklus – bis zu einem letzten ... ? ... ? ... ?

12) «So wurde zwar wahr der Fluch, durch JHVH ausgesprochen im Paradies: «Wer von diesem Baum ißt, wird sterben!» – Doch auch die Verheißung der SCHLANGE: «Ihr werdet sein wie Gott!» ist – durch die Gnade des VATERS selbst – wahr geworden. Zwar fiel die Schöpfung in den Tod; doch fing sich der STÖRER in seinen eigenen Schlingen. Denn das Licht stieg herab bis in die tiefste Finsternis; und durch Kraft, Weisheit und Liebe von oben – und durch Schmerz, Sehnsucht und Reue von unten – wurden der Weg frei gelegt und die Tür geöffnet zur Erhebung ins Licht – zur Rückkehr Aller in die leuchtende Einheit mit dem lichten, reinen geistigen Liebesreich des Vaters ⊗: AUS GNADE, ABER DURCH EIGENES BEMÜHEN – und zu größerer Kraft und Herrlichkeit als je zuvor!»

Der «*Fluch*» ist eigentlich ein *Geis* nach echt altkeltischer Tradition[61]: Als der ‹Fürst der Finsternis› sich zum Herrn seiner Welt machte, indem er den Samen zur Illusion von Trennung, Verneinung und Perversion sowie zum Gegensatz von ‹Gut› und ‹Böse› aussäte, machte er sich zugleich zum Ursprung seines eigenen Untergangs. Denn wiewohl die gesamte von ihm berührte Schöpfung von diesem Augenblick an den Weg von Involution, Kristallisation, Zweifel und Tod erfahren mußte, so blieb doch zugleich in jedem einzelnen Geschöpf erhalten der unsterbliche Erinnerungs-Kern. Solange dieser Kern im Todesschlaf gefangen blieb, blieb auch das Geschöpf gefangen im Machtbereich des STÖRERS, *«der ganz Tod ist»*. – Doch sobald der Erinnerungskern erwacht war, trafen Zweifel und Verneinung des Menschen das Reich der Finsternis ebenso wie zuvor das Lichtreich: Damit entstand als neues Dilemma der Drang zur bewußten Unterscheidung – nun jedoch nicht mehr beschränkt auf die *Duplizität* der Welt der Dichotomie **Y**, sondern erweitert auf die *Gespaltenheit* zwischen den zwei Naturen: der vollkommen göttlichen Natur und der mehr und mehr degenerierenden ‹höllischen› Natur.

Welch unbegreifliches Wunder ist es doch zu nennen, daß bereits die kleinste Resonanz des Erinnerungskerns mit den Schwingungen aus dem göttlichen Reich zum *Wendepunkt* werden kann – zum Beginn der *Evolution*, der *«Wiedergeburt aus Wasser und Geist»*: Die unsterbliche Kernschwingung im Herzen wurde, *dank dem Zweifel*, der die Einsicht in die wahren Zusammenhänge weckte, angeregt zur Überwindung der doppelten Illusion von Trennung und Tod.

Dies geschah dank der durchs «Essen vom Baum der Erkenntnis» erlangten *Fähigkeit der Unterscheidung*, und zwar durch alle Blendlichter des Widersachers hindurch: Aus der Einsicht in die *Illusion der Trennung* und dank der Erkenntnis der wahren, ewig unverbrüchlichen Verbundenheit aller Geschöpfe mit ihrem Schöpfer wurde der *Weg zurück* Wirklichkeit!

Zwar *herrscht* der Widersacher über alle Bewohner des Zornreichs unumschränkt; – doch herrscht er nur so lange, bis Jene, durch den Brand von Sehnsucht und Reue entzündet, sich für den Weg zurück ins ursprüngliche göttliche Lichtreich entscheiden und *ihn auch wirklich gehen*: – Dies ist der *«Tatbeweis»* des Menschen als höchst entwickelter Wesenheit, den er erbringen *muß*, will er dem Reich des Todes, der Unwissenheit und Finsternis entsteigen. *Aus Gnade* wird jeder Mensch «gerufen»: Die vollkommene Schwingungs-Harmonie der Sieben Geister vor Gottes Thron strahlt voll Liebe ins Herz des Makrokosmos. Von dort strahlt sie durchs Herz des Kosmos hindurch und über die kosmische Zentralsonne bis in den Mittelpunkt jedes mikrokosmischen Herzens hinein:

Aus Gnade wurde der Mensch «entflammt». Aus eigener Entscheidung – durch *Unterscheidung im Glauben* – wendet er sich dem erlösenden Pfade zu. Aus *eigener Bemühung* um Erkenntnis, und standhaft in der *Hoffnung* geht er den Pfad. – Und dank der Liebe des CHRISTOS in ihm, d.h. dank dem Wachsen seiner *eigenen Liebesfähigkeit*, wird er «auserwählt» – erlöst!

Man kann das auch noch so ausdrücken: Will der in der Stoffwelt seufzende Mensch ♁ *«seine Erlösung erwirken in Furcht und Zittern»*, wie die Heilige Sprache sagt (Phil.2:12), so gibt er sich dem Weg der Nachfolge Christi hin. Dieser Weg ist der *Kreuzweg.* – Will der in Trennung und Schmerz, in der *Dichotomie* dieser Welt der Gegensätze – **Y** – gefangene Mensch den Weg zurück zum Vater wirklich finden, so *wird* das Christus-Licht sich ihm zuwenden, und er kann sich mit ihm vereinen – und zwar, indem er *in serener Demut* vorbehaltlos *durch den Stoff hindurch* geht: Das ist der Weg der Alchemisten *durch den Tiegel* (span. *cruzol*: *Tiegel* und zugleich *Kreuzlein*).

«Ohne die stinkende schwarze Erde kann keine duftende Blüte sich offenbaren», sagte Jacob Bœhme, so wie alle Alchemisten.[62] Indem der Kandidat als Repräsentant der durch den Fall geteilten Schöpfung **Y** sich ans *Kreuz der Materie* + heftet, heftet er sich – falls er dies bewußt und in vollkommener Hingabe tut – zugleich ans Kreuz des *Christus*: Es entsteht das Zeichen der *Venus-Columba* – ⚹. Das ist es, was die Katharer das *Endurá* nannten. Das Symbol + steht jetzt sowohl für die Vier Elemente, als auch fürs Christusfeuer und für den Kreuzweg durch den Stoff.

Wird der Kandidat sich dessen bewußt, und stellt er sich ganz ins Christusfeuer, so wird er dadurch vollkommen *verzehrt* – oder aber er *geht in ihm auf.* – Dieser *Aufgang* wird symbolisiert durch die Rune *Ýlhaz* – ᛉ, die *Erhebung* und *Transfiguration* bedeutet. So entspricht *Ýlhaz* sehr sinnvoll der Figur der gespaltenen Welt **Y**, in welche die *Kraft des Entsteigens* – der *Fünfte Äther* – ⯋ – sich einsenkt. – Indem der ‹zweigeteilte Mensch› **Y** den Feueräther empfängt und mit ihm (ihn zugleich ausstrahlend) verbunden bleibt, verkörpert er die Rune *Ýlhaz*, ᛉ, die nun auch aussagt: *«Aus Gnade entsteigt der Mensch dem Stoff!»*

Indem der so im Christusfeuer stehende Mensch sich derart bewußt ans Kreuz **+** heftet, bildet er also das Siegel der *Venus*: ✳, das dem Venus-Symbol ♀ – und alchemistisch dem *Adler der Sublimationen* – entspricht: Im Zeichen des Kreuzes wird der Geistseelen-Mensch den Stoff überwinden! – Auch in dieser Symbolik gilt: Indem in ihm selber der *Geist* – O – die Oberhand über die stoffliche Welt der *Vier Elemente* + erhält, macht der Kandidat ♀ *«aus Zwei* (**Y**) *Drei* (ᛉ)*», aus Drei* (△) *und Vier* (□) aber *Sieben* ⌂ – und daraus wiederum die EINS ⊛.[62-A]

Die Einheit der *Sieben Geister vor Gottes Thron*; – die *makrokosmische* Harmonie der Sieben Schwingungen; – die Einheit der sieben *makrokosmischen Elohim* ⊛ ist nun *mikrokosmisch* im Menschen selbst wieder hergestellt: Der Kandidat ist somit als ein Vollkommener «auserwählt» – geheiligt und erlöst; die Transfiguration ist durch ihn selbst, in ihm selbst und für seine Welt zur strahlenden Wirklichkeit geworden!

Das ist kein Widerspruch, wenn man die frohe Botschaft – *Euangelion* – begreift, daß seit dem Erscheinen des CHRISTOS in dieser Welt – also bereits *«im Anfang»*! – das Christusfeuer tatsächlich im innersten *Brennpunkt* jedes Geschöpfs gegenwärtig ist, so wie man es im *Thomas-Evangelium* lesen kann:

«Ich bin das All. Das All kam aus mir hervor; und das All trat in mich ein. Spalte ein Stück Holz, und ich bin da; – heb einen Stein auf, und du wirst mich darin finden ... ».

– Also auch in jedem Menschen!

So entsprießt dem Zustand der irdischen› Gespaltenheit **Y** dank dem ‹Feueräther›, dank der Einsenkung des Geistes, ein *«neues Reis»* (Jes.53:2). Aus dem **Y** wird das ᛉ, dann das ✳ – das Zeichen von *Venus*, das Zeichen des *Morgensterns* (2.Petr. 1:19; und Of.22:16) und die NEUN. – Freudevoll entsteigt endlich der neugeborene göttliche *Menschensohn* als **(IX)** dem Stoff: ein junger Gott!

Im Laboratorium der alten Alchemisten ist der aus Gnade erlangte *Stein der Weisen* – so bestätigt die *Fraternitas RC* – *«das Vornehmste und Höheste – eine sehr hohe Tinctur, womit die ganze Welt (wofern es möglich und Gott gefällig – und sie {die Welt} dessen auch würdig wäre) könnte tingirt und in das höchste Gold verwandelt werden»*.[63] – Ebenso wäre ein einziger im irdischen Leben transfigurierter Mensch ‹fähig›, den durch ihn zur Manifestation gebrachten Christus-Impuls auf Viele zu übertragen und in der ganzen Welt spürbar zu machen. – *Das* ist die konkrete Wirklichkeit des Mysteriums von Golgotha. – *Das* ist das leuchtende und zugleich zutiefst ergreifende Ideal, das jeder ‹Pilger›, jeder ‹Schüler›, jeder ‹Eingeweihte› auf dem transfiguristischen Pfad festhalten – dem er *von ganzem Herzen, von ganzer Seele und mit seinem ganzen Dasein* nachfolgen soll. – *«Sollte»* sagen wir, denn dazu braucht es übermenschliche Hingabe, übermenschliche Bemühung und vom Anfang bis zum ‹Guten Ende› die unbegreifliche Gnade Gottes – *« … wofern (der Kandidat) deren auch würdig wäre … »*

Somit ist zwar «*einerseits wahr geworden der Fluch* (eigentlich: der *‹Geis›*)*, von Jaldabaoth im Paradies ausgesprochen: «… so wirst du sterben»!* – Indem die Drohung wahr gemacht wurde: *«… so wirst du sterben!»*, wurde aber – andererseits – auch bereits in Gang gesetzt die zur Dynamik der Trennung gehörende Gegendynamik der Erlösung und der Wiedervereinigung mit dem EINEN! – Der ‹gefallene› Mensch mußte kennen und überwinden lernen Illusion, Enttäuschung, Krankheit und Tod: Das ist der Preis der *Unterscheidung zwischen ‹Gut› und ‹Böse›*. – Das ist der Preis für das Bewußtsein des *«Ich bin Der ich bin»*, dessen der Mensch jedoch bedarf, um seine Bedeutung innerhalb des Universums zu erkennen, den WEG frei zu wählen und *in Treue* täglich zu gehen: diesen Weg, der ihn zu Gott führt und selbst zum Gott macht.

Dies eben ist ein weiterer Aspekt der *Doppelspirale* ◎: Das Gesetz von Ursache und Wirkung, das aus der Trennung den Fall, aus dem Fall die Erfahrung von Finsternis, Leiden und Tod folgen ließ, enthält zugleich die Möglichkeit zum Erlangen der Unsterblichkeit aller Menschen, die – aufgrund von Erfahrung, Einsicht und Umkehr – in frei gewählter, konsequenter *Hingabe* den Weg zurück ins ‹Paradies› antreten und ihm unbeirrbar *in Liebe treu bleiben*!

Wohl waren Fall, Verlorenheit und Tod in der Ersten und zweiten Trennung (Spaltung der Elohim und der Geschlechter, Trennung der Vier Elemente im ‹Chaos› ⊕) bereits unausweichlich enthalten. Es ist also unrichtig, wenn als erste Ursache des ‹Falls› der Schöpfung der Eigenwille des Menschen genannt wird, den dieser noch gar nicht besaß: Ohne ein Ich ist auch kein Eigenwille möglich. Jedoch *der heutige Mensch* – kaum zur Ichbewußtheit gelangt – dient wirklich dem Widersacher und einem fortgesetzten ‹Fall›, sofern er seinen Eigenwillen nicht auf das lebensnotwendige Minimum reduziert (Abb.25). Den ‹Fluch› oder ‹Geis› des Eigenwillens, der schon dem Adam in Form eines *potentiellen,* erst zu entwickelnden, aber *unverzichtbaren* Ich's auf seinen Leidensweg mitgegeben wurde, muß und darf man zweifellos weiter und sinnvoller auffassen, als dies die jüdisch-christlich-muslimische Auffassung vom *Alten Gesetz* will[64]: – Er ist nur gültig, *«… bis du – [wissend und wollend] – wieder dahin zurückkehrst, woher du gekommen bist»* (Gen. 3:19).

Damit bleibt – unabhängig von einander ergänzenden Deutungen zu Stellung und Bestimmung von ‹Ahuras›, ‹JHVH›, ‹Allah›, ‹Anunnaki› oder ‹Nephilim› und wie sie noch heißen mögen – auch der Mythos unbeachtet, wonach Gott oder die Götter den Menschen geformt hätten *als Diener für sie selber* – so wie dies in der babylonischen Mythologie und im *Popol Vuh* steht, und wie es nebst anderen Überlieferungen in Ost und West auch im Falle des *Golem* bekannt ist. Nicht mehr auf den Tod sollen wir sehen in der neuen Zeit: In der Zeit der Uranus-Æra des ‹Wassermanns› sollen *Einsicht, Sehnsucht und Umkehr* das Universum *neu prägen.* Der heutige Aufruf lautet: JETZT IST DIE ZEIT! – HORA EST! – Wer es verstehen kann, verstehe es: Das Opfer der Wenigen, die DEN WEG auf sich nehmen, um ihn auch für Andere frei zu machen, soll und kann – ungeachtet aller gegenteiligen, *unmenschlichen* Anstrengungen in der Welt – im Licht des dargelebten Christus-Impulses *Alles neu beseelen*!

Auf Licht und Leben sollen wir blicken: *Diese* Zukunft sollen wir *er-schauen*! – *Diese* neue Weltordnung sollen wir *wollen*! – *Von ihr* sollen wir JETZT *tätig zeugen*!

‹Dann› … – in ferner, ferner ‹Zukunft›; – *‹dann›*, nach Zeiten und Zeiten kosmischer, makrokosmischer und über-kosmischer Dimensionen, die *«kein menschliches Auge sehen, kein menschliches Herz fassen kann»*; – *‹dann›* also werden wir *«im Paradiese sein»?* – Nein: HEUTE! – Denn *‹dann›* gibt es keine Zeit; – *‹dort›* gibt es keinen Raum; – *‹so›* gibt es keinerlei Eigenschaften mehr, weil Alles wieder in Allem sein wird; – weil Schauende, Schau und Geschautes wieder ganz Eins sein werden, *«wie es im Anfang war»* – und wie es tatsächlich für ein zeitloses Bewußtsein *im Heute* bereits IST (Lk 23:43): – *Das* ist es, was Jesus am Kreuz dem ‹Verbrecher› versprach, der – Ausdruck festen Glaubens – Ihn um gnädiges Gedenken «in Seinem Reich» bat!

Weil dies so ist; – weil diese ewig vollkommene göttliche Verbundenheit IMMER UND EWIG – HEUTE – JETZT – *existiert*, kann jeder Mensch bereits HEUTE – JETZT *«im Paradiese sein»*; – denn bereits aus diesem tief wissenden Glauben heraus ist *«jeder Mensch guten Willens»* JETZT zu dieser Seligkeit erhoben! Der

Weg zurück ist darum keine süße Zukunftsmusik, sondern Gegenwart; – er ist auch keine furchtbar weite Reise; denn «das Reich Gottes ist in uns, näher als Hände und Füße»! –

Der *Weg zurück* liegt auch weder in der Anstrengung höchster Willenskraft, noch im Wandern mit wunden Füßen auf wirren Wegen, über Gebirge und durch Täler; – auch nicht in blutigen Opfern voller Schmerz und Entsagung: Der *Weg zurück* besteht allein darin, daß der Mensch aus seinem Todesschlaf der Unbewußtheit erwacht, sich erhebt und «Schleier um Schleier ablösend» dem so tief zu uns herunter gestiegenen göttlichen Geist – *der aufgehenden Sonne – «mit geöffnetem Herzen, entblößtem Haupt, barfuß fröhlich und jubelnd – entgegen»* geht![64-A] Das heißt in Wirklichkeit: sich selbst als Gott zu begegnen, *dank täglicher eigener Bemühung* – und *Dank der Gnade*!

Nicht das Ich des Menschen muß diesen unmeßbaren Weg gehen, muß diese gigantische Arbeit leisten, diese turmhohen Hindernisse überwinden: das wäre ganz unmöglich! – Unbegreifliche *Gnade* ist es, die all dies tut an Jenen, die sich in *Hingabe und Selbst-Vergessenheit* für dieses innerliche Geschehen öffnen mit dem bekannten demütigen Ausspruch Mariens (d.h. der Neuen Seele): *«Mir geschehe nach deinem Wort!»* (Lk.1:38).

Aus Trennung und Schmerz entstanden, erschuf sich einst der STÖRER, Jaldabaoth, der Fürst der Finsternis, ein Reich, worin er eben so mächtig wie der EINE VATER zu werden gedachte. Das war jedoch von Anfang an ein Schein-Reich, das, auf dem Sand doppelter Illusion erbaut, unter den Wellen des Stroms lebendigen Wassers wieder zu Nichts werden und verschwinden muß. – Auch ‹Luzifer› selbst, dem erlaubt, ja, aufgetragen ist, alle ihm möglichen Mittel einzusetzen, um die Menschen zu verführen – *«sieben Tage lang»* – wird doch am Ende dieser sieben Tage sich dem Licht anschließen. *Aus freiem Willen* wird auch Er wieder eintauchen in den Einen Strom lebendigen Wassers: Dieser Strom wird gespeist aus der wahren, klaren Erkenntnis der ewigen Einheit Aller mit einander und mit ihrem VATER-MUTTER, sowie aus der Verwirklichung der Gemeinschaft mit Dem Geist, und in der Liebe von IHM und zu IHM, der ewig DIE LIEBE IST.

Wer diese Tatsachen gut versteht, wird Bedeutung und Situation des ‹Bösen› klar erkennen – unter welchem Namen auch immer es erscheine: *«Der ganz Tod ist»* – der STÖRER, der WIDERSACHER des Lichtreichs, der FÜRST dieser Welt von Unkenntnis und Finsternis ; – er, der in völliger Übereinstimmung mit den ihn kennzeichnenden blendenden Täuschungen und Perversionen «*Luzifer*» genannt wird; – er ist selbst gebunden an das Reich, das er selber erbaut, unterhalten und mit allen ihm verfügbaren Mitteln genährt hat: Sein Spiel ist *seit Anbeginn* verloren!

Denn das Gefängnis, worin er die Geschöpfe hielt in der Absicht, Macht zu gewinnen über die ganze Schöpfung und gar über den Einen Gott, es ist ihm selbst zum Gefängnis geworden: Wie jeder Schöpfer gebunden bleibt an seine Schöpfung, so bleibt der äußere Widersacher an sein Reich der Finsternis gebunden: Solange dieses sein Reich besteht; – solange die darin umher irrenden Geschöpfe ihren Weg zum Licht nicht finden: solange muß auch der Fürst dieses Reichs dort bleiben – ‹getrennt› vom EINEN – und in Machtlosigkeit inmitten seiner großen Macht!

Das ist die Tragik des Widersachers: Nie kann das ‹Böse› als solches vollkommen werden. Denn das Schattenreich ist Teil dieses ‹doppelten› Universums **Y** ‹außerhalb› des Licht-Reichs ○ – obschon aufgehoben (auch es!) in der liebenden Hand Gottes. Und so gilt auch fürs ‹Böse›: Stets muß es den Samen für Gutes in sich tragen, so wie alles ‹Gute› den Samen für ‹Böses› stets in sich trägt. Gleich wie alles was, dem Gottesreich entfremdet, ‹außerhalb von ihm› steht, muß und wird auch der Störer dereinst in Es zurückkehren. Und so wird das gesamte Spiel des Widersachers – wie raffiniert es auch sei, und wie lange es auch dauern möge – sich endlich ‹zurück biegen› in seinen Ursprung: INS LICHT!

Alle Trennung und aller Schmerz sind dann aufgehoben; – alle Geschöpfe und Wesenheiten sind dann wieder vereint mit dem Licht – oder ganz aufgelöst. Und so bleibt der Gefängniswärter sein eigener letzter Gefangener, bleibt er vorerst in der Macht seiner Gefangenen, die endlich durch ihre eigene Erlösung *auch Ihn erlösen werden.* – *Nur Menschen* – nur bewußte, ganz aufs Lichtreich der Liebe ausgerichtete stoffliche Menschen können so die endgültige Befreiung und Erlösung des Universums bewirken. Das *«Ende aller Tage»* kann nur erscheinen, wenn alle Geschöpfe auf dem einen oder dem anderen Weg an ihren Ursprung zurück gekehrt sind, und wenn daher auch der Widersacher wieder *in der Einheit Gottes geborgen* ruht.

Darum eben ist es dem Widersacher *«erlaubt»*, ja sozusagen *aufgetragen*, die Menschen zu verführen und dadurch auf die Probe zu stellen: Weil nur diejenigen Menschen das hohe Ziel erreichen können, die – in unerschütterlichem Glauben, in ungetrübter Hoffnung und wachsend in wachsender Liebe – standhaft ausgerichtet bleiben auf das Eine Licht, den Einen Weg und die Eine Wahrheit: *Erhoben* aus der *Gnade des Ewigen* – aber dank täglicher *eigener Bemühung.* – Oder, im Sinne der Wassermann-Genesis ausgedrückt:

Damit die «Krone auf dem Haupte Gottes» ihr Kronjuwel wieder erhalten konnte, mußte der gefallene Mensch Gott, Welt und sich selbst erkennen. Er lernte – erweckt durchs Erinnerungsfeuer – fühlen, erkennen und begreifen die Sehnsucht, die Reue über seine Trennung und zugleich die unverbrüchliche Verbundenheit mit Gott. In Glauben und Hoffnung konnte er dann den festen Entschluß fassen, dem Weg treu zu bleiben. Er lernte, indem er diesen Weg ging, alles hinter sich zu lassen, was ihn behindern konnte; und er lernte auch festhalten dasjenige, was ihm auf diesem Weg nötig und hilfreich war.

So wurde aus Unkenntnis Erkenntnis, aus Getrenntheit Ganzheit, aus Schmerz Heil, und aus Kummer und Sorgen wurde reine Freude. Das mißtönende Durcheinander der tausenderlei Schwingungen der Persönlichkeitsmenschen und Æonen – das sind die *«zehntausend Dinge»* des Daoismus – floß zurück in die Harmonie der Sieben reinen Töne – der Sieben Geister vor Gottes Thron – *«wie es im Anfang war».*

Nun sagt der Text des *Compendiums* überdies, daß, wer diesen Weg so gegangen sein wird, sowohl Kind und Bruder Gottes genannt werden kann, als auch «*selbst ein Gott*». Dies nämlich unterscheidet den so ins Vaterhaus zurückgekehrten Menschen vom ursprünglichen göttlichen Menschen im Paradies; und es ist wichtig, es gut zu verstehen:

Der ursprüngliche göttliche Mensch war zwar ganz Eins mit Gott und glänzte in vollkommener Reinheit als *«Krone auf dem Haupte des Schöpfers».* – Doch fehlte dieser Krone, um es so auszudrücken, das gott-menschliche Kron-Juwel: das Juwel, das *Kenntnis, freien Willen und Liebe* in sich vereint. Leicht fällt es ja, einer Versuchung nicht zu erliegen, die man überhaupt nicht kennt; – leicht ist es, auf etwas zu verzichten, was man nie besaß; – leicht ist es, etwas loszulassen, womit man nie verbunden war.

Der ursprüngliche paradiesische Mensch war zwar vollkommen und ohne Fehl; doch auch ohne Bewußtsein seiner Einheit mit Gott, noch seiner selbst. Um dieses Bewußtsein zu erlangen, *mußte* er in die Stoffwelt hinunter steigen und – in der freiwilligen, selbstvergessenen Überwindung – wieder empor steigen. Die *Trennung* der ursprünglichen Lichtwelt ⊗ in Geist O und Stoff + mußte er aufheben; – die Vorherrschaft des Stoffs + über den Geist O, manifestiert im Zeichen dieser Welt ♁, mußte er zugunsten der *Liebe* ♀ *umkehren – umwenden*:

Zu diesem Zweck mußte im Menschen eine neue Intelligenz

entstehen: die reine Mercur-Kraft ☿, welche die zweite Kraft im zweigeteilten Erdzeitalter darstellt (wenn auch in der Überlieferung magisch mit Venus ♀ vertauscht): Das ist die intelligente Überwindung der un-orientierten Mars-Triebe ♂. – Dann mußte auch diese grün-goldene Mercur-Kraft überwunden werden durch die Gewinnung des neuen Seelenbewußtseins – des sogenannten Jupiter-Bewußtseins ♃, worin die *Seele* ☽ dem Stoff + entsteigt. Darauf wurde – im Zeichen der Venus ♀ – auch der *Geist* ○ wieder über den Stoff + erhoben durch *Die Liebe.* So wurde wirklich ♁ umgekehrt – *umgewendet* zu ♀. Das ist nun nicht die *gewöhnliche* Venus, sondern die *achtfache Sonnenkraft* ✳ – die höchste solare Schwingung im Makrokosmos ⊕ – auch SOTHIS genannt.

Die Krönung jedoch besteht in der dritten, höchsten Stufe der Mercur-Kraft: Das ist der *purpurne Mercur,* physisch der *Stein der Weisen* ✡. – Mikrokosmisch entspricht dies der Wiedervereinigung der kosmisch JHVH genannten Mondkraft ☽ mit der VENUS genannten *sechsfachen Sonnenkraft* ⊛: Jetzt war der Mensch ein *Christus* geworden: ☽ und ✳ waren wieder *vereint* im ⊛; – die *kosmischen Drei* △ *und Vier* □ waren wieder *Eins* im ◬. –

Jetzt endlich war der Mensch aufgestiegen zur *Neunten Sphäre*[65] und dadurch fähig geworden, in vollem Bewußtsein *den Namen Gottes auszusprechen*! Dies eben unterscheidet die zurückgekehrten *«Kinder der Sonne»* von Jenen, die stets im Heiligtum verblieben. Und so lesen wir in Lk.15:7:

«Ich sage euch: Darum wird mehr Freude im Himmel sein über einen Sünder, der Buße tut, als über neunundneunzig Gerechte, die der Buße nicht bedürfen». –

Dieselbe Aussage liegt dem bekannten Gleichnis vom *Verlorenen Sohn* zugrunde. Und auch die *Lobgesänge der Pistis Sophia* sind eine Verherrlichung dieses in seiner Erhabenheit letztlich unbegreifbaren WEGS[66] (Abb26).

Nach so langen *Vorbereitungen*, die DER WEG genannt werden, konnte der *Neue göttliche Mensch* – und in seiner Nachfolge *jedes Geschöpf* – aufsteigen und wieder Eins werden mit dem Einen: als Dreiheit ᛘ mit der kosmischen Dreiheit ⚲, ebenso mit dem makrokosmischen ◬ – und schließlich verschmelzen mit dem überkosmischen 👁 – dem Eins-und-Alles-und-Nichts: Das ist die Mitte des Wirbels – der PUNKT: Quelle, Auge und Nabel der Doppelspirale 🌀, die vor und nach und hinter aller Schöpfung steht (Abb.28). So wurde der Mensch endlich *«selbst ein Gott»* – so wie es *«im Anfang»* die Absicht des Vaters war: aussendend

SICH SELBST als erste neue Schöpfung – als ERSTE ZAHL! Darum kann man wahrlich sagen, daß alle Jene, die zurückzukehren vermochten *«ins reine Licht – in die strahlende Einheit mit dem Liebesreich des VATERS»*, wie die *Wassermann-Genesis* sagt – erhoben wurden: *«zu größerer Kraft und Herrlichkeit als je zuvor»*.

So war denn der so oft genannte *‹Weg zurück zum Vater›* – Ends aller Enden – nichts anderes als der Weg zurück zu sich selbst – die Rückkehr zur reinen PROPORTION, zum GUTEN, d.h. ewig göttlichen MASS, zur EINEN ZAHL deren einziges Wesen es ist, auszustrahlen und sich zu verschenken IN LIEBE.

Das war die Rückkehr des ganzen Universums in die vollkommene göttlich-ewige Ruhe: in DĀO. – Das ist der ‹ewige Augenblick des «Ruhens Gottes» zwischen dem *Zurücknehmen* oder *Einatmen* eines Universums mit seinen Welten und dem *Ausstrahlen* oder *Ausatmen* eines neuen ‹Schöpfungstags›. – Das ist die *Große Stille*, woraus eine neue EINS, eine neue NULL und neue ZAHLEN einst neu erstehen werden. So wird ein neuer Schöpfungskreislauf möglich; – dann jedoch auf einem höheren Spiralen-Umgang von ZAHL, RHYTHMUS und BEWUSSTSEIN: immer einen Schritt näher dem Urquell alles Göttlichen selber; – bis dieses Ein- und Ausatmen sich selbst vollkommen aufheben wird.

Unbegreiflich, ganz unvorstellbar ist die Vollkommenheit der absoluten STILLE, die dann herrschen wird!

Im Übrigen sollst du meditieren, was Gott sei; – was eine Welt; – was ein unsterbliches Lebewesen; – und was ein auflösbares Lebewesen. Du mußt auch wissen, daß die Welt zugleich von Gott und in Gott ist, der Mensch aber von der Welt und in der Welt. Der Urgrund aber – sowie das Umfassen und Bewahren von Allem – ist Gott.

Aus: Corpus Hermeticum (a.a.O.):
Hermes für Tatios, über Veränderung, Wandlung und Tod.

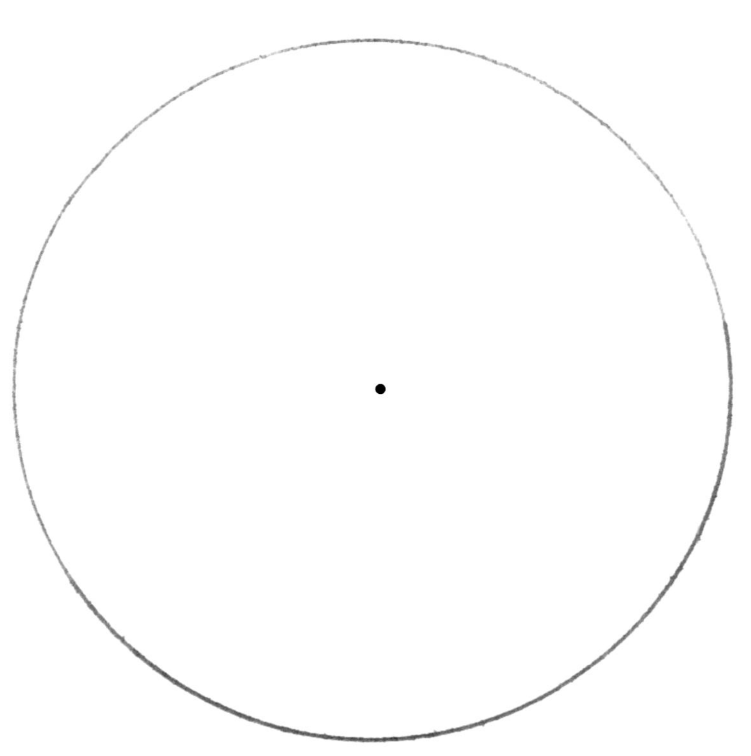

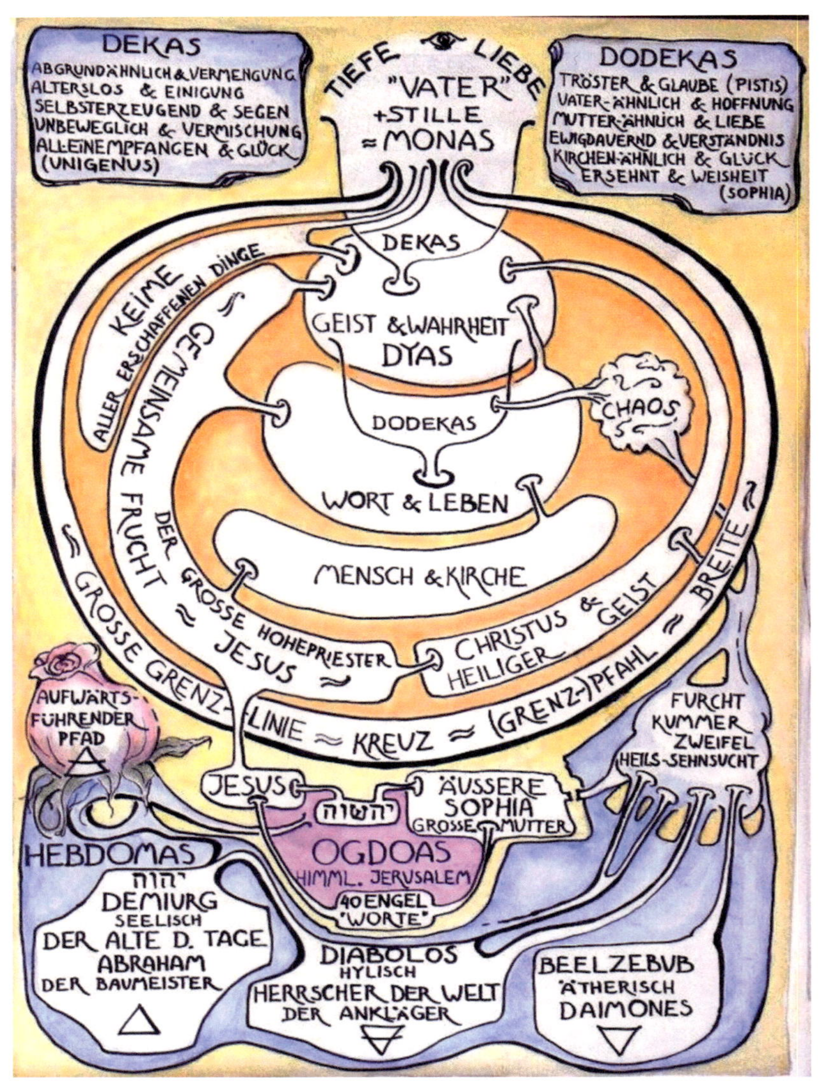

Die ‹*Aeonologie*› *der Valentinianischen Gnostiker* zeigt die Entstehung des überkosmischen Pleroma im Makrokosmos, und die der makrokosmischen Gebiete, besonders des Siebenten (Hebdomas) und des Achten (Ogdoas). Diese kann man – *cum grano salis* – ansprechen als MALKUT und JESOD im Baum der Sephiroth, bzw. den zitierten Stellen aus dem *Geheimen Buch des Johannes* und dem im Text erwähnten *Nag-Hamadi-Codex*.

Die Anhänge

Anhang 1: Verzeichnis der Symbole

○ DER GEIST – daher auch: Die ganz geistige all-ein-göttliche *universale* GOTTESWELT: raumlos, zeitlos, formlos, eigenschaftslos: ‹Potentia Dei›.

● *Überkosmisches* UR-CHAOS, in Allem unvorstellbar.

● *Makrokosmisches Chaos; makrokosmischer* ENERGIE-NULLPUNKT, die ‹feuchte Wurzelsubstanz›, noch ganz geistig); das PLEROMA; Die MUTTER aller Möglichkeiten (‹Keime›) aller eventuell erschaffenen Dinge.

◊ RAUTE/RHOMBUS: überkosmische, göttliche EINHEIT ALLER GEGENSÄTZE.

♦ *Kosmisches* CHAOS: ungeordnete MUTTER der 5 kosmischen Elemente.

× Das allgegenwärtige LICHTKREUZ – der CHRISTOS, SOHN, LOGOS, ‹DATH›.

+ Das ELEMENTISCHE STOFF-KREUZ. Auch: das kosmische Christus-Licht.

⊠ Überkosmisches MUTTER-QUADRAT des Stoffs; darin das LICHTKREUZ.

⟠ Geistige Konzeption der 4+1 Elemente im Universum der Fülle.

⊗ DAS ERSTE ‹PARADIES›: die erste, ganz geistig göttliche Licht-Welt,

⊕ ZWEITES PARADIES: ätherische Paradieseswelt, bestimmt nach dem ⟠.

♁ Stoff-Welt ‹getrennt› vom Paradies: Stoff beherrscht Geist. Erden-Mensch.

AYIN-SOPH-AUR: *Überkosmischer* Quell, Ernährer und Behüter jedes Schöpfungstags: raumlos, zeitlos, eigenschaftslos; der *‹Nabel›*, das *‹Auge›*, die *‹Stille›*, woraus der Allerhöchste, Unnennbare alle Universen, Welten und sich selbst ‹er-schaut›, ‹er-sinnt› und selbst sich hervorbringt – und in den er *«am Ende der Tage»* wieder eingeht – aus- und einatmend und erhaltend Sich und Alles, als Ursache aller Ursachen, und als Dasein alles innersten und alles äußersten Daseins.

AYIN-SOPH: Das *makrokosmische* Feurige Dreieck; die *makrokosmische* Dreiheit aus I (VATER), O (MUTTER) und **X** (SOHN), mit der arabischen ZAHL10 als ‹Vater-Mutter›.

SOLARE (kosmische) DREI-EINIGKEIT von VATER-MUTTER-SOHN.

⊙ KOSMISCHE DREIEINIGKEIT *«im Anfang»:* ⌒ (‹Osiris›) und ◡ (‹Isis›) und × (identisch mit • : kosmischer Christus, in den der makrokosmische Feueräther einstrahlt: *Jèsoūs* — der *Feurige*).

⁎ Die SECHS SOLAREN ELOHIM.

KELTISCHES SONNENRAD: Die sechs solaren Elohim als *Einheit.*

Gewöhnliches sog. CHRISTUS-MONOGRAMM («CHRISMA»)

VOLLES CHRISMA: Sechs solare Elohim und ein lunarer, vor Gott vereint

△ *Geistiges und Elementisches* FEUER-Dreieck – die ‹männlichen› Aspekte

🜁 *Elementisches* LUFT-Dreieck; *«im Anfang»* der LEBENSÄTHER.

▽ *Geistiges und Elementisches* WASSER-Dreieck – ‹weibliche› Aspekte

🜃 *Elementisches* ERDE-Dreieck (zu Stoff und Form verdichteter Geist).

🜍 GEIST-FEUER-ÄTHER; – Kraft des Entsteigens; – alchemisch: ‹SULFUR›

☉ Die SONNE; alles Solare in den elementischen Welten.
☽ Der MOND; – alles Lunare/ Lunische in den elementischen Welten.
☿ Planet und Gott MERKUR: Seele ☽ dominiert Geist ○ dominiert Stoff +
♀ Planet und Muttergöttin VENUS (Geist dominiert/projiziert Stoff)
♂ Planet und Gott MARS: natur-astrale Impulse und neu-astraler Wille.
♃ JUPITER: Seele ☽ dominiert Stoff + (konkrete Gedanken)
♄ SATURN: Stoff + (elementische Struktur) dominiert Seele ☽
♆ NEPTUN: Seele ☽ dominiert + und erhebt sich als mystische Dreiheit.
⛢ URANUS: das solar Geistige, ‹DIE LIEBE›: die aufwärts führende Kraft.
♇ PLUTO: ‹DAS GESETZ›, KARMA (persisch: ASHA; daoistisch: DE).

[Symbol] Die DOPPEL-SPIRALE des geistigen Todesschlafs (Hyperboräa).
S Das SOLARE S – geistige Bewußtlosigkeit (Lemurien).
[Symbol] Das TRISKEL – Traumbewußtsein von Licht und Erhöhung (Achse!).
[Symbol] Die SWASTIKA – erstes Bewußtsein vom Christus-Impuls.
⛤ Das PENTAGRAMM – der Neue Seelenmensch (Druiden, Graal).
✡ Das WEISHEITS-SIEGEL SALOMONIS: △ und ▽ *bewußt* vereint.
🔯 Das Siegel der Vollkommenheit im ‹STEIN DER WEISEN› – ‹Christus›.
◬ Das ur-göttliche GEISTFEUER.
⧋ Die Sieben ELOHIM (drei geistig-feurige, vier ätherisch elementische).
✡ Primäre Einheit der 7 Geister in vor Gottes Thron. – Transfiguration
✡ Neu-bewußte Einheit in Gott: Erlöst in der Universellen Bruderschaft
Y Die doppelte/geteilte Welt – der doppelte/gespaltene Mensch.
ᛉ die Rune ÝLHAZ: Erhöhung, Apotheose, Transfiguration
ᛯ MAGISCHES VENUS-SIEGEL (Ýlhaz und Kreuz überlagern sich).
⛥ Der ‹DRUTENFUSS› (Gänsefuß) – eigentlich ein LUNARES KREUZ: ⚴
☥ Das ‹ANCH› – Kreuz des Lebens – eigentlich ein SOLARES KREUZ.
Im ANK-ER-ZEICHEN (!) ⚓ sind SONNENKREUZ & MONDKREUZ vereint

MAN BEACHTE:

Einige Symbole sind mehrfach belegt: Echte Symbole haben oft mehrere, je nach Betrachtungsebene sogar einander widersprechende Bedeutungen. Wichtig ist die Unterscheidung der vier Haupt-Ebenen: *überkosmisches, makrokosmisches, kosmisches und mikrokosmisches* Bewußtsein und Dasein. Basis für dieses Buch: Es gibt *nur ein Universum*, *nur einen Makrokosmos*, der alle Milchstraßen-Systeme, Galaxien, Welten, Menschheiten etc. *umfaßt.*

Anhang2: Externe Bildquellen

Fulcanelli: *Mysterium der Kathedralen.* – Basel, Ed. Oriflamme 2004; – a.a.O. Abb.48; – im Vorliegenden: Vignette S. 22 (als Ausschnitt aus obiger).

Fulcanelli: *Wohnstätten der Adepten.* – Basel, Ed. Oriflamme 2008; a.a.O.

C.A. Agrippa v. Nettesheim, *Occulta Philosophia.* Köln, Sotèr, 1531 (Abb.6, 7)

E. Canseliet, *Trois Anciens Traités d'Alchimie ...* – Paris, J.-J. Pauvert, 1972 (Abb.19).

Rev. E. Cobham Brewer, LL.D.: *Dictionary of Phrase and Fable ....* – Cassell Peter and Galpin, London, Paris & New York, 1877 (Abb.1).

Bildband *Gallia Romanica.* – Schroll, Wien & München, 1955 (Abb.12).

Die Geheimen Figuren der Rosenkreuzer aus dem 16ten und 17ten Jahrhundert … – Altona, 1785; Nachdruck Berlin, 1919 (Abb.23).

H. Hartmann & H, Mislin: *Die Spirale.* – Basel, MG-Verlag,, 1985 (Frontispiz II, Abb. 2, 4, 5, 8, 9, 10, 11, 12, 14, 15, 16, 22).

Pierre Martin, *Esoterische Symbolik heute ...* – Basel, Edition Oriflamme, 2010.

R. Schubart: *Der Babylonische Turm* – In: *ANTAIOS – Hrsg. Mircea Eliade und Ernst Jünger.* – Stuttgart, E. Klett Verlag, 1961; – Band II von III. (Abb. 33).

Alfred Schütze: *Mithras.* – Verlag Urachhaus, Stuttgart, 1972 (Abb.13, 18, 20, 24, 25, 26).

Theodor Schwenk: *Das sensible Chaos.* – Stuttgart, Verl. Freies Geistesleben, 1962 (Abb.3, 11, 21).

Lewis Spence: *The Encyclopedia of the Occult.* – London s.a. (um 1920); Nachdruck London, Bracken Books, 1988 (Abb. 28).

M.P. Steiner (Übers. & Hrsg.), *Corpus Hermeticum Lateinisch und Deutsch, nach dem Druck von 1503 der Übersetzung von Marsilio Ficino.* – Basel. Edition Oriflamme, 2015.

M.P. Steiner (Übers. & Hrsg.): *Dao-De-Ging – Die Gnosis im Alten China.* – Basel, Edition Oriflamme, 3013.

M.P. Steiner (Übers. & Hrsg.), *Jubiläums-Gesamtausgabe: 400 Jahre RC-Manifeste (1614-1618) – Alle drei Manifeste in einem Band, mit drei Zusatzkapiteln sowie 10 Sendschreiben an die, und Antworten aus der, RC-Bruderschaft (1612-1618).* – Basel. Edition Oriflamme, 2015.

W. Eilers (Hrsg.): *Codex Hammurabi.* – Wiesbaden, Marix-Verlag, 2009

Anhang 3
Drei mythische Texte aus dem Paradies

Das Ende des Zorns oder warum Eva erschaffen wurde

Diese Fabel fußt nicht auf dem Inhalt des Compendium Creationis, sondern auf der seit ca. 300 v. Chr. durchs AT überlieferten Genesis.

Im Anfang, als alles noch frisch und neu war, schuf Gott bekanntlich den Menschen – Adam – als Krönung der Schöpfung. Und er sah, daß alles ganz und gar gut war. Das war auch gar nicht anders möglich; denn der Einzig Vollkommene, der Alles und in Allem ist, schafft Kraft seiner Vollkommenheit eben Vollkommenes, gerade so wie der Mensch aus seiner völligen Mangelhaftigkeit heraus nur immer Mangelhaftes schaffen kann. Und darum war wirklich alles gut.

Und auch der Mensch, Adam, sah, wie wunderbar und vollkommen Alles war; und er ging im Garten Eden spazieren und freute sich all der Geschöpfe, die seine jüngeren Brüder waren, obgleich vor ihm erschaffen, und er gab ihnen Namen und lehrte sie Dinge, die ihm nützlich waren. Am liebsten aber lag Adam unter dem großen, mächtigen Baum des Lebens in der Mitte der Schöpfung, träumte und hielt Zwiesprache mit seiner Seele. Alles war friedlich, harmonisch und sehr, sehr gut. Und Gott sah seinem Sohn Adam beim Träumen zu und freute sich über dessen Vollkommenheit und kindliches Glück; und das dauerte einen schier endlosen Augenblick. – Zeiten und Zeiten dauerte es, bis auf Eins der Schöpfer bemerkte, daß zwar alles gut war, daß aber alles so gut war, daß niemals ein Anlaß bestehen würde, damit etwas besser würde. Mit anderen Worten: Unser Mensch, Adam war so harmonisch, so vollkommen zufrieden und Eins mit sich selbst, mit seiner Seele und mit der göttlichen Schöpfung, daß er endlich unter seinem Baum schlafend liegengeblieben wäre und sich niemals weiter entwickelt hätte.

Und Gott sah, daß es, damit die Vollkommenheit ganz vollkommen werde, eines kleinen Fehlers bedürfe – eines Sandkorns mehr auf einer Seite der Waage, die sonst nie in Bewegung gekommen wäre. Adam wäre stets ein frohes, naives Kind geblieben und nie seinem Schöpfer ebenbürtig geworden. Gerade das aber war der eigentliche Wunsch des Schöpfers: daß seine Geschöpfe allmählich zu ihm emporwachsen und ihm gleich werden möchten!

– Was tun? –

Zahlreich sind die Berichte und Deutungen zur Erschaffung des ‹Weibs›, und wir beschränken uns darauf, sie um einen Deut zu erweitern: Nachdem Adam allen Tieren und Pflanzen Namen und Nutzen zugeteilt hatte, gab es für ihn nichts mehr zu tun, und darum blieb er endlich unter dem Baum des Lebens liegen und «entschlief».

Und eben damit er aus seinem Schlaf erwachen, seine Bestimmung erkennen und ihr nachgehen solle, schuf Gott eine Teilung des Adam: Den offenbarenden Teil seiner Seele, der seinen ungestümen Willen,

Neues zu tun ausgeglichen hatte in seinem harmonischen Sinnen unter dem Baum – diesen Teil entnahm Gott dem Adam.

Adam «wachte auf» aus seiner Zufriedenheit und «erkannte» den von ihm stammende Teil, mit dem er so harmonisch Eins gewesen, und er streckte seine Hand aus, sich wieder damit zu vereinigen und die enge Zwiesprache mit sich selbst weiterzuführen unterm Baum. Und auch das ‹Weib› streckte seine Hand aus, um sich mit dem gestaltenden Willen des ‹Mannes› wieder zu vereinigen. Und der Schöpfer sah ihnen zu und war sehr zufrieden, denn er sah, daß es gut war, was er gemacht hatte, und daß er Bewegung gebracht hatte in die kindliche Zufriedenheit des Menschen unter dem Baum.

Und Adam sprach zu dem Weib: «Komm zurück in mich, wo du herkommst, damit alles wieder gut sei wie zuvor, denn du fehlst mir, und ohne dein In-mir-sein kann ich nicht glücklich sein unter dem Baum des Lebens: Komm zurück!»

Und das Weib wiederum sprach: «Ei was denn? Komm du doch in mich, denn du warst in mir, und der Schöpfer hat dich herausgenommen aus mir und mich von dir entbunden, sodaß ich mich endlich frei offenbaren kann!»

So ging das eine Zeit, bis Eva, das Weib, den Mangel gezielten Willens zu spüren begann, dessen es zur Offenbarung bedarf. Und so näherte es sich Adam wieder und sprach:

«Adam, Lieber, wir sollten doch wieder zusammengehen, denn Dein Wille bedarf meiner, um sich zu offenbaren; ich aber bedarf zur Offenbarung des göttlichen Plans deines Willens – drum: komm zu mir und laß uns wieder Eins werden miteinander!»

Aber Adam war inzwischen unter seinen Baum zurückgekehrt und hing dort seinen Träumen und Gedanken nach; und so sehr war er Kind geblieben, daß ihm dies genügte, um seinen schöpferischen Willen zu betätigen: Was er sich ersann, war ihm so wirklich, als ob es schon sichtbar dastünde. Seine Pläne und Bilder waren so klar in seinem Geiste, daß es ihrer realen Ausführung nicht mehr zu bedürfen schien. Und wie sehr ihn Eva auch rief: Adam sah keinen Grund, ihr nachzujagen und sprach zu ihr: «Geh du und offenbare dich, so viel du magst: Mir ist mein Denken und Sinnen Offenbarung genug!»

Da ging das Weib zum Herrn und beklagte sich bitterlich:

«Herr! – sprach sie – hilf Du mir; denn Adam will sich nicht mit mir vereinen. War dies nicht dein Wollen, als Du uns trenntest?» – Denn das Weib hatte vom Herrn die Gabe erhalten, daß sie sein Wollen erahnen und aussprechen konnte. – Und Gott sprach zu ihr: «Wahr sprichst du, Weib, und ich will Dir helfen, Dein Ziel zu erreichen. Denn wenn auch Adam Deiner wirklich nicht mehr bedarf, so bedarfst du doch seiner, damit du, in der Offenbarung meines Willens, deiner Bestimmung genügen kannst, und damit am Ende der Tage alles wieder Eins werden kann, so wie ich das will!»

Und Gott gab dem Weib die Gestalt, die wir heute an ihm kennen und gab ihr die Reize, die sie benutzt, um den Mann anzuziehen und zum Beischlaf zu locken, damit er wieder wie schlafend Zwiesprache halten solle mit ihr unterm Baum des Lebens. Mächtig stattete der Herr sie aus, mit Süße und Weichheit und mit einer Frucht, die, einmal genossen, nie mehr vergessen werden kann. All diese Reize und Macht der Verführung schenkte der Herr dem Menschenweib, um ihm seine Bestimmung erreichen zu helfen. Dem Manne, Adam aber, gab er sein Gemächt (das ist die Macht, sichtbar zu zeugen) damit die Geschöpfe seines Willens sichtbar würden und so aus der symbolischen Vereinigung von Mann und Weib Früchte erschaffen würden, die den Plan des Schöpfers verbreiten und verwirklichen sollten am Ende der Tage.

Und das Weib reizte den Mann, nach ihrem Begehren zu tun, und trennte sich wieder von ihm, wann sie es wollte; aber Adam war traurig, denn das Weib konnte er nicht halten, und seines Baumes der Unschuld war er verlustig gegangen. So war er voll Trauer und irrte umher, bis er den Herrn antraf im Garten; – und er klagte es Ihm:

«Herr! – sprach er – Du hast mich geteilt, und Du hast meinem Teil die Macht gegeben, mich anzuziehen, daß ich's nicht wehren kann; aber ich kann dieses Weib nicht halten und kann doch auch nicht zurück zu dem Baum, wo ich froh und zufrieden war und des Weibs nicht bedurfte: hilf mir, ich bitte Dich, denn sie, die Du mir genommen, plagt mich allzusehr durch ihre Unbeständigkeit!»

Da erbarmte der Herr sich und sprach zum Menschen: «Adam, mein Sohn! Ich werde dir helfen. Ich gebe dir Macht, das Weib dir untertan machen zu können durch deine Kraft; aber den Schmerz, den du leidest, kann ich dir nicht nehmen, denn du selbst mußt ihn überwinden lernen, bis du den Weg gefunden hast, dich bleibend mit ihr zu vereinen am Ende der Tage. Auch das Weib muß einst lernen, sich dir zu vereinen ohne List der Verführung.

Und das nimm als Zeichen meiner Liebe: So lange das Weib nach seiner Weise mit dir verfahren wird, so lange sollen Mann-Menschen und Weib-Menschen vermehrt werden. In jedem Menschen aber, den du mit ihr zeugst, soll der Funke Deines Wissens um den Sinn des Daseins größer sein bei der Geburt, bis ein Weib entsteht, das frei ist von aller Versuchung und sich dir nähert in Reinheit der Seele. Sofern nun du rein bleibst in deinem Willen, wirst du dich schmerzlos vereinen mit ihr, der Reinen, und das wird das Ende der Tage sein – das Ende des Leidens, das Ende des Suchens, das Ende des Irrens. Dann wirst du zurückkehren können zum Baum des Lebens und wieder dort träumen – als Wissender nun, nicht mehr als Kind – und ungestört Zwiesprache halten mit deiner Seele, wie es im Anfang war!»

Zum Weibe aber sprach der Herr so:

«Weib, Eva: schlecht dienst du dem Plan meiner Schöpfung, indem du willentlich Ihn des du bedarfst leiden läßt durch deine

Unbeständigkeit und durch den Mißbrauch der Macht, die ich dir gab. – Auch du mußt lernen, wozu dieses dient. Das Gute was ich dir gab, hast du zum Geschlecht gemacht. Die Macht, die ich dir gab, will ich dir nicht nehmen: lerne, sie richtig anzuwenden! Bis dahin aber bleibst du gebunden, die Frucht deiner Verführung auch selber zu tragen, bis zu ihrer Reife. So gleichst du dem Baum des Lebens; aber während dieser seine Früchte trägt ohne Mühe noch Schmerz, sollen Mühe und Schmerz Dein Tragen begleiten, damit das Leiden des Mannes und das Leiden des Weibes sich gleichen und ausgeglichen seien bis zum Ende der Tage, wo alles Eins wird. So gehe denn hin und sei fruchtbar, damit deine Verführung der Welt Nutzen bringe – so wie der Wille des Mannes!»

Und Eva ging davon, spielte mit ihrem Haar und mit ihrer Macht und lernte tausend Künste, den Willen des Mannes nach ihrem Gutdünken zu lenken: mit Reizen, mit Loben, mit Tränen und Zorn, mit kluger Verstellung, mit Schwäche und sanfter Stimme; mit dem Anspruch auf Besitz ihrer Frucht, da sie sie selber getragen; und mit Ratsuchen dort, wo sie alles schon wußte.

Und Adam irrte umher, suchte den Frieden und fand ihn doch nicht: Tausend- und tausendmal ließ er sich umgarnen vom Weib, rächte sich durch seine Stärke und Kraft und wurde nur schwächer; vereinigte sich mit ihr und wurde nur einsamer; suchte den Baum des Lebens und fand doch nur jenen der Erkenntnis von ‹Gutem› und ‹Bösem›. – Denn so, wie der ursprüngliche Mensch als Krönung der Schöpfung im Anfang die ganze Schöpfung wiedergespiegelt hatte in seiner Vollkommenheit, so spiegelte sich nun die Gespaltenheit des Menschen in aller Schöpfung wieder. Nichts war mehr gleich wie am ersten Tag; und wie oft Adam auch am Baume des Lebens vorüber kam: er erkannte ihn nicht und irrte weiter ... —

Das Ende der Geschichte ist nicht überliefert. Niemand ist da, der es uns berichten könnte. Denn Die sich vereinigt haben nach dem Willen des Vaters am Ende ihrer Tage – sie sprechen zu uns, doch wir hören sie nicht. Wir, die Menschen nach Adam und Eva, irren durch den Garten Eden, bis auch wir wiedererkennen den Baum des Lebens und frei werden vom Unterschied, frei vom Eigenwillen und frei vom Geschlecht - frei für das Gute, das keines Gegenteiles bedarf.

Jene aber, die uns vorangingen, sie rufen uns, bis wir sie hören am Ende der Tage; - am Ende des Zorns; am Ende der Schmerzen; – am Ende der List:

Lächelnd im Wipfel des Baumes des Lebens erstrahlt dann in Reinheit der Seele der Neue Adam — der göttliche Mensch!

Kain und Abel im Heute

Kains-Menschen und Abel-Menschen tragen den Konflikt der ersten Menschensöhne seit Beginn der Welt bis heute aus. Dem Streit der zwei ungleichen Brüder gleicht der ständige innere Konflikt jedes einzelnen Menschen mit sich selbst – ob bewußt oder unbewußt.

Aus Sicht der Psychologie des Menschen könnte diese Situation das Kain-und-Abel-Syndrom – das *Syndrom der zwei Feindlichen Brüder* genannt werden: Tatsächlich liegt darin der Ursprung so vieler Kriege, Hinterhältigkeiten und schmerzvoller Liebe … —

Der *Kains-Typ*: Das ist der erste künstlerische Mensch, der Artist (lat. *ard-/ars-, entflammen*); – der Mensch, der die Erde umwendet mit Hilfe des himmlischen Feuers – des fünften Elements oder Äthers – der ‹*Quinta Essentia*›: Er ist der schöpferische Handwerker, der Mensch, der formt; – der Mensch, der Bewegung ist und Bewegung bewirkt, die Fackel des heiligen Feuers in der erhobenen Rechten.

Im Anfang wirkten die Söhne Kains – und besonders jene des *Tubal-Kain* – vorallem mit dem Feuer des Geistes, mit der göttlichen Schöpfungs- und Gestaltungskraft. Heute türmen sie tote Materie auf, haschen nach tausend eitlen Effekten und gestalten doch oft nur leere Formen. Selten sind derzeit die Werke geworden, aus denen der göttliche Funke hervor blinkt, ob in Baukunst, Malerei, Musik oder Literatur. – Künstler zu sein bedeutet eben mehr, denn als origineller Mensch originale ‹Artefakte› zu produzieren !

Der *Abel-Typ*: Das ist der erste priesterliche Mensch (lat. *sacerdos* – d.h. *mit der Kenntnis der heiligen Dinge begabt*). – Er steht in direkter Verbindung mit Gott (lat. *religio – Verbindung*). Er ist der Mensch, der mit dem Wasser fließt; der mystische Jünger und getreue Hüter der Gesetze; der Hirte; der reproduzierende Bewahrer und Sicherer des Gehabten.

Im Anfang wirkten die Söhne Abels vorallem aus der heiligen Seelenkraft: aus dem Wasser des Lebens. – Heute wirken sie viel mehr aus den Ätherkräften des Bluts. So ist der getreue Bewahrer Abel weithin zum lauen Hüter überkommener, oft auch überlebter Formen ohne Leben geworden. Formen, deren Berechtigung durch den Wandel der Zeiten und Welten nach und nach ganz geschwunden ist – wie dies in wirtschaftlichen, politischen, sozialen und kirchlichen Formen und Normen oft der Fall sein mag. – Priester zu sein, bedeutet eben mehr, als das Heiligtum zu hüten, die Bücher zu lesen, zu kennen und feierlich zu verkündigen.

Nun ist es aber unnütz, länger bei der Unterscheidung von Kain, Evas Sohn ‹eines Elohim›, und Abel, dem ‹Sohn Jehovas› aus Adam, zu verweilen, hat doch Rudolf Steiner vor vielen Jahren in seinen Werken dieselbe tiefgehend erklärt. Viel nützlicher wird es sein, die Rolle der beiden gegensätzlichen Brüder im Heute und in ihrer künftigen geistigen Entwicklung zu studieren sowie die Tatsache zu beleuchten, daß ihr Konflikt eine Aufgabe darstellt, die jeden einzelnen Menschen ganz persönlich betrifft.

Für jeden Menschen westlich von Babylon rufen die Namen von Kain und Abel sogleich die Assoziation des Brudermords wach – ein Gemisch aus Gleichgültigkeit und kaum gefühltem Zwiespalt. Wie soll man diese gewalttätige biblische Anekdote einordnen? Welche Lehre daraus ziehen? – Die vorstehende Charakteristik der beiden Brüder erlaubt eine annähernde Antwort.

Damit die Entwicklung der Menschheit möglich werde, damit die aus dem Paradies ‹vertriebene Familie›, die in jedem einzelnen Menschen ‹wohnt›, den Weg zurück und unter den Baum des Lebens finden solle, war es nötig, daß Kain, der dynamische Bauer, die Oberhand gewinnen mußte über Abel, den gläubigen Hirten. In der Sprache der Parabel gesprochen: er mußte ihn ‹niederschlagen›.

Später dann wurde der Kains-Mensch zum Künstler, Handwerker, Schmied, Magier und Krieger. Die ursprünglichen Krieger kämpften «mit Feuer und Schwert» – zwei Ausdrücke für ein und dasselbe Wort. Sie kämpften im Geist, mit Liebe und Mitgefühl; und jeder kämpfte fürs höchste, unsichtbare geistige Ziel und schätzte seinen Gegner so hoch oder höher noch als sich selbst!

Man sprach daher von den Kriegern auch dann noch als von einer priesterlichen Kaste (wie heute noch in Indien), als Kampf längst von der ursprünglichen Sonnen-Ebene – jener des rein magischen Kräftespiels als Ausgleich geistiger Kräfte – herabgesunken war auf die marsische Ebene des Zerstörens von Lebensformen aller Art. – In den Künsten entstand derselbe Zwist wie in der Kampfkunst: Einerseits der Höhenflug des menschlichen Geistes hin zur eingeborenen feurigen Geist-Seele, mit dem Ziel, die ursprüngliche göttliche Reinheit und Größe wieder zu erlangen – über neues Jupiter-Bewußtsein und reine Venus-Liebe hinaus dem strahlenden Feuer des göttlichen Schmieds VULCANUS entgegen. – Andererseits versank das künstlerische Gestalten im Morast des dichten Stoffs. Das kainische *Werk der Sonne* – mit geistigem Gold – sank ab zum saturnischen Werk mit ‹Elektrum›, Silber und Blei; übers Wirken mit Bronze hinab zum aggressiven Kämpfen mit Eisen und niedrigsten toten Materialien. – Soviel zur Degeneration der ‹Nachkommen von Kain›.

Der alte Bewahrer aber, Abel, blieb im Tempel sitzen – Hüter des Feuers, das Kain auf das Schlachtfeld trägt: Bewahrer jener Formen und Traditionen wurde Abel, die den Frieden gestaltbar und dynamisch erhalten sollten.

Aber Abel mit seiner Naturseele – dem BA der Ägypter, dem hebräischen RUACH – ersinnt und stimuliert den Krieg durch seine Intoleranz. – Kain, der ‹Erstgeborene›, der prädestinierte Wiedergeborene in der Geistseele – dem ägyptischen KA, dem hebräischen NESHAMAH – trägt ihn aus. Das wäre auch heute noch Abels Aufgabe: daß er die gute Form lebendig erhalten würde in Moral, Ethik, Sitten und Gesellschaft, damit die Taten, die Kain, der Erste Diener des Feuers, in unerschütterlichem Glauben und tiefer Demut samt der damit verbundenen Schuld auf sich nimmt, *gerechtfertigt* und dadurch gereinigt würden. Abel jedoch verleugnet seinen Bruder Kain: Er mißtraut dem Feuer, er hat es aus dem Tempel verstoßen. Soviel zur Degeneration der ‹Nachkommen Abels›.

So weit, so gut – oder so gut, wie diese Dinge heute eben wahrgenommen werden, wo die Menschen, ihrer überspitzten Individualisierung wegen, ihre Eigeninteressen höher stellen als die ursprünglichen Bestimmungen und Werte, die Sinn und Zweck des Menschen-Reichs ausmachen, von Ewigkeit zu Ewigkeit: Das ursprüngliche Gesetz der Universellen Bruderschaft der Liebe verkam zur Theorie; seine praktische Umsetzung geriet in Vergessenheit.

Kain hat also den Abel ‹umgebracht›; – besser gesagt: er hat ihn niedergeschlagen. Es scheint, daß dies eines gewöhnlichen Opfers wegen geschah; und man wäre geneigt, zu glauben: aus Neid, weil Kains Opfer «bei Gott kein Ansehen erhielt».

«Kain erzürnte so sehr, daß sein Gesicht einfiel», so übersetzt der Vulgata-Text: Er «verlor sein Gesicht» könnte man in östlicher Tradition auch sagen. Und er rächte sich für diesen Gesichtsverlust, indem er sein Feuer gegen seinen Bruder schleuderte, als sie «auf dem Felde» waren: Wie wenn das die natürliche notwendige Folge seiner persönlichen Gespräche mit Jahveh gewesen wäre, schlug Kain den Abel. Mit seiner Pflugschar ‹erschlug› er ihn; und der Bruder, der es ja voraus gewußt haben muß in jener Zeit, wo die Menschen ihre sieben Sinne noch beisammen hatten – Abel ließ es einfach so geschehen!

Auch Er, der zuvor mit Kain gesprochen hatte, ließ es geschehen. – Er, der Kain zuvor gewarnt, nach der Tat aber zu hartem Erdenleben verurteilt hatte, gab Kain in seiner Liebe indes eine Signatur, wonach jeder, der ihn töten würde, «siebenfach bestraft werden» würde. Worin diese siebenfache Strafe bestehen solle, wurde wohl damals gewußt, doch heute haben wir es vergessen. – Kain hingegen zog in die Verbannung, um sich selber mehr zu bestrafen als Gott ihn bestrafen wollte, denn: «nichts von alledem soll geschehen!» sprach der Herr, als Kain noch weitere Vergeltungen aufzählte, die er für seine Tat erwartete.

Nicht einfach ist es, urteilslos diese Geschichte zu verstehen von Kain, der seinen Bruder vorsätzlich und mit Wissen und Dulden des Herrn erschlägt, danach von schrecklicher Reue geplagt und vom Herrn ‹verflucht› wird, und der dennoch unter dem ‹persönlichen Schutz› des Herrn steht auf ewig. Schwierig auch, die Stellung Abels zu begreifen, der, wissend, daß sein Bruder ihn erschlagen würde, diesem aufs Feld folgt und sich – mir nichts, dir nichts wie es scheint – erschlagen läßt.

War Abel wirklich so gutmütig, sanft und ergeben? Das wäre möglich. Ebenso möglich erscheint uns heute, wo wir den weiteren Verlauf der Geschichte kennen, daß er seinen Bruder ins Unrecht setzen und sich früher oder später rächen wollte. Denn daß durch den Schlag des Kain nur seine Gestalt, nicht aber sein Wesen umgebracht werden könne, das wußte Abel wohl. Die Nachkommen Abels und SETHS, des Nachfolgers Abels, zeichnen sich ja nicht nur aus durch ihre ‹Konservativität›, sondern auch durch ein ganz typisches, ausschließlich menschliches Merkmal: die Schlauheit. Das ist die Fähigkeit, durch feinfühlige Spekulationen und blendende Trugschlüsse das Unwahre wahr erscheinen zu lassen, um scheinbaren Ursachen geschickt zu gewollten wahren Wirkungen zu verhelfen.

Einst führten die Kains-Menschen – als stärkste Krieger, begabteste Redner, erleuchtetste Propheten – die Völker in Krieg und Frieden: als Feldherren, Schiffsherren und Patriarchen. Heute jedoch sind es die Abel-Menschen, die das Ruder führen: als Verwalter und auch als Mißwalter vieler Gesetze, als Bewahrer und auch als Vernebler der ewigen Lehren und Wahrheiten. Das ist ein Teil der Rache des Abel dem Kain gegenüber, daß er sich über Tausende von Jahren mit Hilfe subtiler Manipulationen an die Führung brachte, seinen Bruder Kain aber gerade noch leben ließ, damit niemand sagen soll, er habe ihn umgebracht. Das ist die von Jahveh versprochene Vormacht Abels über Kain. Wer seinen Bruder ‹nur› verwundet, foltert oder gefangen nimmt, hat ihn ja nicht umgebracht, auch wenn jener daran sterben sollte: das ist die sprichwörtliche atlantische Schlauheit, die sich über die weiten Wanderungen der Menschheit hinweg, über Tausende von Jahren, über Blutsvermischungen aller Art hinweg, erhalten hat im Blute des Abel bis auf den heutigen Tag. Kain hat zwar Abel als Wesenheit keineswegs getötet, sondern nur seine Gestalt ‹vernichtend geschlagen›. Abel jedoch hat ihm das nie verziehen und sucht sich seit Tausenden von Jahren immer wieder zu rächen.

Jesus sagt darüber (so liest man im Evangelium nach Matthäus): «*Auf den Stuhl des Moses* (das heißt: des Kains-Menschen, der ein neues Gesetz brachte) *haben sich die Schriftgelehrten und Pharisäer gesetzt*»: Das waren die Abel-Menschen, die ein einmal gegebenes Gesetz über Jahrhunderte unverändert bewahrten – und sich selber doch nicht daran hielten ...

Auch der Autor der ‹Johannesbriefe› – ein von der Kirche Roms bereits im Altertum vereinnahmter, doch nicht zweifelsfrei bestimmbarer Apostel, stellt fest (1.Joh. Kap.3):

«Daran sind die Kinder Gottes und die Kinder des Teufels offenbar: Wer nicht gerecht ist, ist nicht aus Gott; so auch wer seinen Bruder nicht liebt ... wie Kain, der ... seinen Bruder erschlug».

Das ist ein Spruch, der heute – falls überhaupt – für die Abel-Menschen ebenso gilt wie für die Kains-Menschen, sodaß die Kinder des Teufels zweifellos als sehr zahlreich, die Kinder Gottes jedoch als sehr selten angesehen werden müssen ...

Leicht erkennt man schon da die abelsche Haltung einer dogmatischen Kirche, die bereits vor über sechzehn-hundert Jahren die christliche «rechte Lehre» – *Orthodoxie* – festschrieb, daher seit damals mehr und mehr kristallisierte und bis heute nicht wieder lebendig geworden ist.

Wer aber darf urteilen, daß Kain seinen Bruder Abel nicht liebte, weil er ihn «erschlug»? Jesus selbst, der das Evangelium der Liebe predigte, sagte: «Liebet eure Feinde!» – nicht: «Ihr sollt keine Gegner haben!» Das ist eine wichtige Unterscheidung, die Abel aber weiterhin mißachtet: Noch heute und bei jeder Gelegenheit schreit Abel nach Rache, wenn er glaubt, geschlagen zu werden (doch das «Schlagen» – besonders mit Rute oder Schwert – war jederzeit ein Bild für die Einweihung mit Geistfeuer: für die Konfrontation mit der oft nicht leicht verständlichen Wahrheit des Lichts).

Noch heute ist Abels Herz erfüllt von unersättlichem Rachedurst, daß er Kain «auch niederschlagen» möchte, «wo immer er ihn findet», das heißt: wann immer er mit der nackten Wahrheit konfrontiert wird, wie Kain sie austrägt, der nicht doppelsinnig in Ränken spricht, weder List noch Sophismen anwendet, sondern sich offen zeigt, mit flammender Klinge und flammendem Wort: mit ‹Waffen› kämpfend, die in ihm selbst gereift sind, und die er täglich erneuert und schärft, sodaß er nicht bleibend berechnet werden kann.

Das ist der Ärger und Anstoß für Abel, daß Kain so unabhängig, vielseitig und wandelbar ist; und das erfüllt ihn mit Zorn, ja mit

Haß seinem Bruder Kain gegenüber: Abel kann nicht glauben, daß Kain ihn liebt trotz seines, des Abel rachedürstigen Schlagens; denn er selbst, Abel, *kann* seinen Bruder nicht lieben, dessen Liebe er doch so sehr begehrt, und den er so gerne *auch lieben möchte*. – Indessen, er fürchtet ihn um seiner ungestümen Kraft und um seines Feuers willen, das jener jählings von sich zu schleudern vermag, ehe man sich's versieht. Darum folgt Abel dem Weg seines verletzten Herzens seit Tausenden und Tausenden von Jahren, auf daß er sich räche in einem Augenblick der Schwäche des Kain.

Dann wird er, Abel, seinem Bruder Kain den schlimmen, doch nicht tödlichen Schlag versetzen, den Schlag, den Anfortas, der Graals-Hüter erhielt; den Schlag, den so manche Frauen und Männern ihren Brüdern und Schwestern durch Tausende von Jahren versetzt haben, um sich zu weiden an der bösen Wunde, die sie geschlagen, und um oft darauf freudloser Reue zu verfallen, wie weiland Kain, nachdem er seinen Bruder geschlagen hatte. – Aber Kain, nicht Abel trägt die Signatur Gottes: Kain hat Schuld auf sich geladen und sie bereut und ist von seinem Herrn versiegelt worden!

– Abel aber – was ist mit ihm?

Abels Gesicht «fällt ein», und von Neid geplagt schlägt er nach seinem Bruder Kain:

«Haah!» – schreit er – «ich will dir's zeigen! Haah! ich werde dich schlagen, wo es dich am meisten schmerzt! – Haah! ich will dich bluten, erbleichen und dich winden sehen zur Strafe für den Schmerz, den du mir angetan!» – Und Kain spricht: «Nicht Schmerz wollte ich dir antun, noch habe ich dir Schmerz angetan, als ich mein Feuer nach dir warf; denn nicht zu deinem Schmerz wende ich meine Kraft an, sondern nur um der Liebe zu Wahrheit, Licht und Feuer willen. Ohne Zorn schlage ich, und mein Ziel ist nicht die Wunde, sondern die Heilung der Wunde! – Jener Wunde eben, die dich heute noch schmerzt! Der Schmerz, den du zu leiden glaubst, kommt allein aus dir, aus deinem Selbst. Es ist der Schmerz, der auf dich zurückfällt, da du mich weder mit subtiler Schlauheit noch mit groben Schlägen verletzen kannst. Bedenke, Abel, mein Bruder! verstehe doch, daß ich dich liebe – dich liebe auf immer und ewig! – Dennoch muß ich weder deine Ränke noch deine Schläge erdulden: Ich würde sonst dich und mich mit Schuld beladen. Nimm meine Liebe an und sei von allen Schmerzen frei! »

Und Abel drauf: «Hahaah! – der Heuchler! der Frömmler, der großspurige Wohltäter! Hört ihr ihn? Hört, wie er mich schmäht, mich verspottet mit geheuchelter Großmut und erlogener Liebe! – Hört ihr ihn?!

Schlagen will ich dich, Kain, ja, schlagen, bis du mich wimmernd um Gnade anbettelst! Freuen will ich mich deines Schmerzes und am Blut, das dir aus Nase und Ohren rinnt: Schlag mich doch auch! – Wie ich dich hasse, hasse, hasse! Den Braven habe ich gespielt, den Sanften, den Bewahrer und Beschützer: Von nun an will ich der Starke sein, der Große, der Kämpfer und Zerstörer, der Unbesiegliche; – Der Recht spricht; – der Unerbittliche!»

Unermeßlichen Schmerz bereitet dem Abel die Liebe des Kain: Er kann sie nicht verstehen, kann sie nicht sehen, will sie nicht glauben müssen: will schlagen, schlagen, schlagen und stark sein – und da seine Schläge an Kains Liebe abgleiten, leidet er am Schmerz, den er ihm antun wollte: dem Bruder, der kein Dulder des Bösen mehr ist, der sich nicht mehr verletzen noch schmähen läßt und sich abwendet in stummer Verwunderung ob des Hasses des Abel, und in Mitgefühl für Abels Schmerz, an dem er doch keinen Anteil mehr hat.

Soweit die Fabel. – Aber die Wirklichkeit? Wie steht es mit ihr? Längst haben sich vermischt Kains Söhne mit Abels Töchtern, *Abel-Seths* Söhne mit Kains Töchtern, und auch *Tubal-Kain*, der größte Künstler von allen, hat seinen Samen auf Viele verteilt; doch Wenige nur haben ihn aufgenommen. – Kains Söhne haben auch Abels Blut; und Abels Söhne fühlen auch Kains Feuer in sich. Das Flammen Kains, und Abels List – sie finden sich in jedem Menschen wieder, wenngleich in jedem von ihnen einer der beiden Brüder überwiegt.

Kains Aufgabe: sein göttliches Feuer beherrschen zu lernen und seine heilige Wut zu sänftigen im Dienste Aller: sie gilt heute für alle Menschen! – Und ebenso Abels Aufgabe: Treue, Recht und Gerechtigkeit nicht abhängig zu machen vom eigenen Wohlbefinden, noch vom ‹Wohlverhalten› der Anderen! – Kain muß lernen, die Normen zu achten, so wie Abel lernen muß, schmerzlos anzunehmen das Licht-Feuer der Wahrheit, worin kein Schatten sein kann.

Die gemeinsame Aufgabe aller Menschen aber auf dem Weg zum unbeweglichen Frieden ist die Vereinigung von Feuer und Wasser im rechten Verhältnis: das Ausgießen des ehernen Meeres in reiner, eherner Bruderliebe, «in Weisheit und mit großem Fleiß», wie die Tabula Smaragdina sagt: Frei von den Eigeninteressen des Ich-Menschen; – frei von der Trägheit des Stoffs; – frei von der Unwissenheit, welche die Wahrheit und alles Geistige herab ziehen möchte in den Schatten, der ihr selber gleicht: Dorthin, wo das Leben modert im Mangel an Licht. Dieser Aufgabe gemeinsam sich opfernd, werden die Brüder Kain und Abel sich endlich versöhnen

– zum Segen der Menschheit und ihrer selbst. – Glänzen wird der Spiegel des ehernen Meers und zeigen ein einziges Spiegelbild der Einen ehernen Liebe!

Vereint kehren dann beide Brüder dahin zurück, woher sie als Getrennte gekommen: Lächelnd werden sie einander im Garten Eden die Hände reichen in reiner Liebe, weil sie Eins geworden sind im Bewußtsein der Einheit von Feuer und Wasser. Nicht mehr entzweit sind sie dann, wie Erde und Luft; – das große *Rebis* haben sie gelöst; – aus *Willen* und in *Weisheit* haben sie *verwirklicht* das mächtige Salz! – Dann wird leuchten der strahlende Stern; – das Siegel Salomonis, des Priesterkönigs; – der Stern des ewigen Tempels zu Ehren des Einzigen sonnigen Lichts: *Solo Deo Gloria*!

Eva und Lilith – Die Zweite Frau
Ein mythischer Dialog

«Seit Eva Lilith traf im Paradies, war es immer die Frau, die die Welt bewegte!»

Dieser kleine Einakter aus unbekannter Hand fügt sich als Dritter kleiner Zusatztext harmonisch in die Situation nach These 6 ein. Gemäß dem *Compendium* ist Eva allerdings nicht die Letztgeborene, sondern die Erstgeborene – *«nach der Welt»* (Hermes).

Sommerliches Morgenlicht, Vögel zwitschern. Unter einem mächtigen Baum erhebt sich – leicht und mädchenhaft – EVA. *Sie flicht sich einen Blütenkranz ins Haar, den sie gerade beendet hat. Dabei summt sie vor sich hin und wiegt in unschuldiger Verführung ihren Körper ... – In der Ferne ruft mehrmals, gebieterisch, warnend, ein Rabe.*
Da tritt aus dem Hintergrund unbemerkt LILITH, *in den weiten, schwarzblauen Mantel der Aschera-Ischtar gehüllt: Geheimnisvoll –, weihevoll; gleichzeitig aber auch drohend, wie die dreizehnte Fee im Märchen ... – Sie beobachtet Eva eine Weile unbemerkt, tritt aber bald hinter demselben Baum hervor, vor dessen Stamm sie sich stellt, wie eine plötzliche, königlich-priesterliche Erscheinung: herrisch-diskret ... —*

Während der folgenden ersten Szene wird das Licht immer kühler, blauer, blasser, bis fast nur noch Silhouetten sichtbar sind ...

Eva: *(erblickt Lilith. und zuckt zusammen)*
Wer bist du, unheimliches Weib?

L: *(imitiert hämisch)* – Wer bist du, unheimliches Weib...!? – Wer bin ich wohl, du reine Hübsche? – Ich bin Dein Schatten!

E: Mein Schatten? – Wie das? – Was ist ein Schatten? – Und wie kannst du mein sein? Ich kenne dich nicht!

L: Ei freilich, du weißt noch nicht, was Schatten ist, lichte, liebevolle EVA! – Du kennst mich noch nicht, und kennst mich doch: Du fürchtest mich … – und bist doch nur meine andere Seite, so wie ich deine andere Seite bin; – besser – schlechter – das bleibe dahingestellt; denn vor dem Großen Baum sind wir alle gleich: Adam, du, der Große Eifersüchtige und ich. Jedes von uns ist nur eins SEINER Glieder – aber ohne uns, ohne SEINE Glieder ist auch ER kein Ganzes: Würde ER nicht auch uns umfassen, so wäre ER nicht allumfassend. Hätte ER nicht Raum auch für uns in SEINEM Plan, so wären wir nicht hier, nicht anderswo – und ER? – Niemand sähe IHN, der von IHM sprechen könnte. Zwar sehen IHN Sterne, Sonne und Mond – doch sie sind nur Auge, nur Blick, leer von Bewußtsein, leer von Leben: Wenn sie nicht immer SEIN Licht wiederspiegeln dürften, wären sie ... — NICHT!

Indem sie von IHM, dem all-einen Herrn spricht, macht sie jedesmal mit der Rechten eine Gebärde aufwärts, in halb ehrlicher, halb gespielter Ehrerbietung; die seitlich nach der Erde weisende Linke deutet den Großen Eifersüchtigen: Jaldabaoth, den Herrn der Finsternis. Die Unterscheidung der Beiden bleibt dem Bewußtsein der Zuschauer überlassen.

Sieh doch die Pflanzen – die Blumen und Gräser, Die Bäume und Früchte! – Was wären sie denn ohne IHN – und was ohne uns? Nur Auge und Fühlen, nur Schwanken – in SEINEM Atem, den niemand versteht, der IHN nicht selbst atmen kann – nicht selbst Teil SEINES Atems werden und sein kann, wie wir, kleine Eva, du und ich – und natürlich dein Adam, dem du so eifrig nachläufst, daß er sich schon versteckt, um einmal ohne dich seinen Tagträumen nachgehen, seinem Sinnen und ‹Denken› frönen zu können, worauf er so stolz ist!

E: *(sinnend, schwärmerisch)* – Adam? Schön ist er, edel und stark! In seinen Gedanken sehe ich den Spiegel des HERRN! – Gleicht er nicht IHM in seiner Erhabenheit, wenn er durch den Garten wandelt? – Ist er nicht IHM gleich in seinem Benennen und Kennen und Rufen und Gehorchen-lassen?

L: Ei ja doch, kleine Eva – doch, ja! Stark ist er im Zertreten des Grases, im Wollen und Rufen – im Nennen und Ordnen ... – doch im Verstehen? – Doch im Gefühl? Kann er mit uns zwei sich messen, im Schauen und Fühlen, im Formen und im Offenbaren? – In Lieblichkeit und Wärme?
Umgibt er nicht selbst sich mit Tieren des Waldes und Felds, den wolligen, wilden Waldtieren, die er seine Brüder nennt?
Nutzt er nicht selber ihre Sinne – ihr Sehen, ihr Riechen, die Hurtigkeit ihres Laufs oder Flugs? –
Ihre Wehrhaftigkeit sogar schaut er mit Wehmut an, weil sie so stark sind, so unübertrefflich in ihrer Vielfalt leiblicher Kräfte und Begabungen! – Diesen Adam verehrst Du, kleine Eva, ihm machst du dich untertan – ihm folgst du auf Schritt und Tritt! Ist das die Freiheit, die ER dir verhieß? Ist das Deine Ähnlichkeit mit dem Schöpfer, dessen Kronstein du bist?

E: Ein Kronstein – ich? – Fremdes Weib: nicht ich bin es, die die Krone IHM ziert; nicht ich bin die Krönung, SEIN Schmuck: – Er ist es – Adam, aus dessen Fleisch ich hervorgegangen, der vor mir war, geschaffen aus den Händen von IHM, dessen Plan vollkommen ist: SEIN Tun ist Nicht-tun, SEIN Denken bedarf

keines Gedankens, SEIN Fühlen keines Gefühls, SEIN Schauen keines Auges, SEIN Wollen keines hörbaren Worts! –
Und Adam gleicht IHM: – Gleich IHM durchwandelt er den Garten in planvollem Gang, in zielvoller Tätigkeit. – Klar sind seine Gedanken und Gefühle, und wo sein Wille hinreicht, da geschieht es, getreu dem Wort von IHM, der ihm die Aufgabe gab, Herr zu sein über alle Geschöpfe .....

L: Ei freilich, ein Herr! – Und was für ein Herr! Der einzige ist er noch, leicht wird es ihm, der rechte Herr auch zu sein, da niemand sich ihm vergleichen kann. Doch bald wird sich's ändern:

(Undeutliche Gebärde beider Hände: Rechte nach oben – Linke nach unten)

Andere werden kommen, andere «Herren», die es ihm gleich tun – sich ihm *ver-gleichen* möchten in Wollen und Können, im Sprechen des WORTS, dem die ganze Natur gehorchen muß, weil ER es so will ... – Ha! – Nein! – die Krönung bist Du – das WEIB! – Die Letztgeborene!
— Doch wehe! — Wehe ... ! —

E: Oh! – sprich nicht so, du wüstes Weib!

L: *(Eifersüchtig, heftig)*
Wüst nennst Du mich? – Laß du mich nur sprechen, denn was ich sage ist wahr — *(besitzergreifend, mütterlich)* — das fühlst du doch, nicht wahr, kleine Eva?

E: (betreten) Wahr? – Wahr sagst du? – Was ist denn Wahr? – Was bedeutet das Wort?

L: Wahr ist was IST – doch da es ist, war es schon, wenn es nicht wahr war und bleibt: Wahr kann's gewesen sein und ist's doch nicht mehr, und bleibt es doch: Denn da etwas wahr ist, hört's auf zu sein, hört auf im Fluß zu bleiben, tritt aus aus (sic!) dem Ganzen, aus dem fließenden Sein, das ER für uns machte; und weil das so ist, wird's auch niemals vergehen, das Wahre, in seiner ganzen, großen Pracht!

E: Warum nicht? – Und ist es denn gut, wenn es niemals vergeht, Dein Wahres? – Ist nicht alles, was aus dem Fließen des Seins fällt, verschwunden? – Ist nicht das Vergehen der Ursprung des Kommens? – Das Welken der Blüte erst bringt uns die Frucht; das Welken der Frucht erst bringt neue Bäume; das Welken des Baumes nur bringt neues Leben für Tiere aller Art, für neue Erde, für Samen und Leben und neues Sein?! – Ist es nicht so? – Was also ist die Kraft Deiner Wahrheit – sag an!?

L: Meine liebe kleine Eva: so gescheit bist du schon geworden in deinem Garten! – Hast du das alles von deinem starken Adam gelernt, dem schönen und tüchtigen? – Hat er dir solches vorgeschwatzt? – Und du hast's geglaubt??! – Ei pfui, kleine Eva, wie schäme ich mich doch meiner kleinen Schwester! — hör zu ... !

Den Samen zu Lüge und Perversion der Wahrheit inmitten der Frucht der Wahrheit darzubieten: diese besondere Gabe teilt Lilith – Schwester von Enlil-Jaldabaoth, dem Großen Eifersüchtigen, mit Mephistopheles-Luzifer.

Lilith holt mit weiter Gebärde zu einer langen Rede aus; aber die Gebärde erstarrt auf halbem Weg und zerfällt in der Luft, da Eva sie unterbricht:

E: Deine kleine Schwester? – Wie kann das sein? Nie sprach mir Adam davon, daß ich eine Schwester hätte, und auch nie ER, der uns liebt! – Wer bist denn DU? Wie nennt man DICH? *Wer* benannte DICH? Woher kommst du? Und was ist deine Aufgabe hier? – Und weshalb sprichst du schlecht über *ihn*, dem ich angehöre wie ein Bein dem anderen Bein, ein Leib dem anderen Leib, ein Stern dem anderen Stern – wie der Mond der Sonne?

L: Eva – Eva – Eva ! – So neu auf der Welt, und so viele Fragen! So jung und so klein und glaubt doch nicht, was ihre älteste Schwester ihr sagt! – So schlank, hübsch und hell, und weiß doch noch nicht, wer ich bin – ja, nicht einmal, *daß* ich bin! –

Während des Folgenden tritt Lilith Schritt für Schritt näher zu E. hin, sie förmlich in sich aufsaugend

Eva! – Eva! – ... – Ee-v-aa! – – Wach auf! Blick mir tief in die Augen und erkenne mich!
Dein dunkles Spiegelbild bin ich: dein Schatten – das Nachtgesicht zu deinem Sonnengesicht!
Ich bin, die du warst; – ich bin, die du sein wirst; ich bin, die du bist, wenn du aufwachst aus deinem Tagtraum des hell-lichten Seins – hel-licht bin auch ich, wenn auch aus einer anderen Helle – aus jener Helle nämlich komme ich, kleine Eva, die *(drohend)* der SCHATTEN ist SEINES Lichts, dessen Auge wir meiden, dessen Atem wir fürchten, dessen Wort wir flieh'n! *(Assonanz von Helle, Hölle– Licht und Schein-Licht)*.

ER, der uns liebt, sagst du? – Kleine Eva: wach auf! – Wach auf zu deiner Kraft – zu *unserer* Kraft – zur Kraft der Nacht und der Stille! – Zur Kraft der heimlichen Offenbarungen und der Erscheinungen, die des Lichts nicht bedürfen, ja es gar meiden, um nicht verdorben zu werden in ihrer reinen, feucht-warmen Schwärze *(mit einer Gebärde nach ihrem Geschlecht)*, die unser

Geheimnis ist – auch deines, kleine Eva – auch deines: spürst du es nicht?
Spürst du, wie es dich lustvoll durchschauert, da ich dich an diese Finsternis erinnere? Spürst du, wie wohl und warm dir wird bei meinen Worten? Spürst du, wie du aufwachst zum WAHREN Leben – wie du Teil wirst von mir – von uns – von all deinen Schwestern, die in der tiefsten Helle wandeln, voll Kraft und Triumph – im WAHREN Licht, das zu UNS gehört, den Töchtern von IHM, die des Adams spotten, – dessen, der ohne uns nicht leben kann, der uns benennt und doch nie versteht!?

Eva!... – ... Eva!! ... – – ... Ee-v-aa ... ! ! !

Dreimal habe ich dich gerufen, und wieder dreimal – und zum dritten Mal! – Zu *mir* gehörst du, MEINES Gleichen bist du:
Göttlicher als Adam! Denn er, der «Starke, Schöne, Erhabene» – der «Spiegel des HERRN» wie du ihn nennst, wozu ist er da? Hat er denn noch einen Sinn und Zweck, hat er noch Bedeutung, jetzt, wo er den Auftrag erfüllt hat, DICH hervorzubringen, DICH *frei* zu geben, DEINER Erschaffung zu dienen? – Dienen ist sein einziger Zweck: nun er gedient hat, hat er auch ausgedient, denn alles Andere bedarf seiner nicht: alles Andere kannst du, können WIR auch ohne ihn tun!

Lilith scheint nun nur noch von Adam zu sprechen, meint aber, indem sie wie nebenbei ihre Rechte erhebt, gleichzeitig IHN, den HERRN.

Glaubst du es gibt nur SEINE Namen? – Glaubst du, es gibt nur SEINE Ordnung?– Glaubst du, es gibt nur SEINEN Ruf? – Wie du dich täuschst, kleine Eva! – Wie du dich täuschst!

(Jetzt wieder von Adam, indem sie hinter sich zeigt) :

Ich werde Dich ihn rufen lehren, daß er dir gehorchen muß; ich werde dich Namen lehren, die du ihm geben sollst, «deinem» gottgleichen Adam, daß er kriechen soll vor deinem Wollen! – Ich werde dich Bilder lehren und Gedanken, um die er dich bitten soll mit ringenden Händen! – Mild wird deine Rede bleiben, wie er's gewohnt ist; doch die Kraft deiner Worte wird die seinige weit übertreffen! – Sanft wird dein Wollen bleiben, wie er es haben will; doch die Kraft deines Wollens wird sein wie der Stamm jenes Baums, woran er ein Blatt nur ist, dein «starker Adam»! – Süße werde ich dir schenken, von der Süße der Frucht, die ER euch beiden verboten hat ... – (listig halb beiseit, gedehnt) – warum wohl verboten ... – warum wohl ... – warum ... ? ? ?

E: Warum wohl WAS, meine Schwester?

L: *(schnell, eifrig, schadenfroh zusammenzuckend bei Eva's Ausdruck: «meine Schwester») :*
Warum wohl – – WAAAS, *(gedehnt)* – – liiiebe Schwester???

E: Ich hörte dich sagen *«warum wohl ...?»* – War's wegen der Frucht? Die Frucht, die ER uns verbot – was weißt du davon? Was ist ihr Geheimnis? – Was kann sie uns schaden? – Weißt du das auch?

L: Ach nein, kleine Eva, frag mich nicht das, frag mich Anderes! Denn wenn's ein Geheimnis sein soll, das ER vor Euch hat, dann wäre es sicher nicht gut, es hier und jetzt und dir gegenüber auszuplaudern – meinst du nicht auch?
Auch weiß ich eigentlich nichts Genaues davon ... – nein, nichts Genaues ..... – nein, eigentlich nicht!

E: Doch ungefähr? — Was weißt du nur ungefähr? – *(bettelnd)* – Oh, sag mir's, liebe Schwester, ei sag' es mir doch!

L: *sichtlich stolz über den Erfolg ihrer Verführung:*
Laß sein, laß bleiben, kümmere dich nicht darum; denn ist es nicht so: «das Halbgewußte hindert das Wissen» – nur ein Eingeweihter mag das verstehen, doch glaub mir, es ist so; und da ja, verglichen mit IHM, all unser Wissen nur Halbwissen ist, so wissen wir eigentlich gar nichts, auch wenn wir zu wissen glauben!
Nur eines weiß ich genau: daß jene verbotene Frucht süß ist – GAAAR SÜÜÜSS, und süßer als alles Andere hier in dem Garten – wobei es außerhalb dieses Gartens noch Anderes, Süßeres geben mag, wovon wir hier drinnen nichts wissen sollen. – So jedenfalls hab' ich's verstanden von unserem HERRN. Doch möchte ich dich nicht versuchen, möchte nicht Neugier erwecken in dir nach Verbotenem – auch wenn mir, nach allem, was ich sonst weiß, nicht klar ist, was daran so geheimnisvoll, und zum Verbieten geeignet wäre ... —
Laß uns aber von Anderem reden: es war ja nur ein Vergleich, jene Süße, von der ich ver-sprach, und die ich Dir schenken mag. So süß sollst du sein für Adam, daß er auch in den höchsten Flügen seines Sinnens und Träumens sie nimmer vergißt und dein Sklave werden muß, gehorsam Deiner sanftesten Bitte; folgsam deinem leisesten Ruf; hingegeben deiner Gnade und deiner Süße – der Süße der Frucht – DEINER Frucht .....!

E: Schwester ich bitte dich: sag mir doch endlich, wie du dich nennst: dein Name in deinem Reich, wie ist e r? – Wie in dem unsrigen? – Und was ist deine Bestimmung im Großen Plan?

L: *(pompös)* Meine Namen sind so zahlreich wie die Sterne, deren MANCHER einen meiner Namen trägt – und KEINER weiß es!

L. öffnet langsam, indem sie sich offenbart, mit gestreckten Armen ihren Mantel wie ein nachtblaues gleichseitiges Dreieck, sodaß allmählich das Kindlein in ihrer Mitte sichtbar wird in sanftem Leuchten)

... und Keiner weiß, wen er vor sich hat, denn meine Gesichter sind viele ... – viiiele!!!

In drohend-bedeutungsvollem Singsang :

Namen von Sternen trage ich, Namen von Göttern; – Namen von Göttern, die noch nicht sind; – Namen von Bergen, von Flüssen und Seen; – Namen von Tempeln und Feldern und Hainen; – Namen von Tränen und Namen von Tanz! –

Singend, in Tanzbewegungen übergehend:

Namen von Müttern und Namen von Kindern; – Namen von Tieren und Geistern und Pflanzen; – Namen von Luft und Namen von Stein; – Namen von Himmeln und Zeiten und Finsternis; – Trauer und Freude und Helle und Licht!
Und meine Gestalt, sie ist ewig sich wandelnd: schwarz wie der Bauch des Bergs – hell wie der Mond! Dunkelgrün wie die gefiederten Tannen; leuchtend grün wie der Morgenhimmel, bevor die Morgenröte erscheint!

Bleibt stehen, priesterinnenhaft, doch stets eifriger, brennender :

Das Azur des Meers, und die Röte gebrannter Erde, und die Weiße der reinsten Asche, und das Silber schneeigen Salzes, und das Goldgrün des wahren Lebens, und das aschengraue Erlöschen, das danach kommt ...

Das Licht ist erloschen; außer einer kalt-blassen Hintergrundbeleuchtung sieht man nur noch die Silhouetten von Eva, Lilith und dem Baum; Eva weicht vor Lilith zurück, bis ihre Silhouette beinah mit der des Baumes verschmilzt)

LILITH bin ich, die Große Mutter: LILITH, die immer war – lang vor der Schöpfung! – LILITH bin ich, die Mutter der Mütter, die Frau aller Frauen, der Schatten des Lichts!

Das Haupt des Kindleins leuchtet golden auf; Eva erblickt es, hebt den Arm und zeigt darauf; öffnet den Mund zur Frage ... – aber da erlischt schnell das Licht; Lilith schließt hastig ihren Mantel, um ihn alsbald wieder weit und finster aufzufächern und in dämonischen Tanzschritten dreht sie sich um Eva herum, während ihr Gesang zur magischen Beschwörung anschwillt:

Kraft bin ich, die aus der Finsternis kommt; – Leben, das im Verborgenen schwillt; – Macht, die nur im Geheimen gedeiht:

Ehre gebührt mir und Furcht und Gehorsam; – und Freude und Trance und süße Verführung; – Sanfte Hingabe und grauses Erzwingen; – die Kraft des Wesens, die Macht der Zeit! —

Mein Tanz ist der Tanz aller Tage – der Tanz aller Frauen in allen den Welten, in allen Himmeln und auf allen Sternen! —

Mein Tanz ist der Tanz der All-Offenbarung – der Tanz von euch Menschen, der Tanz des Vergehens … – der Tanz aus der Tiefe … … – – der Tanz aus der Nacht .... —!

Lilith verschwindet tanzend und singend in der Ferne; Das Licht wird zaghaft wieder etwas wärmer und goldener

E: *mit erhobenem Arm, zögernd einige Schritte ihr nach vorn gehend*

Lilith? – **Lilith**! – – **LILiiiiTH** ..... ! ! ! —— …. —— ……

Nun ist sie fort! Mir ist ganz wirr! – Wohin sie wohl ging? – Woher sie wohl kam? – Was sie wohl bedeutet, für mich – für alles? — So viele Worte – und soviel Mach t!

— — —

Ist es wohl wahr, daß sie meine Schwester ist? – MEINE Schwester? – Welcher Art Schwester? – Und Mutter? ? – Und Schatten? ? ? – – Mir schwindelt!

Und dennoch dämmert in meinem Innern ein Licht neuer Helle, einer Helle, die ich vorher nicht kannte!

Neue Töne, neue Bewegungen, neue Gedanken und neues Sein durchziehen mich in eigenem Wallen, gemischt aus Zittern und wohligem Schaudern — aus fremder Kälte und warmer Vertrautheit …: –

Bin ich noch Eva? Bin ich noch Adams Weib? Bin ich die Menschenfrau noch? Bin ich eine Göttin? —

Beides fühl ich in mir, seit SIE zu mir sprach!

Lilith? - Lilith! - Fürstin der Nacht! - Was hast du aus mir gemacht? ? ? -

sinnend ab.

Auftritt Lilith, in der Erscheinung einer modernen Geschäftsfrau, im schwarz-blauen, strengen Deux-Pièces, einen silbrig glänzenden Aktenkoffer in ihrer Linken, einen silbergrauen Reisemantel über dem rechten Arm. Aufgetreten als dunkle Silhouette, wird sie von einem silberblauen Licht zunehmend doch schwach erhellt.

L: Wo ist sie hin? – Eva! — **EVA** ... ! – – **EEE-V-AAA … !** – —

Da geht sie hin! – Dahin die schlafende Unschuld des reinen Weibs; dahin die Demut, der blinde Gehorsam: Fragen und Zweifel wird sie gebären, und sie, die Lichte, die noch niemals

Finsternis sah, noch Schatten, hat nun einen Schatten, der sie niemals mehr verlassen wird!

In schlecht gespieltem Mitleid, mit deutlich zunehmendem Unterton wahrer Reue, die ein weicheres Licht auf ihre Gestalt wirft:

Fast tut es mir leid, was ich ihr sagte – was ich ihr angetan … – ich böses, schwarzes, nächtliches Weib!

Während des Folgenden rückt sie nach vorn und gegen die Mitte vor. Dort bleibt sie als schmale Figur stehen, stellt den Koffer neben sich, legt den Mantel quer darüber… – Pause –

Sie hebt langsam beide Hände, bedeckt das Gesicht mit den Händen, zwischen denen sie dann doch wieder hervorguckt …

Was ER wohl dazu sagen wird, wenn ER sie sieht? – Und was wohl Adam, der Teure, sie fragen wird, wenn sie ihn ruft, und er kommt, während *sie*, da *er* ruft, nur selten noch kommen, nur selten gehorchen wird? – Sie selber begreift's noch nicht – wie soll sie antworten? – Und ich? Was kann ICH IHM sagen?

Ich weiß ja selbst nicht die Antwort auf alles, was Eva mich fragte: woher ich komme, wer ich denn bin, warum ich so sei, und aus wessen Willen?

Wer nannte mich? – Wer ruft mich??– Und … – wozu??? —— Wie ich sie beneide, die kleine Eva … —… wie ich sie benied! — ——

(Als weiches Echo zum Vorigen)

«Wie ein Bein zum anderen Bein – wie Sonne und Mond!» –

(Bitter)

Ach! – So sprach sie einst, die kleine Reine – und ich habe sie geweckt aus ihrem Traum … — aus *einem* Traum … – in diesen *anderen* Traum … – aus Schmerz ... — — AUS SCHMERZ !!!

Wie groß war doch meine Sehnsucht, groß zu sein wie ER; süß zu sein wie sie – zugehörig zu sein, wie sie ihrem Adam! – – Nun sind wir *alle* getrennt … !! —— Und bald wird auch Adam von ihrem Fieber ergriffen werden, das ICH Ihr gegeben, als dunkles Geschenk ... – nach wessen Plan wohl? — nach wessen Fügung? — Wessen Schmerzen heilte ich? — Welcher Bestimmung gehorchte ich? — Wes Ziel ward erreicht?

Finsternis wollte ich säen, und säte Bewegung … — Bewegung ist Leben! — Bewegung ist LICHT!

Stillstand wollte ich pflanzen mit Hilfe von ‹Wahrheit›, und pflanzte nur Wahn und Schmerz und Vergänglichkeit!

Denn auch ‹Wahrheit› wird wieder verstoßen werden — von unseren Schwestern —— oder von deren Söhnen!

Zweifel wollte ich säen und säte Erkenntnis; Eva's Licht wollte ich nehmen – und gab ihr nur meinen Schatten. Niemals wird sie vollkommen vergessen, woher sie einst kam:

Nie wird sie die Unschuld ganz verlieren, auch wenn sie noch so tief im Schatten versänke. –

Immer wird sie auch Eva bleiben, die Zarte, Lichte … – Sogar wenn eine von ihnen mir ganz verfallen wird, wird sie mir dennoch nie ganz *gehören* ! –

Jede von ihnen, die ich gewonnen zu haben scheine, werde ich ebenso wieder verlieren !

Zwar wird sie die verbotene Frucht essen; wird sie auch Adam zu kosten geben, und es wird geschehen, was geschehen kann und muß. Aber *ganz mein* werden sie niemals sein; beide nicht: Weder mein noch Jaldabaoth's, noch eines meiner Brüder, die mich verehren als Ewige Herrin, als Ewige Mutter – als EWIGES WEIB!

— — —

So geht sie denn hin, die herrisch-zarte, die finster-lichte, das *gefleckte Weib*, das die Unschuld verlor, um Schuld zu kosten und Schuld zu säen und Schuld zu ernten in all ihrem Tun!

So geht sie denn hin, deren Licht ich löschen wollte, und läßt mich in meinem Dunkel zurück. - In neuer Erscheinung folgt sie der alten Bestimmung – nur daß *sie* bald wissen wird, was sie nicht wußte: wer sie selbst ist: Ein Schatten, bestimmt, sein Licht zu finden … …: ——

(die Arme vorgereckt)

EVA–LILITH — die ZWEITE FRAU !

Sie senkt das Haupt; erstarrt in dieser Stellung; nach einer Weile läßt sie die Arme fallen; — Vorderes Licht aus.
Gleichzeitig jedoch, geht im Hintergrund sehr schwach das weißliche Licht wieder an, wird blau wie eine Mondnacht, dann lebhafter, grünlich, wie Dämmerung vor der Morgenröte. – Lilith bleibt als dunkle Silhouette einer modernen Frau zuvorderst in der Mitte stehen, löst sich im Dunkel auf ...—

Golden-rosa Schimmer aus einer Ecke; eine Nachtigall schlägt – eine Kohlmeise balzt: zizi-zit! – zizi-zit! – zizi-zit –Dann Vogelstimmen wie am Anfang ... — Stille ...

Licht ganz aus ... ——

Anhang 4: Vom Wesen des Seins
(Nach einem anonymen Manuskript)

Das ‹NICHTS› ist sowohl die gesamtheitliche Fülle aller weder in einer Vergangenheit, noch in der Gegenwart, noch jemals in unserer oder einer anderen Zukunft manifestierten – als auch aller sowohl in einer Vergangenheit, als auch in der Gegenwart, als auch jemals in irgend einer Zukunft manifestierten, gewöhnlicher menschlicher Wahrnehmung aber unzugänglichen beliebigen Erscheinungs-Möglichkeiten in Gedanken, Worten, Handlungen oder anderen Bewußtseins- bzw. Wahrnehmungs-Formen.

(P.M.)

Vorbemerkung des Herausgebers: *Freunde alter Bücher und Manuskripte erleben manche Überraschung, wie jeder weiß, der diese Liebe mit uns teilt. So ist uns auch ein schwarzes Wachstuchheft mit folgendem Traktat in die Hände gefallen – in einer kaum lesbaren, eiligen Handschrift verfaßt, als hätte der Schreiber befürchtet, seinen Gedanken mit der Schrift nicht folgen zu können. Was damals als ein Hirngespinst, als übersteigerte Phantasie erschien (der Autor spricht an einer Stelle von Häresie), steht genau in der Kreuzungs-Zone von Naturwissenschaft und Philosophie, die heute als ‹Quantenphilosophie› salonfähig geworden ist. Das Manuskript – hier begleitet von Reproduktionen der darin enthaltenen Figuren – lautet wie folgt:*

Vom Wesen des Seins

Wo immer wir uns bewegen mögen, im Haus oder auf der Straße: stets sind wir umgeben von einer unendlichen Vielfalt von Dingen und Lebewesen. Wo immer wir uns auch befinden mögen, nie werden wir doch vollkommen allein dastehen oder ganz allein irgendwo gehen: Immer sind wir umgeben von etwas, das außerhalb unseres Wesens liegt. – Wir sind auch daran gewöhnt, daß in unserem Haus Möbel und Geschirr stehen, daß vor dem Haus eine Straße verläuft, daß auf dieser Straße fast ständig sich Autos, Fahrräder, Pferde, Menschen und so fort hin und her bewegen, und daß um uns her Häuser von riesigen Ausmaßen aus dem Boden wachsen, wie Pflanzen. Ja, wir denken meist nicht einmal mehr daran, daß all dies uns umgibt. Im Gegenteil: Wir wären furchtbar erstaunt, wenn wir uns eines Tages plötzlich und unerwartet nicht mehr auf diese vielfältige Weise umgeben sähen; - wenn alle diese Dinge und Wesen verschwunden wären und wir in einer Leere schweben - ja, schweben würden, außerstande, einen fremden - und vielleicht auch nur unsern eigenen - Körper erblicken, riechen oder ertasten zu können.

Und dennoch *können* wir nicht nur – wir *müssen* vielmehr annehmen, daß irgendwann einmal nichts von alledem, was wir in der Zeit unserer irdischen Existenz längst als Selbstverständlichkeit anzusehen uns angewöhnt haben, da gewesen ist; – nichts außer eine ‹Leere›, einem Raum ohne den geringsten mit fünf oder sechs Sinnen erfahrbaren Inhalt – eine Ausdehnung ohne Begrenzung.

Denn alles, was wir sehen, hören, fühlen, riechen oder schmecken können, ist aufgebaut aus Bauteilen, die ihrerseits wiederum aus kleinen und kleinsten Teilchen bestehen, sodaß in der steten Zergliederung, eines Pferdes zum Beispiel, kein Ende abzusehen ist, während wir doch schon außerstande sind, uns etwas richtig vorzustellen, was dünner ist als ein Haar. Dabei ist ja schon dieses Haar im Vergleich mit ganz unvorstellbaren Größen - zum Beispiel einem Virus von einem Zehntausendstel Millimeter - und die doch unendlich weit davon entfernt sind, ein Nichts zu sein: Schon dieses Haar ist bereits ein Riese unter den Kleinsten. Und dennoch können wir dieses relativ große Teilchen kaum mehr richtig erfassen, sobald seine Eigenschaften uns daran hindern, es unter einem Mikroskop oder vermittelst einer ähnlichen Vorrichtung zu betrachten.

Zwar hat die Wissenschaft längst die größten Anstrengungen zur Bestimmung des Ursprungs aller Dinge unternommen. Vom *Atomos* als dem vermeintlich kleinsten Materie-Teilchen, dessen Unterteilung als unmöglich angesehen wurde, ist man zu den Atombausteinen und sozusagen bis in die Eingeweide der Atome vorgedrungen, ohne doch ihr HERZ zu entdecken: den wahren Kern lebendiger Manifestation in der Materie. Denn da ein Atom Bewegung und Wärme manifestiert, muß es eine Lebens-Form sein – also lebendigen Geist enthalten! Daran ändern alle mathematischen Formeln und intellektuellen Gewaltanstrengungen nichts, die mittels neu geprägter Begriffe und ‹Naturkonstanten› die Unterwerfung noch der kleinsten nur denkbaren Elementarteilchen unter den eitlen menschlichen Geist beweisen möchten. – Man hat benannt, klassiert, formuliert und numeriert, und man dächte gerne, wenn man es erst so weit gebracht, daß man jegliche Bewegung genau zu beschreiben, ja, zu imitieren wüßte, dann hätte man wirklich Das Geheimnis der Schöpfung in der Hand! In der Naturwissenschaft – wie bekanntlich in der Medizin – werden ja das Phänomen, die Wirkung eines Vorgangs und die meßbaren Reste davon für den Vorgang und sein Wesen selbst genommen: – Arme Wissenschaft!

Die Diener der akademischen Wissenschaft würden uns hier wohl Vieles entgegnen wollen: Man würde uns beweisen wollen, der Grund für alles sei wohlbekannt; Beschleunigung, Magnetismus und so fort seien grundlegende meßbare und reproduzierbare Kräfte - «natürliche Größen» - und dergleichen mehr. Wenn wir jedoch nun zu fragen beginnen: WAS IST diese Beschleunigung? - WAS SIND Kraft, Richtung, Masse? - so werden wir doch nur wieder auf neue Tautologien stoßen, und schließlich auf den Begriff ENERGIE!

Energie als Wärme, Energie als Bewegung, als Laut, Licht, Geruch und Geschmack; - Energie als ‹Gefühl›, als ‹Stimmung›, als Bluts-Stimme. – Energie ist Leben, ist Geist! – WESSEN Leben? WESSEN Geist?

All die vielen Formen von Energie sind ja lediglich Ausdruck – WESSEN? – und so sind wir auch nicht berechtigt, anzunehmen, daß ‹Energie› ein Urteilchen, eine Ur-Form sei, - die Urexistenz alles Seienden. Denn selbst wenn wir annähmen, für jeden Körper dürfe im Anfang eine allein ihm – oder Allen – entsprechende Energie- und Grundform angenommen werden, so bliebe dennoch die noch viel vielfältigere Welt der Begriffe, Gefühle und Ideen, die sich durch solche Annäherung nicht berühren lassen – es sei denn, all diese Grundformen seien auf eine einzige Ur-Energie zurückzuführen …

Nun ist aber gewiß, daß alles was existiert - sei es konkreter oder abstrakter Natur - aus einem gemeinsamen Urgrund – einer Letzten Ursache, Prima oder Ultima Causa – kommen muß und daher auch kommt. – Nur: Wo ist dieser Ur-Grund oder Ur-Quell zu finden?

Wollen wir uns einmal vorstellen, daß wir einen gegebenen, neutral-homogen gedachten Körper – etwa einen Stein – immer kleiner werden lassen, bis seine Masse unendlich klein wird (kleine Indices seien im Folgenden für Verkleinerungen [**v**], große für Vergrößerungen [**V**] gesetzt). Dort, im unendlich Kleinen müssen wir aber aufhören von Masse zu sprechen: Diesen Grenz-Punkt wollen wir *Limes m* nennen: *Lim m* $(v \rightarrow \infty)$. – Und es sei dieser Punkt in *Figur 1.* bei L angesetzt, obschon wir ihn in Wirklichkeit nicht lokalisieren können. Dennoch nehmen wir an, wir hätten den wahren Ursprung, den ‹Nabel› der Materie-Bildung – nämlich das «universelle Ur-Teilchen», - gefunden, nach dem zu suchen wir unternommen haben.

∞	$\leftarrow$	M/**m**	$\rightarrow$	$\odot$	$\leftarrow$	i/I	$\rightarrow$	∞
M		(Massen-Welt)		**L**		(Ideen-Welt)		**I**

FIGUR 1: Vom Limes M unendlicher Vergrößerung der Masse über den Limes L unendlicher Verkleinerung der Masse m und unendlich kleiner Idee (‹Ur-Idee› i) zum Limes der Einen unendlich großen Idee I (das ist die Gesamtidee des Schöpfers des Universums).

Wenn wir also unseren Stein, oder was immer es auch sei, immerfort weiter unterteilen, sodaß die Masse schließlich unendlich klein geworden sein wird, so erreichen wir schließlich einen Punkt, wo dieses Masse-Teilchen aufhört, Masse zu besitzen und folglich auch, Masse zu sein. Bezeichnend für die Naturwissenschaft ist die Tatsache, daß es für die Existenz der Masse als solcher keine Definition gibt, sondern nur Definitionen für ihre meßbaren Phänomene: das Vorhandensein von relativen Mengen, Qualitäten, Wirkungen u.s.w., die durch sogenannte Messungen, d.h. Vergleiche mit willkürlich festgelegten Parametern erhalten werden. –

Uns zwischen *L* und *M* auf der *m-Achse* bewegend, stoßen wir immer weiter ins Gebiet der kleinsten und größten Körper in all ihren Existenzformen vor. Dadurch entsteht notwendigerweise nicht nur eine Gerade, sondern eine kegelförmige *Räumlichkeit R (Fig. 2)*, deren Mantellinien hyperbolisch vorzustellen sind. Ihr größter, unendlich weiter Querschnitt *s* mit unendlich großem Radius *r* wird durch die unendliche Anzahl nicht unterscheidbarer, also gleichförmiger Ur-Teilchen ohne räumliche Ausdehnung bestimmt. Die Spitze M, im Unendlichen liegend, ‹bezeichnet› hingegen einen einzigen, unendlich ausgedehnten Raum, der Alles, auch die unendliche Anzahl übriger Räume umfaßt.

Was aber liegt dahinter?

Wenn wir unseren Körper, – welcher Natur er auch immer sein möge, – schwinden lassen, bis er in unendlicher Kleinheit sich verliert, so wird er wohl endlich nicht mehr Masse genannt werden können. Dennoch wird niemand bestreiten wollen, daß er in seinem Wesen noch existiert. Zwar hat er keine Ausdehnung mehr, keine Eigenschaften der messenden und meßbaren Welt, und darum können wir ihn weder figürlich noch begrifflich beschreiben. Doch da wir noch von ihm sprechen können, muß er noch da sein: Bereits unser Denken, - unser WORT macht ihn existent. Doch woher kommt uns dieser Gedanke? Wir wollen ihn, um darin sowohl bereits existente als auch annoch inexistente Gegenstände zu begreifen, die *IDEE des Gegenstandes* nennen.

Lassen wir für die *Ideenwelt* dieselbe Gedanken-Konstruktion zu wie für die *Materiewelt*, so entsteht ein zweiter Kegel, dessen – in allen drei Dimensionen im ‹Unendlichen› liegende – Basis ebenfalls durch den bereits genannten größten Querschnitt *s* gebildet wird: Dies eben ist der ‹Ort›, an dem die unendliche Anzahl der indefinitesimalen Ur-Teilchen in eine unendliche Anzahl infinitesimaler und ununterscheidbarer Ideen-Partikel übergeht. Auf der *i-Achse* in Richtung *I* fortschreitend, gelangen wir zu immer größeren, genauer beschreibbarer Ideen. Die *Spitze I* entspricht dann einer einzigen, alle übrigen Ideen enthaltenden, also all-umfassenden und all-begreifenden, unendlich großen Idee.

Dadurch entsteht eine Spindel, deren ‹Querschnitt› ebenso im Unendlichen liegt wie die beiden ‹Spitzen›. Sie ist also sozusagen zweimal unendlich; denn nicht nur existieren bereits jetzt auf der Erde und im ganzen Universum mehr Gegenstände und Wesenheiten, als man zählen könnte, es werden auch sekündlich unzählbar viele Körper und Ideen hinzu generiert. Somit ist der naturwissenschaftlich definierte ‹Raum› jetzt doppelt ausgefüllt.

Figur 2 ist indessen nur eine starke Vereinfachung: Nicht nur muß *Lim M* (wie *Lim m*) im Unendlichen liegen, sondern auch der Ursprung *L* (*als Lim m*) selbst, - und ebenso zwei weitere ‹Punkte›: *Lim I* sowie gleichzeitig *Lim i*, über die wir im folgenden noch sprechen wollen, sowie der ‹Mantel› der Spindel als Ganzer, der doch keineswegs begrenzt werden könnte!

Der Rest, der in der unendlichen Ferne unserer Verkleinerung übrig bleiben muß und darum wird, ist, - so behaupten wir – seine *Ur-Idee*. Dabei ist uns die IDEE nicht ein Abstraktes im allgemeinen

Sinne: In dem Sinne, wie dies gemeinhin verstanden ist, gibt es ein Abstraktes überhaupt nicht einmal!

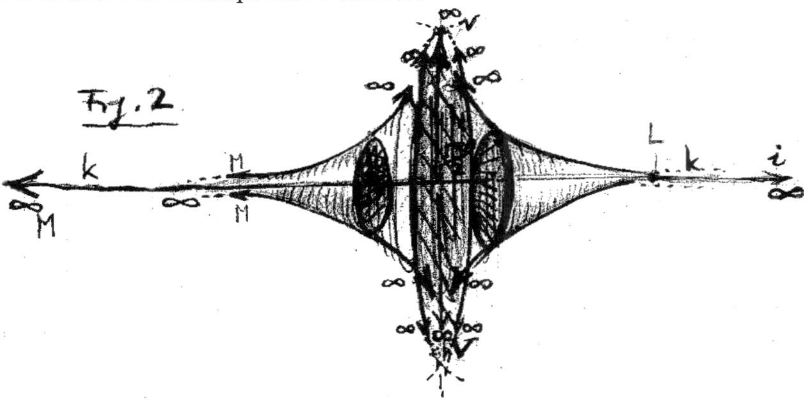

FIGUR 2: *Nur eine* unendlich große Masse M, *nur eine* unendlich große Idee I sind möglich; – aber unendliche Mengen kleinster Masseteilchen m und unendlich kleiner ‹Ur-ideen› i – oder ‹Elementarteilchen Gottes› – schöpferische Funken. – Lim m und lim i liegen im Unendlichen des größten Spindelquerschnitts und sind *identisch*.

So wie wir die Wellen der Elektronen und womöglich ihrer Teilchen als Bewegungsform verstehen können, – einer Bewegung, die einen gedachten ‹Kern› ‹umkreist›, so muß auch die Idee in ihrer Emanation aus Wellen einer sehr hohen Frequenz bestehen, die um einen Kern – die *Kern-Idee*, den ihr zugehörigen schöpferischen Funken, kreisen und von Ihm ‹zusammengehalten› werden, wie von einer sogenannten Gravitationskraft. Erst in entsprechender ‹Vergrößerung› würde dann sozusagen eine «greifbare Idee» entstehen, entsprechend einem be-greifbaren Ideen-Atom *(Fig. 3).*

Der kugelförmige Raum, der in der Skizze mit *e* symbolisiert wird, möchte nur veranschaulichen, das es sich hier um einen vergrößerten Ausschnitt einer *Ideen-Bahn* - entsprechend einem Elektronen-Orbit - handeln solle. Diese ‹Bahn› selbst sei mit W benannt, ihre Gruppen-Zuordnung mit w, und ihre individuelle Prägung mit Bigamma (*F*)

Um die Idee dennoch in ihrer physischen – sozusagen ‹physikalischen› – Wirksamkeit einzuordnen, womit sie auf den menschlichen Geist wirkt, sei ihr eine physikalische Masse zugeordnet, und zwar am Limes der Verkleinerung: *Lim m* $(v \to \infty)$. [1]

---

[1] An dieser Stelle sei angemerkt, daß der physiologisch lokalisierbare Übergang von geistigen Energien zu physischen Ausdrücken ihrer selbst, welche ihrerseits wiederum (sekundäre) Auslöser in Form Hormon-dirigierender Leit-Hormone sind; – daß dieser

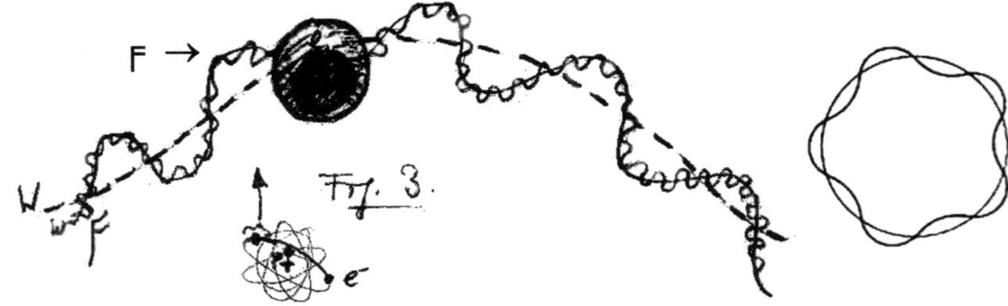

FIGUR 3: LINKS: Im *Ideen-Atom* kreisen Wellen sehr hoher Frequenz um den Ideen-Kern, d.h. um den schöpferischen Funken, der wiederum sich selbst auf seiner ‹Ideen-Bahn› – *Bigamma*, diese auf der Gruppenbahn *w*, Teil der Bahn *W*, durch den universellen Raum ‹bewegt›. – RECHTS: Bohrsche Elektronenbahn als stehende Welle mit n = 5; Bedingung erfüllt.

In ihrem Kern aber wird die Idee dann identisch mit dem gedachten Kern eines Ur-Atoms: Beide sind immaterielle Zentren, die durch ihren Magnetismus die Materialisierung der Idee ermöglichen: Es sind somit *Elementar-Teilchen Gottes* - Geist-Atome– Funken des Ewigen – Urteilchen des Ur-Chaos, in unsere Welt ‹geblasen› – ihr «eingeblasen» – und nach dem Universellen Gesetz zu dem geworden, was sie sind. Auch dem Atom liegt somit als Ur-Zentrum die *Idee vom Atom* zugrunde – die *schöpferische Atom-Idee Gottes.* Um indessen den Wissenschaftlern Genüge zu leisten, sei diese These mit einer vereinfachten Formel unterstützt:

Am Ende der Verkleinerung der Masse stehe *Lim m* **(v → ∞),** mit der *Trägerwelle Bigamma (Ϝ);* am Ende der Verkleinerung der Idee – d.h. in ihrem Zentrum, und damit im Zentrum der größten ‹Scheibe› der Spindel S – stehe die *Uridee – also Lim i* (v → ∞**).** Ihm als dem innersten Zentrum kann keine Ϝ Welle mehr zugeordnet werden, sondern höchstens ein infinitesimaler *Stern.* – Nun haben wir

---

kritische Übergang sich zum Beispiel eindeutig in der menschlichen Zirbeldrüse, der PINEALIS lokalisieren läßt, einem winzigen Organ, dem durch die spirituellen Traditionen der ganzen Welt seit je tatsächlich diese Funktion auch zugeschrieben worden ist und noch wird. Allerdings ist diese Zirbeldrüse ein verglichen mit der Urzeit total verkümmertes Organ: Es hat dem urzeitlich nur als kleine Drüse existenten heutigen Großhirn seinen Platz überlassen, wodurch aus dem schauend wissenden Menschenwesen ein intellektuell spekulierendes geworden ist, dessen Wissen im wahren Sinne ein relativ verkümmertes ist. – Doch ist es dem in diesem Sinne verblendeten Menschen möglich, den Weg zurück zum alten Wissen zu finden, wobei das intellektuelle Denken – ganz in den Dienst des geistigen Strebens und Schauens gestellt – wertvolle Dienste zu leisten hat, genau wie das ebenfalls über Jahrtausende aufgebaute Ich, das den materialistischen Menschen innerlich in so trauriger Weise von Schöpfer und Schöpfung – von der ursprünglichen Gemeinschaft im Universum entfremdet hat. – Anm. d. Kopisten.

aber gefunden, daß die Uridee des *Atoms* mit dem Urkern der *Idee* als Funke der Schöpfung identisch sein müsse. Das heißt also, daß die oben angegebene Wellenlänge F für das ‹*Uratom*› entweder sozusagen bei ‹Halb-Unendlich› auftritt (wonach dann die Verkleinerung zur Uridee beginnen würde), oder aber, daß wir hier bereits am Scheideweg stehen würden zwischen Konkretisierung der Uridee zur *Materie*, und Konkretisierung des Ur-Atoms zu *Geist*. Wie dem auch sei: für die Fortführung unserer Überlegungen spielt dies schließlich keine Rolle. Denn da dieser Scheideweg irgendwo im Urgrund einmal existieren *muß*, werden dann, am *Göttlichen Ur-Sprung* die beiden Limites doch zusammen fallen:

$$Lim\ \mathbf{m}\ (\mathbf{v} \rightarrow \infty) \equiv Lim\ \mathbf{i}\ (\mathbf{v} \rightarrow \infty) \quad [\approx F]$$

Daraus folgt, daß *Fig. 2* insofern zu ergänzen ist, als *zwei Spindeln* entstehen müssen (*Fig. 4*):

Die *Spindel* S_i besitzt hyperbolische Mantellinien, - genau wie die *Spindel* S_m. - Das heißt: *auch ihre* Spitzen münden ins Unendliche; *auch ihre* Mantellinien sind unendlich weit von der Achse entfernt. Zwei der Spitzen sind identisch, wie wir schon bemerkten, und zwar sind dies die Spitzen $\sum$ [$\mathbf{v} \rightarrow \infty$]; – das ist dort, wo die beiden Limites $\sum$ in F congruieren.

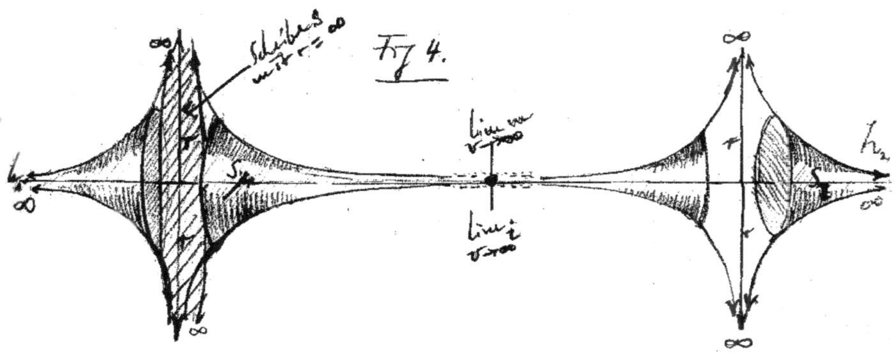

FIGUR 4: Die *Spindel aller Massen* (M → m) spiegelt sich bei der Wellenlänge F (Ausdruck von Limes m *und* Limes i *zugleich*) und geht dabei über in die *Spindel der Ideen*($i \rightarrow I$)

An diesem Punkt stellt sich uns zunächst eine ganz einfache, menschliche Frage: Was geht hier vor? – Wer oder was war – bzw. ist – der Ursprung oder der Anlaß zu dieser *Urwelle*? – Wir sagten es bereits: Es ist die *göttliche Ur-Idee, der schöpferische Ur-Funke*, - das *geistige Ur-Atom*, und damit der *Geist Gottes* - *der*

LOGOS. Damit ist der Wellen-Begriff *F* auch auf graphischem Weg – obschon real völlig unzulänglich – auf die göttliche Uridee zurückgeführt!

Wem diese Anordnung unmöglich scheinen sollte, den möchten wir nebenbei darauf hinweisen, daß es sich bei dieser Vorstellung, die sich notgedrungen der dreidimensionalen Begrifflichkeit unserer stumpfen Sinne bedient, in Tat und Wahrheit keineswegs um eine solche dreidimensionale Ordnung handeln kann: Weder sind die Achsen der Spindeln geodätische Linien, noch sind sie gewöhnliche Geraden der Euklidischen Geometrie (siehe Erdvermessung!). – Vielmehr wären sie, wie ihre hyperbolischen Mantellinien auch – und da jede Gerade eine Kurve mit unendlich weiter Krümmung ist – selbst als ‹hyperbolische Kurven› zu denken, die sich einer eigenen Assymptote im Göttlichen ‹Raum› nähern; – einer Assymptote, die – soweit wir in unserer zeichnerischen Darstellung bleiben müssen – gemäß *Fig.4* – ‹senkrecht› zur Zeichenebene vorzustellen wäre *(Fig.5).*

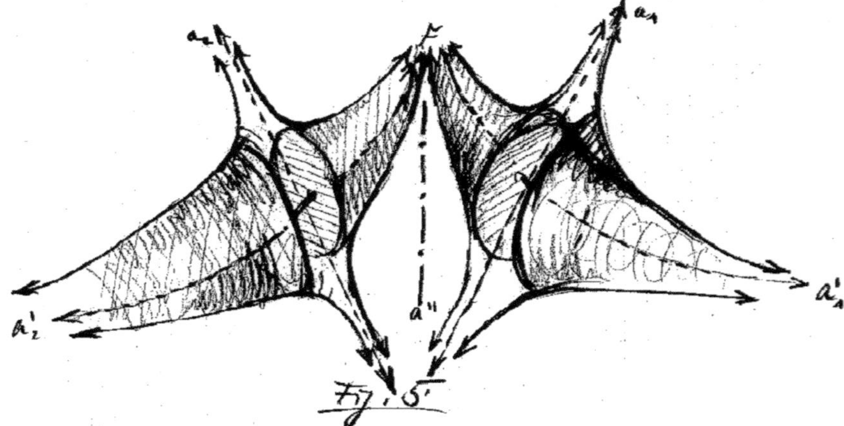

FIGUR 5: Die Spindeln aus Massen-, Ideen- und Zeit-Dimensionen laufen an *allen* ihren ‹Spitzen› in der ‹Unendlichkeit› zusammen; – aus neun Dimensionen entsteht als ‹Schnitt-Raum› eine zehnte – die *überall unendliche* ‹Dimension des Göttlichen›.

Indes gibt es hier längst keine ‹Senkrechte› mehr, befinden wir uns doch längst außerhalb der Möglichkeiten räumlicher Vorstellungs- und Abbildungskraft. Bereits in den durch *Fig. 2* notdürftig dargestellten Verhältnissen bewegten wir uns ‹räumlich› in die vierte *räumliche* Dimension hinaus. In *Fig. 3* kommt eine *zeitliche Dimension* dazu, die absolut keine räumliche sein kann – und damit widersprechen wir zugleich fundamental und fundiert dem heutigen Stand der akademischen Wissenschaft. Bei *Figur 4* käme somit eine fünfte Dimension dazu; und bei der ‹Gesamtansicht› gemäß *Figur 5* würde dann die sechste Dimension erreicht – kaum denkbar und absolut unvorstellbar.

Die *SIEBENTE DIMENSION* ist aber noch einen Schritt weiter: Hier strebt jegliche Ausdehnung der sechs Dimensionen ins respektive Unendliche und kehrt gleichzeitig und ununterbrochen in ihren Ursprung zurück. Das ist die *DIMENSION DER ALLGEGENWART:* ‹anwesend› *«gleich-‹zeit›-ig»* am Ausgangspunkt, an unendlich vielen Endpunkten und an sämtlichen Punkten dazwischen. Und darum ist an diesem ‹Punkt› nicht nur jeglicher Raum Allgegenwärtig – und gleichzeitig aufgehoben! – sondern auch jegliche Zeit. Alle räumlichen und alle zeitlichen Dimensionen sind hier Eins geworden, fallen zusammen – entfallen zugleich. Zeitliche All-Gegenwart und räumliche All-Gegenwart alles Vorstell- und Denkbaren, alles Undenkbaren, alles Materiellen und Ideellen, alles Imaginären und Spirituellen zugleich.

Die *SIEBENTE DIMENSION* ist also nichts Anderes als die räumliche, zeitliche, geistige und materielle *ALLGEGENWART GOTTES*: Alles ist Eins geworden – *ʿεν το παν – hen to pan.* – Damit wird uns einerseits der Anfang der Schöpfungsgeschichte interpretiert, – andererseits aber auch der Beginn des Evangeliums nach Johannes: *Εν αρχη ην ʿο λογος – En archè èn ho logos - im Anfang war der LOGOS* - eigentlich: der universelle Geist – die *schöpferische Gedankenfülle (Nous)*, oder auch die *Göttliche Allgegenwart* … —

An dieser Stelle der Transscription unseres verstaubten Manuskripts angekommen, erlauben wir uns den Hinweis auf die tiefe Erkenntnis, die sich hinter dieser Herleitung des Schöpfungsgedankens verbirgt: Der Autor hätte ja von Anfang an anstelle des Ausdruckes «Hyperbeln» jenen der «Parabel» wählen können, was sowohl grafisch als auch philosophisch demselben Zweck gedient hätte, - womit aber auch noch die Parabel als gleichnishafte Ausdrucksweise der Philosophen zum Ausdruck gekommen wäre.

Genau so treffen darum auch die verschiedenen Gedanken-Kerne überein, wenn es um den ‹Beginn der Schöpfungsgeschichte› geht, die der Autor hier anzieht. LOGOS – der Grund-Gedanke, die Ur-Idee, bei Goethe «Die TAT» {bzw. die DATH des Baums der Sephiroth}, in der bekannten Übersetzung das WORT - oder endlich: das ‹VERBUM DIMISSUM›. Hier, an der Grenze des Begreifbaren, am LIMES, wie es der Verfasser nennt, und der den Alten ein Fluß war, den es zu überschreiten galt; - hier ist es, wo alle Begriffe zusammenfallen - das heißt: übereinund *und* auseinander *fallen: Hier ist es auch, wo wir den direkten Zusammenschluß der Schöpfungsgeschichte mit dem Beginn des Johannes-Evangeliums finden können:*

«Im Anfang war das WORT, und das WORT war bei GOTT, und GOTT WAR DAS WORT ... »

*Sind nicht dieses «*WORT*» und des Verfassers* «göttliche Ur-Idee» *ein und dasselbe? Und kommen nicht beide aus dem* «CHAOS»? – *Und sind nicht diese beiden Ursprünge zusammen das, was man GNOSIS nennt, – oder* PRONOIA – *der ‹schwangere› All-Gedanke,* worüber wir in *der Messe «In immaculatam conceptionem Virginis Mariae»* fast wörtlich genau wie in den alten Texten Babylons und Indiens lesen (oder in Prov. 8, 22-35; resp. Jes. Sir., 14, 5 ff.):

«Der Herr hat mich besessen am Anfang seiner Wege. Ich war, bevor er die erste Schöpfung vollzog. Ich war da seit aller Ewigkeit, bevor noch die Erde erschaffen war. Noch war kein Abgrund, und schon war ich gezeugt. Noch entsprang der Erde kein Quell; noch war die große Masse der Gebirge nicht aufgetürmt; ich war geboren noch vor den Hügeln. Weder Erde noch Flüsse hatte er erschaffen, noch die Erde an ihren Polen befestigt. Als er die Himmel ausbreitete, war ich schon da; als er den Abgründen ihre Grenzen gab, ein unverletzlich Gesetz schrieb aller Welt; als über der Erde die Luft er befestigte; als den Wassern der Quellen ihr Gleichgewicht er gab; als das Meer er mit seinen Ufern umschloß; und als den Wassern ein Gesetz er beschrieb, daß sie nie ihre Grenzen verließen; als die Grundvesten der Erde er setzte, war ich schon bei ihm und ordnete alles.» —

Mehr darüber sagen zu wollen steht unsern bescheidenen Kenntnissen nicht an; doch sei der Leser auf eine entsprechende Stelle im Mysterium der Kathedralen von Fulcanelli hingewiesen, wo er die Urmutter und Urmaterie – «Mater Ea» – anspricht.[2] - Und da unser Verfasser hier gerade den Johannes zitiert, sei auch erwähnt, daß Johannes zwar ‹nur› mit Wasser taufte, daß aber die übliche Darstellung der Taufe Jesu durch Johannes die Taube zeigt – Emanation des Geistes, also des Feuers. Wäre demnach das VERBUM DIMISSUM seiner Natur nach eher dem Ur-Wasser ▽ als dem Ur-Feuer △ zu vergleichen? – Oder entspricht es der vollkommenen Vereinigung Beider, dargestellt durchs Weisheitssiegel Salomonis ✡ ? – Geben wir doch wieder unserem Autor das Wort! – Er fährt fort:

---

[2] Fulcanelli: *Mysterium der Kathedralen und die esoterische Deutung der hermetischen Symbole des Großen Werks.* – Edition Oriflamme, Basel 2004, p. 91:
Maria, Jungfrau und Mutter, stellt also die Form dar. Elias – die Sonne, Gott Vater – ist das Emblem des Lebenshauchs (*esprit vital*). Aus der Vereinigung dieser beiden Prinzipien geht die lebende Materie hervor, die dem Auf und Ab nach den Gesetzen von Umwandlung und Fortschritt unterworden ist. Dies ist dann *Jesus*: der fleischgewordene Geist; – das in den irdischen Dingen, die wir kennen, *verkörperte Feuer – Jès.*

Zwar ist die Idee in diesem Sinne nicht als eine ‹Idee› im allgemein bekannten, bürgerlichen Sinne zu verstehen, sondern viel eher als die *‹Idee von der Idee›* im göttlichen Sinne.

Gewiß, wir können uns unter dem Ausdruck «Idee» nichts vorstellen; –viel weniger noch unter dem Ausdrucke der «Idee von der Idee». – Doch müßte ja allein schon die Vorstellbarkeit dieser Begriffe all unsere bisherigen Betrachtungen widerlegen, wie übrigens auch ein vorstellbarer und also in Massen ausdrückbarer Ur-Teil der Materie sich selbst widerlegen müßte, da man ihn doch – gerade als etwas Vorstellbares – mindestens in dieser Vorstellung noch weiter *elementieren* könnte. Vielmehr erhält unser Begriffs-Monstrum einer *‹Idee von der Idee›* erst dann seine wahre Bedeutung, wenn sie (die Idee von der Idee) in ihrer Endgültigkeit und Unvorstellbarkeit als Göttliche Ur-Idee dem menschlichen Begriff und Zugriff ganz entzogen wird. – Alles also, was wir sehen, hören, fühlen oder auf andere Weise wahrnehmen können, wird als solche Wahrnehmung erst ermöglicht durch die Idee:

Ein Tisch beispielsweise wird als Körper nur durch unsere *Idee von einem Tisch* existenzfähig, die sich auf dem *Wege i* der *Hyperbel **I*** zum *Wert F* hin bewegt, an ihm gespiegelt und auf der *Hyperbel **M*** wieder in die unserer Auffassungsgabe gemäße Dimension ‹Masse› ‹zurückbegeben› hat. So wie die Alten den Wunsch den Vater der Gedanken nannten, so können wir nun unsererseits die *Idee* - und diesmal die *konkrete Idee* - die Mutter der Wahrnehmung nennen:

Erst durch ihre Intensivierung, *Verdichtung und Zusammenballung*, die sich allein aus ihr und durch sie selbst ergibt, ermöglicht die Ur-Idee die Bildung einer Idee: und diese wiederum erzeugt durch ihre Intensivierung, Verdichtung und Zusammenballung eine sensitive oder körperliche Empfindung – und somit eine Erscheinung: eine subjektive Wahrnehmung. So ist es «kein Wunder», wenn alle menschlichen Erfindungen und Entwicklungen weit hinter dem zurück bleiben, was wir «Natur» nennen können, da doch von der Idee bis zu ihrer körperlichen Verwirklichung (zum Beispiel einem Tisch) ein *zweimal unendlicher Weg* zurückzulegen ist! So betrachtet wäre jegliche Erfindung, jede Entwicklung – und damit auch jeder Fortschritt unmöglich, wenn nicht von Zeit zu Zeit ein ‹göttlicher Funke› aus der einen Unendlichkeit in die andere überspränge, dergestalt, daß durch den dabei erzeugten «Geistes-Blitz» Aeonen zu Nichts werden und auch auf dieser Ebene alle Dimensionen menschlicher Vorstellungskraft gesprengt, Zeit und Raum aufgelöst und die göttliche Universalität für einen winzigen Augenblick sichtbar werden könnten.[3]

---

[3] Fulcanelli a.a.O. S. 92 beschreibt das in der Hingabe *«des alten Meisters, der voll ängstlicher Aufmerksamkeit die Evolution des mineralischen Lebens ergründet und*

Wollte uns nun jemand entgegenhalten, daß solche Auffassung häretisch und, da sie alle menschliche Wissenschaft verlache, nihilistisch und verderblich sei? Das hieße, unsere Aussagen in ihrer Ganzheit mißverstehen und in ihr gerades Gegenteil verkehren zu wollen. Haben wir doch hiermit im Gegenteil nicht nur die Spur des Göttlichen - die Emanation Gottes selbst - entdeckt, sondern ist dadurch auch das menschliche Vermögen nur umso näher an Gottes Atem und seinen Plan herangerückt worden! Darum ist der Mensch allein von allen Geschöpfen zur Aufnahme und Transformation des Geistes (der in Wahrheit stets göttlichen Ursprungs und darum selber göttlich ist) befähigt, auserwählt und sogar bestimmt:

«Denn alles was geworden ist, ist durch dieses Eine geworden, und ohne dasselbe ist nichts geworden, was geworden ist»; - auch Menschenwerk nicht! *«Und das Licht leuchtet [noch heute] in der Finsternis, aber die Finsternis hat es [noch immer] nicht begriffen.»*

Man möchte uns vielleicht auch Nietzsche entgegenhalten, der auf seinem erkenntniskritischen Wege zum Schluß kam, alles sei nur Idee («Einbildung») und der an dieser ‹Erkenntnis› verzweifelte, mit dem Argument: «Wozu noch weiter leben, wenn doch alles nur Illusion ist?» —

Nun ist aber, wie wir gesehen haben, von der Idee (Inspiration) zur Einbildung (Imagination) ein weiter, weiter Weg: Manche Irrtümer sind möglich, und damit auch falsche Einbildung aufgrund wahrer Ideen. Die Einbildung aber, - auch wenn sie falsch ist, - ist dennoch weit von einer Illusion - dem Spott aus der Geisterwelt - entfernt: Vielmehr ist es dem rastlosen, überall auf der Lauer sitzenden Lucifer selbst zuzuschreiben, wenn er uns ‹eitlen› Menschen mit der einen Hand einen klaren Gedanken hinhält, um uns darauf mit der andern Hand seinen Schatten überzuwerfen, unter dessen Gestank wir ersticken müßten, wenn uns nicht Gottes Gnade davor beschützte.

So ist es allerdings erstaunlich, wenn wir - vielleicht nur als Punkt inmitten des Schöpfungskreises - überhaupt in der Lage sind, uns ein so wunderbares und vielfältiges Weltbild zu schaffen, das, wenn es im Grunde doch nur aus Ideen und ihren magnetischen Emanationen bestehen sollte, dennoch alles anbietet, was wir benötigen, um der Wahrheit, - dem Geiste Gottes - näher zu kommen. Man nenne dies nun Selbsttäuschung oder wie immer man wolle: Da es uns weiter bringt auf unserer vorbestimmten Bahn, dünkt uns dieses Bild - diese Einbildung - ebenso göttlich wie irdisch!

---

hinterfragt, um endlich überwältigt das Wunder zu betrachten, das ihm sein Glaube - für einen Augenblick zu durchschauen erlaubt!» – Anm. d. Kopisten.

Sollten wir also unser Leben wegwerfen im Angesicht dieser ungeheuren «Idee», - dieser durch Aeonen hindurch aufgebauten Einbildung? – Nein: Ihr verdanken wir die Entwicklung unseres Bewußtseins ebenso wie die materielle Basis, die eine solche Entwicklung erst ermöglicht hat; - man gebe dieser Materialität nun welche philosophische Interpretation man wolle! – Dürfen wir Menschen uns doch selbst als Teil des Einen Ur-Subjektes verstehen, das so Idee wie Materialisierung erst ermöglicht; – ja: wir werden dadurch selber Teil der göttlichen Schöpfung, - nicht nur als Geschöpfe, sondern auch selbst als Schöpfer!

Hier bricht das Manuskript ab. – Wie sollte es enden? Welche Schlußfolgerung war es, welches Ideal, - welches philosophische Ziel vielleicht, das der ungenannte Autor seinen Lesern auf den Weg mitgeben wollte? Und was war sein leitender Grundgedanke hinter dem ganzen Traktat?

Ging es um einen Beweis Gottes? Oder sollte vielmehr Ursprung und Sinn alles Seienden - der Schöpfung wie des noch zu Schöpfenden - erforscht werden? Wir können's nicht ergründen, doch glauben wir eine mögliche Schlußfolgerung in Händen zu halten; und wir wollen sie hier anfügen, in der Hoffnung, daß sie von der Absicht des anonymen Autors nicht allzuweit entfernt sei. Wir glauben also, in seinem Sinn und Stil wie folgt schließen zu dürfen:

«Damit befinden wir uns im Schnittpunkt von Idee und Wirklichkeit; finden uns selber am *Limes* wieder, am Ursprung der Achsen unserer hyperbolischen Spindeln (deren dritte durch die Hierarchien der Himmel gebildet wird) – dort, wo alle Dimensionen, so viele es deren geben mag, zusammen- und darum auseinanderfallen: ‹dort› wo der Urquell von Allem ist, was wir nur ‹göttlich› nennen mögen, ‹dort› lebt in Wahrheit auch der *Neue Göttliche Mensch*!» —

Andere Leser dieses Traktats mögen ein anderes Ende er-finden, das ihnen besser zusagt; – uns gilt obige Er-gänzung zugleich als die Essenz aus den vorangehenden Entwicklungen. – Und somit schreiten wir über den ‹Limes› zurück; - zurück in die bürgerliche Welt, die wir besser kennen ... —

Anhang 5-A
Die Abbildungen

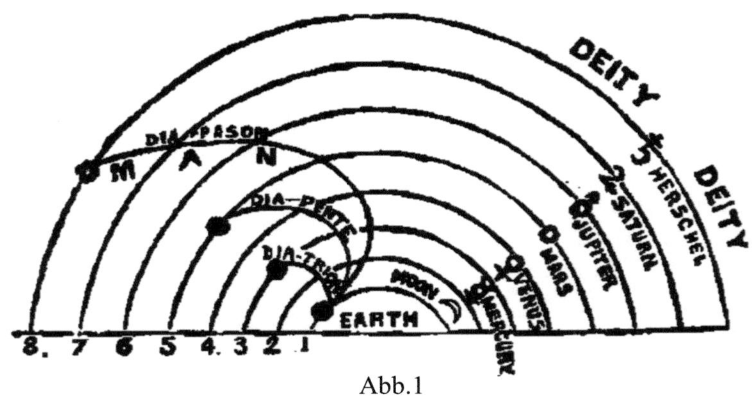

Abb.1

Abb.2

Zwei Stempel aus gebranntem Ton. Çatal Hüyük (Türkei).
Frühkeramisches Neolithikum (um 6000 v. Chr.)

Abb. 3

Abb. 4

Abb. 5

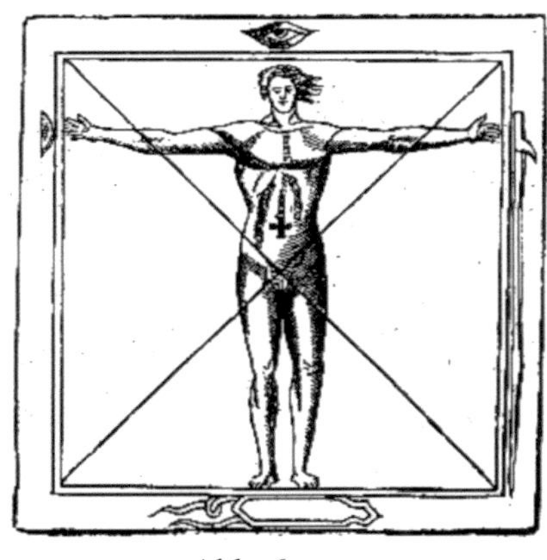

Abb. 6

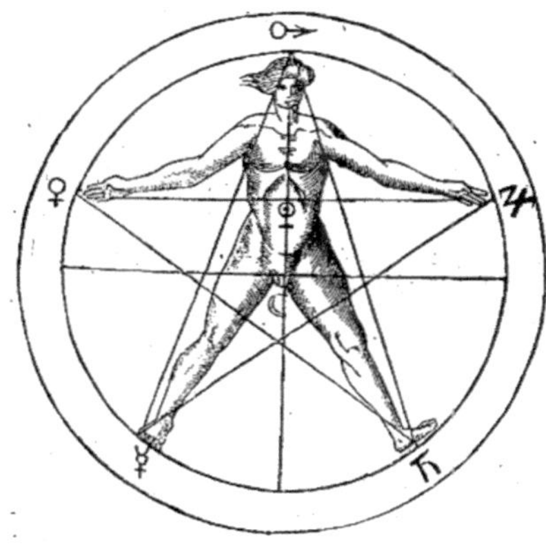

Abb. 7

Abb. 8A

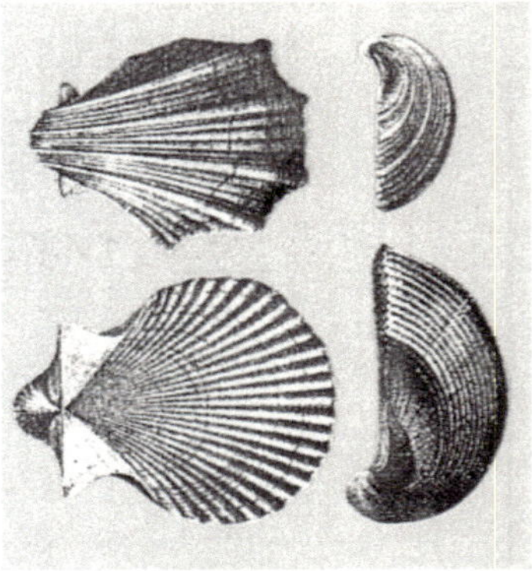

Abb. 8B

Abb. 9

Abb. 10

Abb. 11

Abb. 12

Abb.13

Abb. 14

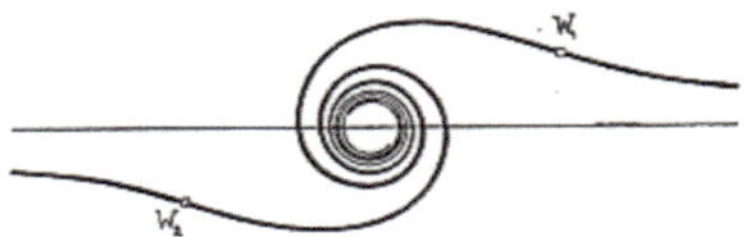

Abb. 15-A: Lituus

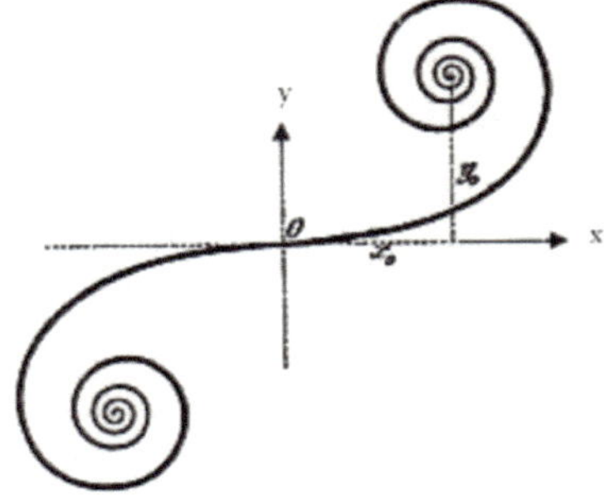

Abb. 15-B: Klothilde

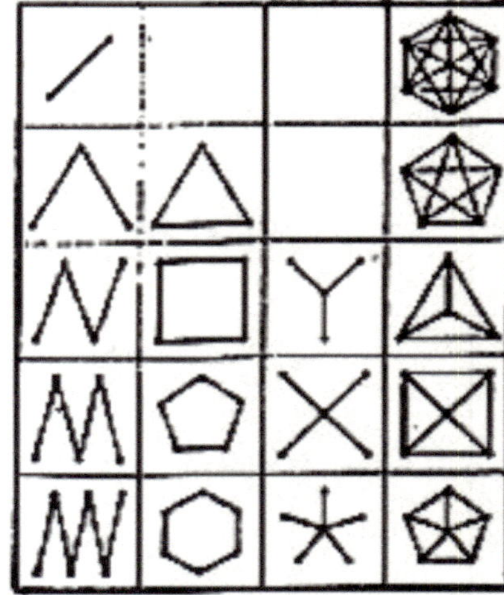

Abb. 16: Ramsey-Zeichen: (Metatron-Würfel = SOHN!)

Abb. 17

Abb. 18-A

Abb. 18-B

Abb. 18-C

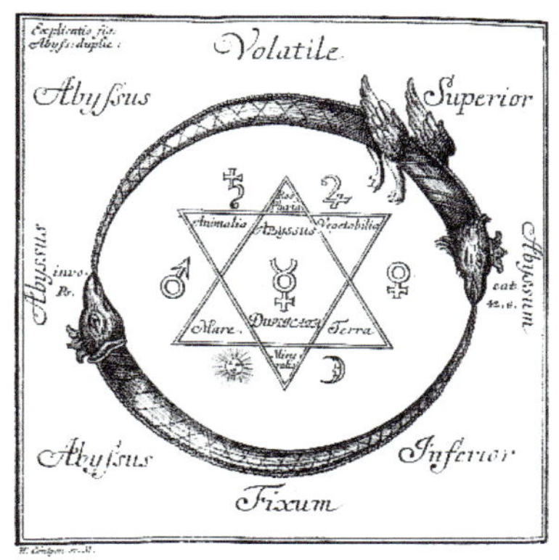

Abb. 19

Abb. 20

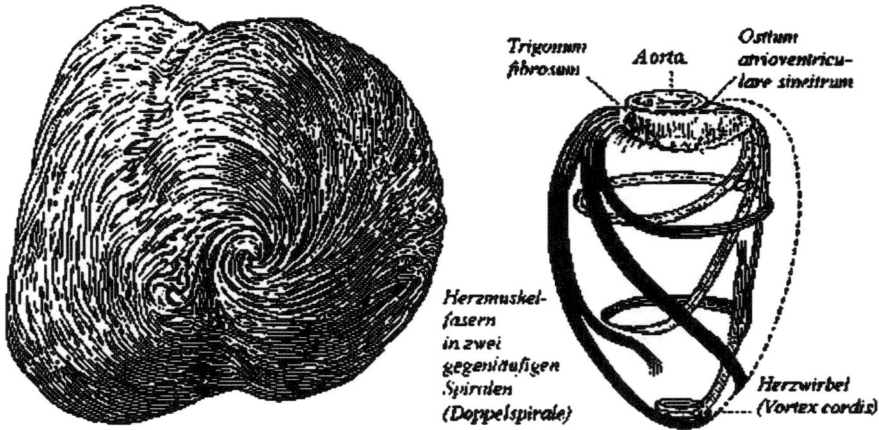

Abbildung 21
(Doppelspirale an der Spitze der linken, Triskell an der Spitze der rechten Herzkammer)

Abb. 22

Abb. 23

Abb. 24

Abb. 25

Abb. 26

Abb.27

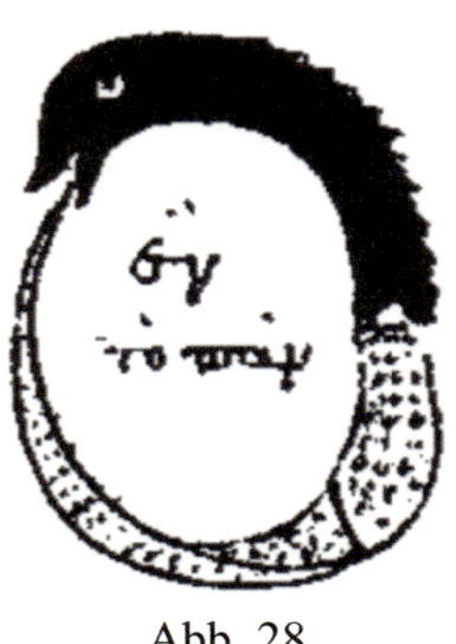

Abb. 28

Abb.29

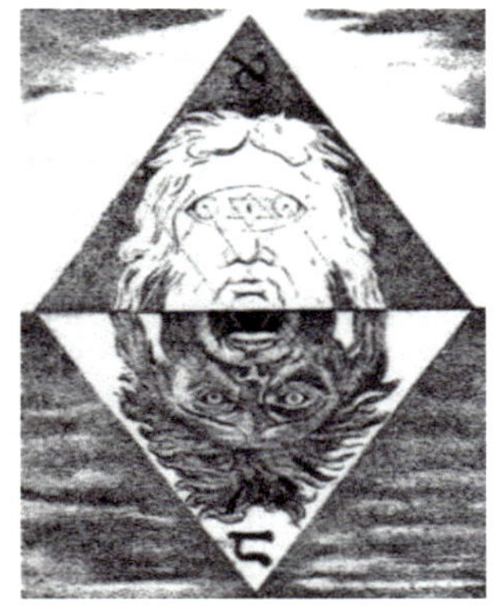

Abb. 30

Abb. 31

Abb. 32

Abb. 33

Abb. 34

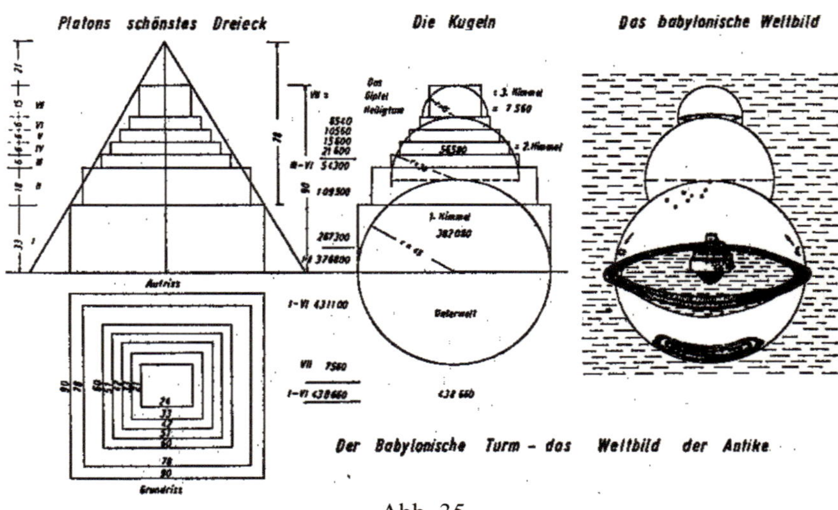

Abb. 35

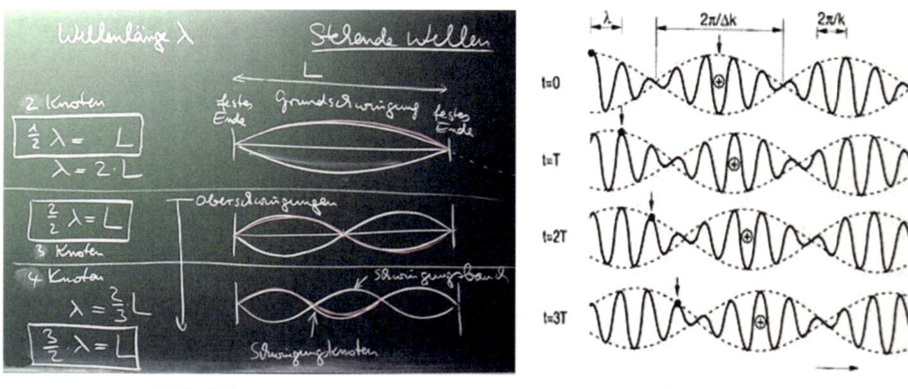

Abb. 36-A

Abb. 36-B

Abb. 37

Abb. 38

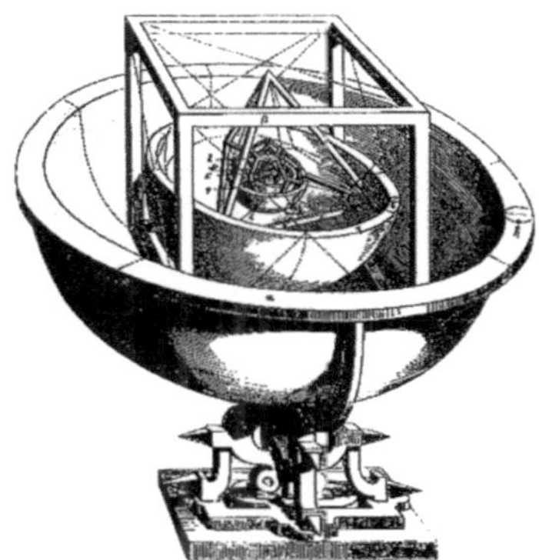

Abb. 39

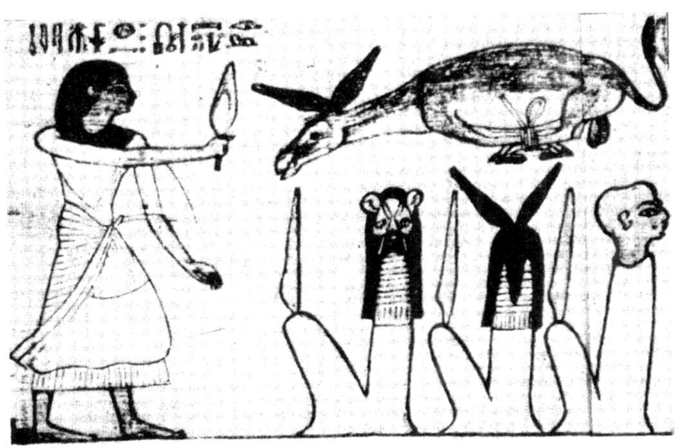

Abb. 40

Abb. 41

Anhang 5-B
Die Anmerkungen zu den Abbildungen

FRONTISPIZ I: Deir el-Bahari: Der Göttin Hat-Hor geweihter Teil im monumentalen Tempel der Pharaonin Hatschepsut: Die Pharaonin (oder ihr kriegerischer Sohn Tut-Mose, mit dem Blauen Helm?) wird von Hat-Hor mit der *Milch der Weisheit* gesäugt.

FRONTISPIZ II: Die Gesichtsbemalung dieses australischen Ureinwohners ist uralt: Sie zeigt die *‹Doppelspirale Hyperboräas›* (siehe Text, passim).

ABB. 1: Der Dictionary of Phrase and Fable (London, Paris, New York, 1899) schreibt unter dem Schlagwort DIAPASON. *«Gemäß der pythagoräischen Lehre ist die Welt ein System der Harmonie, und der Mensch ist die Ganze Saite, bestehend aus Grundton (Tonica), großer Terz, Quinte und der [eigenen] Oktave. Das Diagramm zeigt nicht nur eine ganze Oktave, sondern auch, wie der Mensch darin als Mikrokosmos enthalten ist ... Der Mensch berührt die Gottheit, geht durch alle Planeten und berührt die Erde. Weil er Gott berührt, hat er eine unsterbliche Seele; und weil er durch alle Planeten hindurchgeht, beeinflussen die Planeten seine Natur.»* (Die Planetensymbole sind im Bild um Eins verschoben).

ABB. 2: *«Eadem Mutata Resurgo – Verwandelt erstehe ich [doch] als dieselbe»*: Die Spirale wurde zum Symbol für Tod, Verwandlung und Auferstehung.

ABB. 3: Wird ein sehr feiner Stab durchs Wasser gezogen, so entsteht ein leises Kräuseln, das sofort zu verschwinden scheint. In Wirklichkeit ist das aber eine Kette von Wirbeln und Gegenwirbeln, wodurch der Fluß des Wassers minimal gestört wird: Die Wirbel heben sich paarweise auf. Auch das *Karma* – als Gesetz vom absoluten Gleichgewicht im Makrokosmos – gleicht Ursachen und Wirkungen immer so aus, daß das kosmische Gleichgewicht – sowie das des Makrokosmos – stets gewahrt bleibt.

ABB. 4: Zwei Stempel aus gebranntem Ton (Catal Hüyük, Türkei), offiziell auf die Zeit von 6'000 v.Chr. datiert Ein Siegel zeigt die *‹Doppelspirale Hyperboräas›*; das andere Ihre Ent-wickelung zum arischen *Sonnenrad* ⊕, der *Swastika*. Auffällig ist der eine umgekehrte Arm sowie das zentrale Auge: Noch ist von der Manifestation des Christus nicht die Rede, noch wird nur das eine göttliche Vaterauge 👁 erfahren.

ABB. 5: Keltischer Bronze-Beschlag. *Crucifixus* und *Pantokratès* zugleich. Auffallend sind die vier Spiralen(die vier Weltzeitalter) als *Pectoral* des Christus. Diese scheinen eine Art Swastika zu bilden. Die kuriose *liegende Mondsichel* auf dem *Bauch* kann man noch auf Skulpturen romanischen Kathedralen auf Christus-Darstellungen antreffen.

ABB. 6: Der ‹Vitruvische Mensch› im Quadrat, unter dem allsehenden Auge 👁 stehend: Das fliegende Band (*Phylacterium*) betont die gewollte Symbolik: es weist in der traditionellen Ikonographie *immer* auf einen *verborgenen Sinn* hin.

ABB. 7: Der ‹Vitruvische Mensch›, im *Pentakel* stehend, bildet mit Extremitäten und Haupt ein *Pentagramm*.

ABB. 8A: Daß sich aus der klassischen Spirale (Fibonacci-Kurve) sowohl das pythagoräische Dreieck als auch das Pentagramm direkt ableiten; – auch daß an jedem Schnittpunkt der Spirale mit einem Schnittpunkt der *Pentagramm*-Linien ein *Sechs-Stern* ✳ – Symbol für das solare Christus-Licht entsteht; – all das mag gewöhnliche Wissenschaft nicht erstaunen. Genau besehen ist es aber ein großes *Wunder der Natur*!

ABB. 8B: Das in Abb.8A mathematisch definierte Phänomen kehrt in der Form von Muscheln wieder. – Die Jakobsmuschel ist mystisch noch heute verbunden mit dem *Weg nach Compostela* – der Wallfahrt zu einem uralten Heiligtum, frühchristlich geweiht entweder dem Jacobus, Sohn Jesu; – oder Jacobus, dem Bruder Jesu, (genannt ‹Joseph v. *Arimathia* ›, d.h. *Rama Theios – göttlicher Narr*). In der Alchemie ist die *«Pilgerschaft nach Compostela»* das symbolische Bild für die Arbeiten, die zu ihrem *‹Compost›* – die Komponenten für die *‹Sublimationen› führen.*

ABB. 9: Auch der höchst vergeistigte Mensch trägt in seinen Fingerabdrücken noch das Zeichen der tiefsten Bewußtseinsstufe von allen: – die *hyperboräische Doppelspirale* : ֍ – eingraviert.

ABB. 10: Der Salomons-Stern mit dem solaren Punkt in der Mitte ✡ ist in der Alchemie das klassische Symbol für den *Stein der Weisen*: – das ist der in der absolut gereinigten Materie «Fleisch gewordene» Christusgeist, der als *Ikosaeder* kristallisiert. Das Bild (Basler Münster, Rosette über dem südlichen Querschiff) zeigt den auferstandenen Christus – mikrokosmisch den Neuen göttlichen Menschen – im Purpur-Mantel des Königs-Priesters, und in einer Haltung, worin er die Rune *Ýlhaz* – ᛉ – gestisch darstellt. Die entblößte Brust bildet ein *Pentakel*, mit dem *Sternum* als Mitte. Der *Christus* wird hier also verbunden sowohl mit der Fünf-Zahl (Mercur) als auch mit der Sechszahl (Venus: ♀, bzw. mit deren Siegel ᛡ und dem ‹Sonnenrad› ⊛).

ABB. 11: Das eigentliche *Labyrinth* ist das typische Symbol für den Weg des Menschen: Involution und Evolution; – zentripetales und zentrifugales Bewußtsein; – der Weg ins Innere zur Selbsterkenntnis und der Weg nach außen im Erkennen des Kosmos, des Makrokosmos und von Gott selbst. – Ohne den Weg durch Gefangenschaft und Tod keine Freiheit im Licht. – Hier. Das Labyrinth von Knossos (Kreta) – mit seiner Fabel vom Minotaurus die deutlichste Allegorie für den Befreiungsweg.

ABB. 12: Der SOHN – DER CHRISTOS sitzt in der (weiblichen) Mandorla, von den vier kosmischen Elementen umgeben. Nicht als Weltenrichter, sondern als Weltherrscher durch LIEBE ! – Toulouse, Kirche St. Sernin.

ABB. 13: Mosaik von Sassoferrato, heute in der Glyptothek, München: Der als Mithras interpretierte Sonnenheld steht als Dreizehnter Äon mitten im Tierkreises, worin *das Zeichen des Widders fehlt.* Die weibliche Gestalt unter dem Baum sowie der Mann und die drei nackten *Parvuli* (Mt.18:3) werden gewöhnlich als *«die Erde mit den vier Jahreszeiten»* gedeutet. Die als Ouroboros um den Hals der Dame geringelte Schlange, nach der einer der beiden Jugendlichen zu greifen scheint weist auf einen höheren Sinn. Der in eine Kutte gehüllte parthische Bogenschütze (Herr über Leben und Tod) erinnert umso weniger an den ‹Winter›, als er das *geschlossene Buch der Esoterik* zu bewachen scheint. – Es könnte sich auch um eine Darstellung des persischen Weisen *Sophi*, *Sufi* oder *Schaffis* handeln. Das Kind unten links, erinnert an Eros und Bacchus. Es hält in der Rechten einen Stein oder eine Phiole; in der Linken eine *Tiegelzange*. Darunter steht ein Pistill in einem weißen Gefäß, halb verdeckt durch den unter dem Saum des Kleides sich abzeichnenden Fuß der Sophia. Bei den Zwillingen könnte es sich auch um die beiden in der Scholie erwähnten Einweihungswege handeln: den solaren und den lunaren.

Eine andere Erklärung wäre diese: Der solare SOHN steht im Tierkreis der manifestierten Schöpfung, hervorgebracht durch die unterhalb gelagerte MUTTER, während der VATER «im Verborgenen wohnt» wie die heiligen Texte sagen. Das Ganze wäre dann eine sehr ‹fleischliche› – das heißt hier: *sichtbar incarnierte* Darstellung des Makrokosmos.

ABB. 14: Das keltische *Triskell.* Diese Figur kommt nicht in der sakralen Mathematik vor, sondern im populären Kunsthandwerk – besonders oft in Silber, was der *weiblichen Natur* entspricht.

ABB. 15-A: Die *Doppelspirale* aufgelöst in eine in einer mathematischen Gleichung präzis erfaßbare geometrische Figur: der sog. *Lituus*.

ABB. 15-B: Auch wenn die Doppelspirale zum *Sonnen-**S*** aufgeklappt wird, läßt sich das mathematisch genau definieren: als sogenannte *Klothilde.*

ABB. 17: Ein keltisch-germanischer Sonnenwagen: Himmelskugel und Sonnenpferd sind an die *Gesetze der stofflichen Vierheit* gebunden.

ABB. 18A: Die Bezeichnung *Chrisma* enthält die Begriffe *Salbung* bzw. *Einweihung* . Es scheint im Mithras-Kult eine ganz besondere Funktion gehabt zu haben: Am *Sitz eines Bischofs des Mithras-Kults* – in *Kaiseraugst* (*Augusta Raurica)* – fand man neben einem Mithräum auch ein kleines Objekt, worüber sich Archäologen so äußern: *«Dieser Fund zeigt, daß schon Jahrhunderte vor der Christianisierung der Schweiz ein Offizier in römischen Diensten das Christogramm trug».* – Man fragt sich – ungeachtet der Affinität der römischen Armee zum Mithras-Kult, was ein Milizionär der römischen Invasionstruppe, deren Auftrag das Zerschlagen der keltischen Kultur war, mit diesem Kleinod hätte anfangen sollen, das keinesfalls geeignet wäre, eine Tunica zu schließen. Eine plausiblere Erklärung bieten Abb.18B und Abb.25 an.

ABB. 18B: Dem aufmerksamen Betrachter kommt ein großes Halbrelief zustatten, worauf außer dem gewohnten martialischen *Tauroboliden* Mithras auch zwei kleine Darstellungen eines Mithras-Priesters in offensichtlich ritueller Funktion zu sehen sind. Die eine Geste erinnert an die eines Arztes, der die Hand des Patienten in der für den Eingriff gewünschten Stellung ruhig hält. Wir meinen, daß die (silberne – vergoldete?) Nadel von Augst aufs Engste mit dieser rituellen Gestik zusammenhängt: Daß ihre auffallende und scheinbar so sinnlose Spitze den Zweck hatte, die rituelle Verletzung (z.B. Öffnen der Chakren oder ‹Wundmale› an den Händen) anzubringen: Das Instrument mit dem kosmischen Christus-Symbol wurde so gehalten, wie das Bild es zeigt; die Spitze war der ‹Sonnenstrahl›, womit die rituelle Verletzung (mit Skorpiongift?) als *Initiation angebracht* wurde:– *blutig*, wie das Französische in den Ausdrücken *enseigner* und *Seigneur* noch heute weiß. [67] – Ergänzungen dazu siehe Bildlegenden zu Abb. 18A, 18C und 25.

ABB. 18C: Das zweite kleine Halbrelief (siehe Abb.18A und B) zeigt den Kandidaten kniend vor dem Mithras-Priester, der ihm die Hand aufs Haupt oder die Stirn legt, bzw. seine Stirn mit dem Zeichen ⊕ *‹signiert›*.

ABB. 19: Diese oft reproduzierte Abbildung wurde erstmals abgedruckt in: *Aurea Catena Homeri* – einem berühmten alchemistischen Tractat (E.A. Frankfurt & Leipzig, 1723). – Den Titel begleitet die Devise: *«Wenn ihr nicht verstehet, was irdisch ist: Wie wollet ihr dann verstehen, was himmlisch ist?* – Es handelt sich also um ein *Compendium der Schöpfung* im Hinblick auf das Große Werk im *Minutus Mundus* der Alchemie: *«Alles und Jedes ist ... nichts anderes als eben dieser allgemeine Weltgeist in mehr oder weniger coaguliertem fixem Zustande»*. – Das Buch bringt das Werk in Verbindung zur Schule des Pythagoras, zu Mose, R. Fludd und H.C. Agrippa. – Ausdrücke wie *Kette* und *Ringe* beziehen sich auf die Verbundenheit aller Geschöpfe und Vorgänge im Universum sowie auf die *‹Goldene Kette der universellen Überlieferung›*.

ABB. 20: Der *‹Kraft mit dem Löwenkopf›* – dem *Authades* aus dem *Evangelium der Pistis Sophia* des Valentinus – entspricht in der persischen Tradition die Figur des *Großen Fuhrmanns des vollkommenen Fahrzeugs* (Kosmos), genannt *Zervan Akarana* – der ‹Æon der Ewigkeit› – das bedeutet: die Unendlichkeit von Raum und Zeit.

Als *Herr des Kosmos* – *Jaldabaoth* – steht diese Gestalt auf der Weltkugel (persische Eingeweihte kannten die ‹Kugelgestalt› der Welt). In der Rechten schwingt er die Geißel; in der Linken hält er eine Fackel, denn er ist auch Herr über die kosmischen Lichter (*Sabaoth*). Seine *Schwingen* charakterisieren ihn als himmlisches Geschöpf – Engel oder Dämon, also auch als *Schwingung*. Das wallende Haar meint ein *Feuer-Wesen*.

Gnostiker verbanden *Sabaoth* auch mit der *Vierzahl* und interpretierten ihn als den die Ich-Persönlichkeit zerbrechenden vierten Strahl des Siebenlichts. – Die *vier Figuren auf seinem Körper* erinnern folgerichtig auch an die *Vier Jahreszeiten*, die *Vier Elemente* und die vier *‹Ecken der Welt›*. – Das genau in der Mitte der Figur hervorgehobene Geschlechtsteil betont die Gegensatzpaare der Welt sowie das zentrale ‹Problem› des Erd-Zeitalters: Die *bewußte Geschlechtlichkeit*, deren höherer Oktave – verknüpft ist mit dem göttlichen *Feueräther und geistiger Kreativität.*

Fortsetzung nächste Seite →→

Andere Darstellungen zeigen ihn mit einem *Donnerkeil auf der Brust*, einer *Mondsichel* zwischen Schultern und Flügeln, den Herrschaftsstab und ein weiteres Objekt haltend, oder *«übergehend in den mitten im Tierkreis stehenden ewig jungen Mithras»* und dergleichen.

Die ihn *fünfmal umwindend,* über dem Haupt dominierende Schlange zeigt, daß *eine fünften Kraft* ihn dynamisiert. Sie weist auch hin auf die Unendlichkeit von Raum und Zeit sowie auf das Große Gesetz (ASHA), dem selbst der (makrokosmische) Vatergott Ahura Mazdão folgt. – Man könnte auch interpretieren, die aufgerollte Schlange stehe für den überkosmischen Ursprung, für das «Innerste Mysterium» – AYIN-SOPH – Quell und Nabel –die ‹leere› *Mitte* im🌀. — Standort: Vatikan!

ABB. 21: Die Herzmuskeln verlaufen in den zwei Herzkammern als zwei gegenläufigen Spiralen, was eine maximale Herz-Kontraktion erlaubt. An der linken Herzspitze sieht man den Wendepunkt der ‹hyperboräischen› (zentripetalen) Doppelspirale🌀; an der Spitze der rechten Herzkammer erinnert der *Wendepunkt* – Sitz der *Kernschwingung* des Mikrokosmos – an das (zentrifugale) ‹atlantische› *Triskell* ; und wegen der Gegenläufigkeit der Muskelfasern ergibt sich als Übergang *zwischen* den Herzkammern das *Sonnen-**S***. Das sind Verhältnisse, die im Zusammenhang mit dem vorliegenden Text besonders bedeutsam sind. (Bildquelle: Th. Schwenk, *Das sensible Chaos*; – angepaßt gemäß Spalteholz).

ABB. 22: Daß ausgerechnet dieser Elefant mit vollständig *ausgerolltem* Rüssel mit dieser zum Sonnen-S *aufgeklappten* Doppelspirale kombiniert wurde, kann unmöglich ein ‹Zufall› sein: Allzu nahe liegt die Assoziation der beiden Formen; allzusehr ist ihr Ausdruck dem Sinn nach verwandt: *Ent-Wickelung* des Bewußtseins im Stoff.

ABB. 23: Der Sucher, der zum Finder wird, also seinen WEG gefunden hat und ihm zu folgen beginnt, tut dies als Erstes «in der Furcht Gottes» und unter dem Zeichen des Kreuzes – des zentralen Lichts, das auch in dieser Abbildung im Zentrum steht. Gottesfurcht heißt jedoch nicht *Angst* vor einen eifersüchtigen, zornigen Gott, sondern *Ehrfurcht* – das ist das Staunen beim Entdecken der Wunder auf dem Weg. Überstrahlt von den Sieben Herren des Schicksals und in stetem Bemühen um Gleichgewicht und Harmonie aller seiner Aktivitäten (die Waage auf dem Tisch), strebt der Kandidat nach Selbsterkenntnis, entsprechend dem Spruch aus der Hermetik: «*Wer sich selbst erkennt, erkennt das All!* ». Inmitten der Welt der stofflichen Elemente wächst er in der Liebe zu Gott, zum Nächsten und zu sich selbst: So vollzieht sich um ihn herum die Vereinigung der Gegensätze in LIEBE: Das ist der Weg zur Vollkommenheit.

Die Abbildung bietet neben dem mystischen Konzept auch noch ein Konzept fürs alchemische Große Werk an. Dieser Weg verlangt, daß der Operateur jede Stufe der Reinheit und Transmutation der Materie auf ihrem Weg zum Stein der Weisen zuerst selbst innerlich erreicht haben muß. So hat auch zu allen Zeiten gegolten, daß ein Mensch, der als

Abgesandter aus dem Reich des Geistes eine Einweihungs-Schule gründen und aufbauen will (z.B. Pythagoras) *in Selbsteinweihung* die Stufe erreicht haben muß, die er in der Welt mit anderen Menschen beleben – anderen Menschen *beibringen* will. – Alles Andere wäre fast immer (und war schon oft) Charlatanerie oder Selbstbetrug.

ABB. 24: Die ‹Felsgeburt des Mithras› erinnert an den Mythos von der Geburt Jesu in einer *Höhle.* Dieses Bild wird esoterisch gerne mit dem *Herzen* verglichen als der finsteren *mikrokosmischen Höhle*, worin der Erlöser geboren werden muß (*Béth-Lèhem* – arab. *Haus des Fleisches*). Das vorliegende Bild zeigt zugleich ein angedeutetes Rautenmuster, das an die Deutung des (heraldisch) *geweckten* Herzens erinnert (s. Text).

ABB. 25: Mithras als *Taurobolide.* Es ist nötig, hier als Exkurs eine esoterische Deutung dieser Darstellung zu geben und auf die üblichen, exoterischen, nur hinzuweisen. Vorallem ist es wichtig, zu betonen, daß es sich *nicht* um ein heidnisches *Stieropfer* handelt, sondern ums Besiegen der *irdischen Natur* des Initianden selbst, mit dem Stier als Stellvertreter – also um ein *Selbst-Opfer*:

«Die Erde ist jungfräulich und blutig, feurig und fleischlich» sagt ein Manuskript von *Markus dem Gnostiker* [68]. So wird der Neophyt zum *Candidatus* – dem *Gereinigten* oder *Reinen.* Das bestätigt ein Bericht über die *Bluttaufe* des Kandidaten (A. Schütze, *Mithras*; a.a.O) – ein Mittelding zwischen *Wassertaufe* (Reinigung zur Vergebung der ‹Sünden›) und *Feuertaufe* (in Form einer Blut-Initiation). – Diese Art ‹forcierter Wiedergeburt› meint auch Johannes der Evangelist (Jo.1:13). –

Daß der Schwanz des Stiers hier in *drei Ähren* endet, was an *Ceres* – aber auch an *Kain* erinnert, tut dieser Deutung keinen Abbruch. In der stets anwesenden Schlange kann man die makrokosmische Lebensenergie gemäß den Ophiten sehen – oder auch *El-Shaddai*, der nach dem Blut giert, das dem Stier entströmt (vgl. Bildlegende zu Abb.20).

Auch dem *Skorpion* kommt im Mithras-Kult zweifellos eine wichtige *initiatische Funktion* zu: Abb.18B kann auch dahingehend interpretiert werden, daß der Priester einen *Skorpion* am Genick hält, daß zu dieser Initiation ein *Stich des Skorpions* nötig sei, und daß deshalb der Myste die Hand des Kandidaten fest hält: Das beruhigt und verhindert den Reflex des spontanen Zurückziehens der Hand.

Damit erhält das Instrument in Abb.18A eine zusätzliche Deutung, indem der spitze Teil dem *Schwanz*, der runde dem *Körper* eines Skorpions entspräche, was die Deutung gemäß Bildlegende 18B ergänzt (am Rhein gibt es keine echten Skorpione).

All das mag vorerst abstrus erscheinen, entspricht aber sehr wohl dem Charakter des Mithras-Kults, worin es um Mut, Tapferkeit und Selbstüberwindung ging (daher so beliebt bei den Kriegern). – Den Ausdruck «*den Stier bei den Hörnern packen*» illustriert noch heute eine bekannte *kretische* Vase mit mehreren Jünglingen als *‹Tauromachen›.*–

In dem Großfolioband von 574 Textseiten: *Santis Ardoyni Pisavrensis medici et philosophi præstantissimi opus* DE VENENIS ... (Basel, H. Petri

& P. Perna, 1562) sind dem Skorpion die Seiten 436 bis 473 gewidmet – das ist mehr als die Hälfte des Achten Buchs – *«Liber Octavvs: Über Bisse und Stiche der kleinen giftigen Tiere mit oder ohne Stachel»* – und das größte Kapitel des Buchs überhaupt! Hier sind sämtliche klassischen arabischen und griechischen Autoren zitiert und werden Mittel und Heiltränke (*Theriaca*) zur *Behandlung des Skorpionstiches* angegeben. Dieser wird charakterisiert als *«ähnlich dem Stich eines großen Insekts»* – also als *nicht tödlich* – und zwar wie folgt.

Beschrieben werden Beschwerden, die teils an eine *Trance*, teils an einen *‹Iinitations-Tod›* erinnern. Auffallend ist die Bemerkung, es gebe *Skorpione mit einem Schwanz aus Gold* (das angegebene Instrument?). Die übrigen Skorpion-Farben entsprechen dem Fortgang des Großen alchemischen Werks (‹Pfauenschwanz›), worin dem Skorpion die Bedeutung der *Sublimationes* zukommt .Das entspricht der *mittleren von drei Initiationsstufen.* – Es ist nicht auszuschließen, daß es damals üblich war, handgroße Skorpione in Behältern zu halten, sie (wie heutzutage Vogelspinnen) teilweise zu *zähmen* – und dann nach Bedarf ‹einzusetzen›. Das Zähmen von *Schlangen zu rituellen bzw. Initiationszwecken* in den Tempeln Ägyptens und Griechenlands ist ‹aktenkundig›. Ein sicherer Nachweis für diese ‹Anwendung› von Skorpionen kann freilich nicht erbracht werden, solange weitere Dokumente fehlen.

Über dem *Tauroboliden* wölbt sich nicht etwa eine Höhle, wie oft behauptet wird, sondern der wolkige Himmel, so wie er noch an den gotischen Kathedralen dargestellt zu werden pflegte. Unter dem Himmel sieben Sterne – die sieben ‹planetaren-Herren›; – vielleicht auch die sieben Chakren. – Sol und Luna stützen das Firmament. – Über dem Himmel: sieben Bäume: Vor allen außer einem steht ein flammender Altar. Jedes Paar entspricht einer der im Alten Testament (z.B. 1.Kö.2) oft erwähnten heiligen Höhen zum Sonnenkult. Unterhalb der Schlange – ‹auf Erden› – ist die Zahl der Sieben Altäre des vollkommenen Selbstopfers an die Gottheit vollständig. Das entspricht einer siebenfach manifestierten Initiations-Schule. Der fehlende Altar oben entspricht der Hauptdarstellung des Bildes: Der Initiand erwirbt hier offenbar den Grad des Raben, der hier ermutigend vom Himmel herab blickt, während der Kandidat seinen Blick (hilfesuchend) auf ihn richtet (vgl. Abb.18B und Abb.26).

ABB. 26: Was in der Alchemie die *Scala Philosophorum*, das ist im Mithras-Kult die in diesem Mosaik (Mithräum in Ostia) bildlich dargestellte Reihe der Initiationen. Details zu den einzelnen Stufen wären erhellend, würden in diesem Rahmen aber zu umfangreich. Nur betreffend die oberste Abbildung sei angemerkt, daß es sich nicht um eine Votivtafel oder Widmung handelt, sondern um die *Glückseligkeit*, (Inschrift: *Felicissimus*). – Sie erlangt, wer, endlich aller sieben Schleier ledig, *in die Vollkommenheit eingeht* : Der Adept, der Transfigurierte nach seiner Apotheose hat auch vor dem siebten Altar sein Opfer gebracht und ist *zum Gott geworden.*

ABB. 27: Kreuzgang der Kathedrale zu Tarragona: Kreuzigungs-Szene mit der typischen abgewinkelten Handstellung; Longhinus und Landsknecht mit Essigschwamm. – Auffallend sind der wache, zuversichtliche Gesichtsausdruck des Christus und sein deutlich betonter *Nabel* sowie die Aureole mit dem *Templer-Kreuz*: ⊕. Hinter dem Kruzifix Akanthus-Blätter. Links und rechts neben dem Christus-Haupt (auf *vertauschten Seiten*, aber mit gleichem Durchmesser wie die Aureole, also mit dieser in Beziehung gebracht) stehen *Mond* ☽ und *Sonne* ☉. Letztere spielt nochmals auf den Christus als Sonnengott an: *Zwölf* Blütenblätter umgeben das *Herz* der Blüte (13. Äon), das selbst ein Sonnenzeichen ☉ ist.

Diese Sonnen-Blüte ist also ein *Sonnenrad* ⊛. Zusammen mit dem *daneben stehenden Mond* ☽ ergibt sich das *Chrisma* ⊛, sodaß auch diese Darstellung mit der uralten Sternenweisheit des kosmischen Christentums harmoniert. Dasselbe Kapitäl zeigt auch die Dreiheit aus VATER ☉, MUTTER ☽ und SOHN ⊕ – sozusagen als *auf dem Kopf stehendes* Ayin-Soph ⚠. Die Köpfe der drei Figuren und die drei *Himmelskörper* ☉, ☽ und ⊕ = ♁ *greifen in einander* als zwei Dreiecke – △ und ▽ – und bilden zusammen das salomonische Siegel der Weisheit: ✡. Das hat eine tiefe Bedeutung! Das Kapitäl wird gekrönt durch sieben hier kaum sichtbare ornamentische *Widder-Symbole* : ♈.

ABB. 28: Abbildung aus der *Chrysopoeia der Cleopatra* – einer der (ophitisch-gnostischen) seltenen Alchemistinnen, die als unzweifelhafte Autoren und Adepten des Steins der Weisen zitiert werden – besonders durch *Zosimos.* Die besondere Bedeutung dieser Darstellung wird hervorgehoben im *Schlüssel zu den Zwölf Schlüsseln von Bruder Basilius Valentinus* ; – Basel, Edition Oriflamme, 2006; – a.a.O. Anm. 52, p. 299.

ABB. 29: Eine der Figuren an der wunderschön bemalten Kassettendecke in der romanischen Kirche St. Martin in Zillis (Graubünden / Schweiz), die aufs Jahr 1130 datiert wird. Die *Lichtkraft* der Verkündigung des Engels wird dargestellt durch weiße Blitze, die aus seinen Fingerspitzen hervorschießen; – eine physisch realistische Darstellungsweise, die noch in den heutigen Comics (franz. *bandes dessinées – Bänder von Bildern,* wie in Zillis) üblich ist.

ABB. 30: Die Geteiltheit des Herrn dieser Welt zwischen Schwarz und Weiß – zwischen Finsternis und Licht wird deutlich dargestellt in dieser berühmten Graphik des *Hauptes von Zohar.* – Siehe auch *Das Evangelium der Pistis Sophia., a.a.O.*; p. 36.

ABB. 31: Medaillon mit einer sumerisch inspirierten Darstellung links mit *Jaldabaoth*, rechts mit *Hagiel(?)* angeschrieben : Die Rechte hält den Stab der Macht; die Linke ein ‹Körbchen›, das an das von den sumerischen Göttern stets getragenen Kästchen erinnert (Funkgerät für Außerirdische oder Energiespeicher?).

ABB. 32: Kirche von Bégude de Mazenc (Drôme Provençale): Der *Adept des Steins* bzw. der *Transfigurierte* des mystischen Wegs trägt die goldene Krone eines ‹Himmelskönigs›, präsentiert aber zugleich die

Dornenkrone der ‹Imitatio Christi› auf einem seidenen Kissen. Er scheint auszusagen: *«Ohne Letztere ist erstere unerreichbar!»*

ABB. 33: Diese Schlange aus einem ägyptischen Pharaonengrab trägt als Auge das Sonnen-Zeichen der kosmischen Dreiheit: ⚲ – doch könnte es – Auge, das es ist – auch als das überkosmische Ayin-Soph-Aur 𓂀 angesprochen werden. Daß diese Interpretation nicht falsch ist, ergibt sich aus dem Text an der Seite, der noch die Ausdrücke Ra-☉-neb: «Re ist der Herr» erkennen läßt.

ABB. 34: Keltische Kult- und Gebrauchsgegenstände sind bevorzugt verziert mit solaren oder Stern-Symbolen. Hier das typische keltische *Sonnenrad* auf einem vergoldeten bronzenen Schildbuckel.

ABB. 35: Aus R. Schubart: *Der Babylonische Turm* in: *ANTAIOS*, Band II. S. 240 ff. (siehe Quellenverzeichnis).

Hier wird die Heilige Geometrie des Turms zu Babel analysiert, mit dem Ergebnis, daß Numerologie, Onomatologie, heilige Geographie und alte Überlieferungen die Basis für den Turmbau abgaben. Das babylonische Gottesbild und babylonische Magie lieferten auch den Rahmen für jüdische Opfer-Rituale bzw. den Altarbau im sog. ‹ersten Salomonischen Tempel›, der in Wirklichkeit *ein syrisch danaischer Bau* war.

Besonders bemerkenswert sind die hier gezeigten platonischen Bezüge im Pentateuch sowie der Zahlenwert 26 in den den Turmbau betreffenden Versen des AT (vorallem *Genesis* 10:1-26, bzw. 21-26). – Daneben steht die Abschrift akkadischer Keilschrift-Tafeln, der sog. *Esagila-Tafeln* betreffend den Tempel von *Esagila = Marduk*. Diese geben die genauen Maße des Turms an (stets mit der Zahl 26 verbunden) und die Kugelform der Welt mit dem Wert Pi = 3.1444. – Der genannte Artikel gibt diese Details samt der kosmographischen Deutung einer dreigeteilten Welt, getreu dem Schema: *Kopf – Herz – Körper*, das auch im *Baum der Sephiroth* und in der späteren Hermetik erscheint. Die gefundenen Verhältnisse von Maßen, Winkeln und Bauvolumen sind sehr beeindruckend (Feuriges {gleichseitiges} Dreieck, Auge Gottes, Sechseck, Siebeneck, und die Zahl 26 als Seite des Siebenecks sowie der Buchstaben-Summe von יהוה – IHVH – dem *‹Namen› = ‹Sem›* – daher sind die *Semiten* das *Volk des Namens* (von El-Shaddai).

ABB. 36A: Stehende Wellen zeigen eine zugleich dynamische und statische Natur. Wollte man sie als Null-Amplitude (Statik, Grundton) mit je drei Amplituden von z.B. je drei Ober- und Untertönen darstellen, so sähe man tatsächlich die Siebenheit einer jeden (quasi ein *‹Lambdoma›*). Alle sieben zusammen entsprächen dann den Tönen einer musikalischen Oktave; d.h. es wären *49 Schwingungsebenen*, wie der Text es ausdrückt. Die genauen Beträge der ‹Unter-› und ‹Obertöne› sind ebenso irrelevant wie die Nicht-Anwendbarkeit des Ausdrucks *«Töne»* auf dieser höchsten Dimension. –

ABB. 36-B zeigt keine «Nullwelle» (Gerade), sondern die für alle Geschöpfe typische zyklische Veränderung (Durchtritt durch den Nullpunkt = ‹Sterben› bzw. Geburt): Die Nullwelle ist ja keine Welle im eigentlichen Sinne: Amplitude Null, Wellenlänge unendlich, Frequenz Null = ‹ewiges Leben›. – Das wäre dann der Neue göttliche Mensch: ein unsterblicher, keiner Veränderung unterworfener Gott.

ABB.37: Ein in Dänemark gefundenes mithräisches Artefakt voll universeller Symbolik (graphisch ergänzt durch Hrsg. des Gegenw.):
Das *gleichseitige Dreieck* (Trinität!) ist das Grundelement des *Sonnenrades* (sechsfach geteilt, wie im *Chrisma*; – siehe dort). – *Linker Hand* (heraldisch gelesen) das typische mithräische Schaubrot mit eingeschnittenem Kreuz; daher darf *rechts* der Weinkelch (Graal) vermutet werden: Beide gehören zum Ritual des Mithras-Kults, wovon das heutige christliche Abendmahl ein Abglanz ist. Die Mitte des Dreiecks wird durch einen *Phœnix* ausgefüllt (erkennbar an der Federkrone und dem besonderen Schwanz). Über des Vogels Rücken gleitet die mehrfach erwähnte Schlange – vermutlich wie im oben beschriebenen Mithras-Bild (Abb. 25) mit dem Kopf nach unten weisend. – Dominiert wird die Dreiecks-Komposition durch eine liegende Mondsichel (Mutter, Seele), ein Kreuz ✝ (4 Elemente, Stoff) und drittens durch ein Sonnensymbol ○ (Vater, Geist). Dem entsprechen auch die drei Stufen der dreifachen Erneuerung nach Geist, Seele und Körper (Taufe mit Wasser, mit Geist und mit Feuer) des Transfigurierten, der selber als eine Sonne – als Mithras oder Christus «zum Vater aufgestiegen ist»).
Auch hier wäre noch eine Interpretation aus der operativen Alchemie möglich: Das Brot kann als die *Materia Prima* gedeutet werden, der Pokal als das Vitriol; die drei oberen Symbole als *Stein zur Röte, Stein zur Weiße* und *Elixir.* – Oder noch: Mond, Kreuz und Kreis als der Mercurius ☿ in seinen drei Hauptformen im Großen Werk; – der Weinkelch als *Sulphur* ; – und das Schaubrot mit Kreuz (Feuer!) als das *Salz – Sal Christi* oder *Kristall,* so wie es wirklich oft in alchemistischen Darstellungen gezeigt wird.

ABB. 38: Der Alchemist als Bischof, der die doppelte Natur (‹Dialektik›) in der Heiligen Hochzeit wieder vereinigt.. Tafel XXI des Chymischen Lustgärtleins von Stoltzius von Stoltzenberg (1623).

ABB. 39: Die Platonischen Körper als Maß und Rhythmus des Universums.

ABB. 40: Der Graals-Jünger hat sowohl der Naturmagie als auch dem IAI, d.h. dem dionysischen Esel, IAO (vgl. S. 99, 235 f.) den Rücken gekehrt: Die Lotosblüte der Neuen Seelengeburt in der Hand geht er weiter.

ABB. 41: Abgewendet vom schwarzen Krokodil der Todesgeburt hat der Jünger die Oelung zur Geistverbindung erhalten. Zum Gold-Horus geworden, hält er die Maat-Feder von SHU in der Hand.

DIE ABBILDUNGEN ZU DIESEM BUCH sind fast durchwegs der klassischen, d.h. barocker bzw. antiker Ikonographie entnommen. Das ist umso mehr inkonsequent, als die Texte und Scholien des *Compendium* sich einer neuen, z.T. *ganz anderen* Sprache bedienen, als die Texte der gewohnten Einweihungs-Literatur. – Es ist daher gut, darauf hinzuweisen, daß die Neue Zeit völlig neue Werte und Kategorien hervorbringt – und daher auch eine neue Ikonographie: Eine Bilderwelt, worin Weltmenschentum und Geistseelen-Menschentum einander dynamisch durchdringen. –

DIESES BILD zeigt das überdeutlich: Eine Fahne zugunsten eines lokalen Fußball-Clubs hängt an einer christlichen Kirchen-Fassade und trägt eine konventionell kirchliche Devise. – Dieser Fußball stellt deutlich ein *dreiteiliges Yin-Yang-Zeichen dar.* – Dieses innovative Symbol zeigt, daß die Welt zwar weiterhin aus Gegensatz-Paaren besteht, daß aber von nun an auch *ein dritter Weg* möglich ist: Das klassische *Entweder-Oder* ist zu einem SOWOHL-ALS-AUCH-UND-DANN-AUCH-NOCH geworden; – das Universum steht unmittelbar vor der Offenbarung ganz neuer, geistiger Kräfte und Schwingungen, die die Stoffwelt grundlegend verändern werden!

Anhang 6
Anmerkungen zu den Scholien

Die MAGNA MATER THRONANS: Ishtar, Ninti, Ereshkigal oder Sophia – auf ihrem Hochsitz: Die tief Verschleierte hat ihre sieben Schleier zur Seite geschoben. Neben ihr steht der durch Sie begünstigte und *als Kind angenommene* Weise oder Priester oder Priester-König. Er reicht nur bis zu ihrem Knie (so wie Menschen gegenüber Riesen bzw. den Göttern der Frühzeit). Geduckt oder mit geneigtem Haupt scheint er eine oder mehrere Schreibtafeln an sich zu pressen.

Halbrelief aus Osroënien (Hauptstädte: im 3, Jh:. Haran und Odessa, letztere eines der weltweit wichtigsten Einweihungs-Zentren der Antike.

[1] Gemäß *Rabbi Samson Raphael Hirsch*, der sich auf den *Talmud* beruft, wäre das Wort *Thorah* kabbalistisch – außer als *Tarot* – auch als *Tau-Rho* zu lesen. – Das bedeutet, in griechische Buchstaben umgesetzt: τρ bzw. TP. – In der jüdischen Sprachbildung (Hebraisierung altsemitischer, griechischer und lateinischer Ausdrücke) ist es üblich, Vokale oder Silben zu vertauschen oder zu spiegeln. Dasselbe läßt sich bezüglich der Umwandlung deutscher Ausdrücke fürs Jiddische feststellen, und sogar gelegentlich – was nicht überrascht – fürs Neu-Englische, d.h. Amerikanische. Wendet man diesen Umstand auf das Ausdrucks-Trio Torah/Tarot/Tau-Rho an, also nun für TP, so entsteht (durch Spiegelung) das heute so wohlbekannte *Absatz-Zeichen* aller Computer in der ganzen Welt: ¶ oder eben ¶. – Das bedeutet: Mit *jedem Absatz-Zeichen auf jedem Computer der Welt* werden – natürlich ganz unbewußt – zugleich *Thorah und Talmud magisch aufgerufen*!

‹Liest› man nun das Zeichen ¶ als *Hieroglyphe* (d.h. heiliges Bildzeichen), so erkennt man τρ als ♑, manchmal auch geschrieben als ♑ – also als das Zeichen fürs *Sternbild des* Steinbocks. – Das ist ein *atlantisches Zeitalter*: Aus so alter Zeit stammt die Magie der Qabbalah!

[2] Vgl. *Corpus Hermeticum, Lateinisch und Deutsch, nach dem Druck von 1503 der lateinischen Übersetzung von Marsilio Ficino*, Ausgabe Basel, Edition Oriflamme, 2015; a,a,O, S. 75 ff. (siehe auch Anzeigen am Schluß dieses Buchs).

[2-A] Damit wird angedeutet der Zyklus eines Schöpfungstags bzw. zwischen zwei kosmischen Kataklysmen (‹Sinthflut› bzw. ‹Weltenbrand›). Vgl. *Corpus Hermeticum*, a.a.O.; *Die Heilige Rede des Hermes* – Schluß.

[3] Siehe: Fulcanelli, *Mysterium der Kathedralen.* – Aus dem Französischen ins Deutsche übertragen; erschienen bei Edition Oriflamme, Basel, 2004. – Und auch: Fulcanelli, *Wohnstätten der Adepten.* – Edition Oriflamme, Basel, 2008; siehe auch Anzeigen am Schluß dieses Buchs.

[3-A] Vgl. P. Martin, *Esoterische Symbolik heute – in Alltag, Sprache und Einweihung.* – Basel, Edition Oriflamme, 2010.

[4] Fulcanelli in *Mysterium der Kathedralen* (a.a.O) interpretiert *Babel* als *Ba pour Bel – Tor zu[m Herrn de]r Sonne.* – Vgl. ANTAIOS, Bd. II, (Hrsgg. Mircea Eliade und Ernst Jünger; Stuttgart, Klett, 1961). Dort nennt R. Schubart in seinem Aufsatz *Der Babylonische Turm – Weltmodell der Antike* – den Turm zu Babel ein *Compendium der universellen Symbolik*, was in Verbindung mit der mithräischen Symbolik (s.u.) sehr bereichernde neue Folgerungen erlaubt (Vgl. unsere Abb.33.

[5] Siehe *Popol Vuh, Edición íntegra.* – Clasicos Universales, ISBN 84-95994-26-7 (Madrid, 2005); Teil III, Kap. 5:
«Ach! – Wir haben unsere Sprache verlassen! – Was haben wir getan? Wir sind verloren. Warum wurden wir verführt (haben wir uns verführen lassen)? Eine einzige war unsere Sprache, als wir nach Tulán kamen; wir waren erschaffen und geformt worden aus einer einzigen Form. Es ist nicht gut, was wir getan haben!» – so sprachen die Völker unter den Bäumen und im Dickicht [des Urwaldes] – «¡Ay! ¡Hemos abanadonado nuestra lengua! ¿Que hemos echo? Estamos perdidos. ¿Por qué fuimos

engañados? Una sola era nuestra lengua, cuando llegamos a Tulán; habiamos sido creados y formados de una sola forma. No está bien lo que hemos hecho — dijeron los pueblos bajo los árboles y los bejucos …

[6] Tatsächlich liest man bei Aristoteles: *«Die sogenannten Pythagoräer befaßten sich als Erste mit der Mathematik ... und kamen ... zur Überzeugung, daß ihre Prinzipien die Prinzipien alles Seienden sind ...*

«Da also alle Übrige in seiner ganzen Natur den Zahlen angeglichen erschien, die Zahlen aber erster Grund der gesamten Natur, nahmen sie an, daß die Elemente der Zahlen die Elemente alles Seienden seien, und daß der ganze Himmel Harmonie und Zahl sei.» (Aristot., *Metaphysica*).

[6-A] Elaine Pagels & Karen L. King, *Das Evangelium des Verräters – Judas und der Kampf um das wahre Christentum.* – dtv-Verlag, München 2011; Originalausgabe: *Reading Judas – the Gospel and the Shaping of Christianity.* – Penguin, 2007.

[6-B] *«Offenbar glauben also diese auch, die Zahl sei der Ursprung und zwar als Stoff für das Seiende, für seine Zustände und für sein Befinden; die Elemente der Zahl aber seien das Gerade und das Ungerade, von denen das Erste unbegrenzt, das Zweite aber begrenzt sei. Die Eins aber leite sich ab aus Beiden von diesen (denn sie sei sowohl gerade als auch ungerade) – jede Zahl aber von der Eins. Und Zahl sei, wie gesagt, der ganze Himmel».* (Aristoteles, *Metaphysica.*)

[6-C] *Deus est sphaera infinita cuius centrum est ubique, circumferentia nusquam* – Gott ist eine unendliche Kugel, deren Mittelpunkt nirgends, deren Umfang nirgends ist – Der Satz wird verschiedentlich zitiert – sein Ursprung wird diskutiert: Genannt werden Jean de Meung, Dante, Meister Eckhart, Nicholas von Cusa, Giordano Bruno, Alanus ab Insulis, Robert Fludd, Pascal und Leibniz.

[6-D] Vgl. Jesús Zatón, *Geometria Sagrada – Bases naturales, cientificas y pytagoricas. – Französische Ausg*: *Géométrie Sacrée – Bases naturelles, scientifiques et pythagoriciennes.* – Librairie Pentagramme, 2016.

[6-E] A.a.O. p. 326; zitiert in: Jean Markale, *Le Druidisme – Traditions et Dieux des Celtes.* –Paris, Payot. – Deutsch: *Die Druiden – Gesellschaft und Götter der Kelten.* – Bertelsmann, München, 1987, p. 229.

[7] Vgl. *Die Kabbala von Papus¸– autorisierte Übersetzung von Julius Nestler.* Verl. Fourier, Wiesbaden, 1980; 7. Aufl. 1988.

– Und: A. Frank, *Die Kabbala oder die Religionsphilosophie der Hebräer.* – E.A. Leipzig, H. Hunger, 1844; Reprint: Reprint-Verlag Leipzig, o.J. (um 1960?).

[7-A] Diese Gruppe erinnert an die zoroastrische Devise: *«Wissen, können, wollen, wagen, tun».*

[8] *Das sog. Evangelium der Pistis Sophia* des Valentinus Gnosticus. Verl. Hermanes-T, 1987. – Vgl. auch: *Die Gnostischen Mysterien der Pistis Sophia*; – *Betrachtungen zum Buch I der Pistis Sophia*; von Jan van. Rijckenborgh; Haarlem 1992.

Valentinus Gnosticus wird von der Kirche Roms (im *Dictionnaire Encyclopédique du Christianisme Ancien* – DECA) als *Hæresiarch* bezeichnet – also als *Erz-Ketzer.* Gleichzeitig (!) stellt DECA fest, er sei platonisch ein beeinflußter Bibel-Theologe gewesen, der sich jedoch «*nur unerheblich von den noch unklar gezogenen Grenzen der Orthodoxie entfernte*». Er wurde aber im Jahr 160 in Rom als Ketzer umgebracht.

Der DECA gibt (S.2568) reichlich Auskunft auch über den Inhalt des *Evangeliums der Pistis Sophia*; doch wird Valentin's Autorschaft an jedwelcher Schrift bezweifelt – für jene Zeit eine Unmöglichkeit.

[8-A] Peter Selg, *Rudolf Steiner und Christian Rosenkreuz.* – Arlesheim, Verl. Ita Wegmann-Institut, 2011 – ISBN 9783 905919-25-7.

[8-B] C.W. Leadbeater: *Het Astraalgebied – zijn tooneel, bewoners en verschijnselen.* – Amsterdam, Theosophische Uitgevers Matschapij, 1905.

[9] *Dao-De-Ging – Die Gnosis im Alten China. Vollständig neu aus dem Chinesischen ins Deutsche übersetzt und aktuell erklärt.* – Basel, Edition Oriflamme, 2013; – a.a.O., § 25 und § 34.

[9-A] Vgl. R. Steiner, *Die Geheimnisse der biblischen Schöpfungsgeschichte.*

[10] Vgl. J. v. Rjickenborgh, *Dei Gloria Intacta – das christliche Einweihungsmysterium des Heiligen Rosenkreuzes für das neue Zeitalter.* – 2. Aufl. Haarlem, Verlag Rozekruis Pers, 1977.

[10-A] Siehe Werner Greub: *Wolfram von Eschenbach und die Wirklichkeit des Graals.* – Philosophisch-anthroposophischer Verlag, Dornach 1974. – SS. 170 – 300.

[11] A.a.O., SS. 147 ff.

[12] Die heutige Geschichtsschreibung macht aus dem antiken Aethiopien eine ägyptisch-romanische Provinz, die im 4. Jh. christlich geworden wäre, und leitet den Namen *αιθιοπς – aithjiops* im Sinne der Schwärze der *Gesichter* (*αιθος – aithos*, schwarzgebrannt) ab. – Da *ops* nicht *Gesicht* heißt, sondern *Auge*, erscheint wahrscheinlicher die Ableitung von *αιθος – aithos, feurig, blitzend, funkelnd*; – auch haben äthiopische Textfunde in Nag-Hamadi, al-Maidan etc. vorchristlich und christlich gnostische Schriften zutage gefördert wie z.B. die äthiopische ‹Thorah› (in deren Mitte das Buch Enoch). Diese sind zweifellos älter als das 4./5. Jh.

[12-A] Emanuel Swedenborgh: *Die Erdkörper in unserem Sonnensystem, welche Planeten genannt werden, und einige Erdkörper am Fixsternhimmel sowie ihre Bewohner, Geister und Engel. Nach Gehörtem und Gesehenem …* – Aus der lateinischen Urschrift ins Deutsche übersetzt. Stuttgart, Verlag der Neukirchlichen Buchhandlung, 1875.

[12-B] Vgl. *Dao-De-Ging*, Ed. Oriflamme 2013; a.a.O. § 73 & Kommentar.

[12-C] Vgl. *Mutus Liber – Das stumme Buch der Alchemie.* – Nach einem Original-Exemplar von 1677, mit der Einführung und den Kommentaren von E. Canseliet, F.C.H., Schüler von Fulcanelli und mit einem Vorwort von Jean Laplace, Schüler von E. Canseliet. Amsterdam, 1991, Edition Weber; – a.a.O. Tafel I und deren Kommentar.

[13] Im *Buch Chilam Balam of Chumayel* der Itza-Maya's von Yucalpetén (Yucatán) heißt es dazu:

Zuvor war da kein Himmel. Das Wort wurde aus sich selbst geboren, in der Dunkelheit – bzw.: *Gott der Vater wurde erschaffen allein durch seine eigene Kraft in der Dunkelheit ....*

[13-A] M. Hirmer: *Aegypten.* – Verlag Hirmer, München 1967.

[14] Vgl. R. Schubart: *Der Babylonische Turm* – In: *ANTAIOS*, Band II; a.a.O. S. 240 ff. (siehe literarisches Quellenverzeichnis und Abb. 35).

[14-A] *Nag Hamadi Scriptures*; a.a.O.; Ss. 115 ff.; – zitiert aus der Reue der Sophia gemäß dem Geheimen Buch des Johannes, NHC (= Nag-Hamadi Codex) II,1; III, 1; IV,1:

Dann begann die Mutter, sich umher zu bewegen. Sie begriff, daß ihr etwas fehlte, als die Helle ihres Lichts abzunehmen begann. Sie wurde trüb, weil ihr Syzygos nicht mit ihr zusammengewirkt hatte. – Ich fragte: Herr, was bedeutet es, daß sie sich umherbewegte?– Der Herr lachte und sprach: Glaub nur nicht, daß es so ist, wie Moses sagte: über den Wassern. Nein, Als sie die Verworfenheit erkannte, die geschehen war und den Raub, den ihr Sohn [Jaldabaoth] begangen hatte, da bereute sie. Als sie vergeßlich wurde im Dunkel der Unwissenheit, da begann sie, sich zu schämen. Sie traute sich nicht, zurückzukehren, aber sie war bewegt. Diese Bewegung ist ihr Umherbewegen.

[14-B] Siehe *La Clef des Douze Clefs de Frère Basile Valentin – Der Schlüssel zu den Zwölf Schlüsseln von Basilius Valentinus.* – Basel, Edition Oriflamme, 2006; – Anmerkung 108 zum deutschen Text.

[15] Siehe: *The Zend Avesta of Zarathustra. Translated from the Zend Hieroglyphs by E. Bordeaux-Szekély.* – International Biogenic Society 1990.

[15-A] Siehe: *The Zend Avesta of Zarathustra*, a.a.O.

[15-B] So im Sohar, gemäß Daniel Matt, dem berühmten Sohar-Übersetzer ins Englische. (siehe: http://tinyurl.com/h3ufc7v: ein youTube-Film mit vorallem 4 hervorragenden heutigen Kabbalisten.)

[15-C] Nach heutiger Denknorm sind Schwingungen aber Zeit-Zyklen: Wie läßt sich dann dieser Widerspruch erklären? – Durch unser niedriges Denkvermögen. wonach wir uns *kein einziges Ding* vorstellen können ohne eine leiblich dingliche Bild-Vorstellung damit zu verbinden!

[16] *Mani's Lichtschatz – manichäische Psalmen, Gesänge und Gebete.* – Rozekruis Pers, Haarlem, 1999

[17] A.a.O.; in den ersten Kapiteln.

[18] Robert C. Meurant, *The Myth of Perfection of the Platonic Solids, chapter VII.* –

[18-A] *Phi* – die mysteriöse Vermittlungszahl im *Goldenen Schnitt.*

[18-B] Man soll diese Erklärung ja nicht als Spekulation abqualifizieren: Wirklich zeigt sie – meditativ vollständig erfaßt – den wahren Verlauf der ‹Fleischwerdung des Geistes›, nun aber nicht in schlagwort-artigen mystischen Ausdrücken, sondern in einer Sprache, worin mystische Sicht sich mit exakter Wissenschaft paart und dadurch erst wirklich mental durchdrungen, d.h. *verstand-en* werden kann.

[19] *Popol Vuj.* – A.a.O, p. 153-155. Vgl. auch Fulcanelli: *Mysterium der*

Kathedralen; a.a.O., p. 68-71. – Die französische Version von Offb. 22:16 bringt für Wurzelsproß *Drageon* – Assonanz zu *Dragon – Drache*. Dieses *Reptil* hat heute wieder eine viel größere als nur mythologische Bedeutung (vgl. die *Smaragdtafeln von Toth dem Atlanter* – Tafel VIII). – Siehe auch : R. Steiner: *Das Johannes-Evangelium*. Hamburg, 1908.

[20] Vgl. *Corpus Hermeticum lateinisch und deutsch* ... – a.a.O.

[21] R. Steiner: *Der Orient im Lichte des Okzidents*. Dornach, 1942. – Ebenso: R. Steiner: *Das Johannes-Evangelium*. Hamburg, 1908.

[22] Dadurch erhält die Tatsache, daß die natürliche Abschirmung der Erde gegen die Sonnenstrahlen abnimmt, eine weit höhere als nur irdische Bedeutung, nämlich eine kosmische und sogar makrokosmische: Das Neue Zeitalter ist ja das Zeitalter der *Fleischwerdung des Christusgeistes* nicht mehr nur in *einem*, sondern aktuell in *allen Menschen guten Willens*. – Wer sich nun der damit verbundenen Anforderung: *Wachstum in Kenntnis und Liebe* gewachsen zeigt, wird ins Sonnen-Mysterium des Christus mit aufgenommen. Wer sich dieser Aufforderung nicht anzuschließen vermag, muß «verbrennen».

[23] Die leibliche Ankunft des kosmischen Christus, die ursprünglich die Basis des heutigen Christentums war, bedeutete eigentlich zugleich das Ende der Zeit, in der die Liebe (d.i. der Christus) *von außen durch einen Elohim (JHVH) vorbereitet* werden mußte, bis die Menschheit reif wäre, dieses Mysterium direkt aufzunehmen: Mit dem *Aufgang des ‹Sterns von Bethlehem›* ✯ brach die Zeit an, wo das solare Liebesfeuer des Christus *von jedem Menschen selbst* erfahren und *in jedem Menschen selbst* verwirklicht werden kann. Tatsächlich liegt darin eine Tragik des Christentums ebenso wie des Judentums, daß *beider* Jünger dieses Ereignis – das Erscheinen einer neuen kosmischen Aufstiegs-Stufe für die Menschheit (*Jesod – Feuerschwelle*) nicht in seiner tiefen Bedeutung erkannten.

A. Schütze (a.a.O.) ergänzt (nach dem Buch von E. Bock, *Das Alte Testament und die Geistesgeschichte der Menschheit*):

«Von dem streng-orthodoxen Judentum wurde Naturfrömmigkeit und Sonnenverehrung mehr und mehr als ein Greuel aufgefaßt, weil es (das Judentum) sich immer einseitiger auf eine bildlose, innerlich-seelische Moralfrömmigkeit beschränkte. ... Der Kampf zwischen ‚Heidentum' und ‚Judentum' ... hat sich innerhalb der christlichen Kirche wiederholt. Er endete mit dem vorläufigen Sieg der ‚jüdischen', d.h. dem Kosmos entfremdeten Geistigkeit. Das echte Christentum aber verbindet die im Heidentum gepflegte (bildhafte) Natur-Innigkeit mit der Strenge reingeistiger innerlicher Gebetsfrömmigkeit.»

[24] Daraus wird ersichtlich die Entsprechung zwischen den makrokosmischen *Sieben Geistern vor Gottes Thron* und den sieben kosmischen *Elohim*. Ihre sichtbare Entsprechung im *Makrokosmos* sind die *Sieben Planeten als Vermittler von interkosmischen Kräften und Schwingungen aus dem Makrokosmos;* – die unsichtbare Entsprechung dazu sind die zugehörigen sieben (auch selber siebenfach aufgefächerten) überkosmischen Schwingungen in ihren sieben Grundtönen und sieben Farben, die zusammen das ‹Weißgold› der umfassenden göttlichen Schwingung er-

geben, die auch *Der Siebengeist* genannt wird (siehe Scholie 2).

[25] Zitat G.R.S. Mead in: *The Mysteries of Mithras.* – Edmonds, USA, 1993.

[26] Siehe auch Greub: *Wolfram von Eschenbach und die Wirklichkeit des Graals.* – Philosophisch-anthroposophischer Verlag, Dornach 1974.

[27] Ausführlich wird all dies behandelt in einem (noch unabgedruckten) Artikel von P. Martin: *Die Raute und ihre Anwendung in den Symbolsprachen.*

[28] Die kabbalistische Buchstaben-Zahlen-Mystik sagt ganz ähnlich: *Aleph – א , die 1 – ist Tod-und-Leben: Undenkbares abstraktes Prinzip von Allem was ist und von allem Nicht-seienden ... – Teith, ט (9), Archetyp des uranfänglich Weiblichen, zieht das Leben an sich, woraus stufenweise sich die Formen entwickeln. Jod:י (die 10 oder ‹Hand›) ist der Gegenspieler der Eins in dem Spiel, ohne das nichts sein könnte. – Beith ב ist der Archetyp aller ... Behälter: die 2, ohne die nichts sein könnte.*

[28-A] → J.F. Blumrich, *Kasskara und die Sieben Welten – Die Geschichte der Menschheit in der Überlieferung der Hopi-Indianer* (ill.). – Knaur-TB; Drœmersche Verlagsanstalt, München 1985.

[29] Die *Books of the Chilam Balam of Chumayel* (a.a.O.) nennen Venus «*das Juwel auf der Brust der Sonne*».

[30] Gemäß M. Heindel, R. Steiner und Anderen werden zu Beginn jedes Zeitalters die vorhergehenden in ‹Zeitraffung› rekapituliert – etwa so wie der menschliche Embryo alle Stufen durchläuft – vom Einzeller über Fisch- und Amphibienstufe zum Menschen, mit der *Reptilienstufe als Gabelung der Entwicklung* – und nach den daraus folgenden Eigenarten.

[31] Nikolai Rainow, *Legenden der Bogomilen*; zitiert in Zsr. *Pentagramm* Nr. 3/2006, S.13.

[31-A] Im Buch *Nag-Hamadi Scriptures*, a.a.O., S. 119 wird unterschieden: *Jaldabaoth sagte zu den Herrschern um ihn: «Kommt, laßt uns ein Menschenwesen schaffen, nach dem {vom Wasser wiedergespiegelten} Bildnis Gottes und das uns ähnlich sei, auf daß dieses Menschenbild uns Licht geben möge ... ».* – Der Text zählt eine Vielzahl von Dämonen auf, die dazu beitrugen: *« ... und ihrer Aller Mutter ist die Materie ... sie steht in ihrer Mitte, denn sie ist unbegrenzt und begattet sich mit Allen ... und durch sie werden Alle ernährt. Die vier obersten Dämonen sind ... . Von diesen vier Dämonen (Kummer, Vergnügen, Begehren, Furcht) kommen die Leidenschaften ....* {folgt deren Aufzählung} ... ».

Nun wird ein geistiger Menschenleib erschaffen, der sich aber nicht bewegen kann. Die ‹Mutter› bittet das gnadenvolle Vater-Mutter um Hilfe: Dieses sendet 5 Leuchten zu Jaldabaoth, anstelle von dessen 5 Engeln. Diese lassen Jaldabaoth von seinem Geist {der von seiner Mutter kommt, doch das weiß er nicht} in Adams Gesicht blasen. Der Leib bewegt sich nun; er ist mächtig und erleuchtet: *«Adam war intelligenter als die Schöpfer und der Erste Herrscher (Jaldabaoth). Die Archonten versuchen, Adam zu vernichten und werfen ihn in die tiefste Tiefe der Materie ... – Das Mutter-Vater sandte Adam eine Hilfe – Leben ... und ... belehrte die Schöpfung über den aufwärts führenden Pfad».* (vgl. Abbildung: *Valentinianische*

Æonologie, S. 152). – Es folgt die Erschaffung von Eva-Zoè …
[31-B] Siehe P. Martin, *Esoterische Symbolik Heute*, a.a.O. – Ss. 52 f.

[32] Henricus Cornelius Agrippa ab Nettesheim, *Occulta Philosophia* ... – Köln, Sotèr, 1531. – Deutsch: H.C. *Agrippa's von Nettesheim Magische Werke samt den geheimnisvollen Schriften des Petrus von Abano, Pictorius von Villingen, Gerhard von Cremona, Abt Tritheim von Spanheim, dem Buch Arbatel, der sog. Heil. Geist-Kunst und verschiedenen anderen. Zum ersten Male vollständig ins Deutsche übersetzt* … – Amonesta Verlag, Wien, s.a. (um 1900; –4. Aufl. s.a.; um 1920), II, 163 ff.

In einer der entsprechenden Abbildungen (II, S. 164) steht der Mensch *aufrecht im Quadrat*, -unter dem Auge 👁 und mit dem Kreuz + auf dem Solarplexus; auf S. 166 steht er gespreizt im *Pentagramm* – mit ☉ im Solar-Plexus, ☽ am Sexus und umringt von den fünf Planeten. Auf S. 167 steht er aufgespreizt in einem *geweckten Quadrat*, umringt von den zwölf Zeichen des Tierkreises; auf der nächsten steht er halb gespreizt als schmales Pentagramm im Kreis mit Kreuz ⊕. Im *sechsten Bild* (II, 170) steht er als EINS | in einem magischen Quadrat aus 16 kongruenten Dreiecken, worein sowohl die *RAUTE* ◊ als auch das *LICHTKREUZ* × und das *MATRIEKREUZ* + eingezeichnet sind.

[32-A] Der Name JESOUS bedeutet auch *Der Feurige* (hebr. *Jès – Feuer*).

[32-B] Vgl. J. v. Rjickenborgh, *Dei Gloria Intacta.* Haarlem, Rozekruis Pers, ab 1977; a.a.O. Ss. 88-93, über die *Venus-Einweihung.*

[32-C] Diese Erläuterungen müssen noch immer Manches ungesagt lassen, weil Manches eben unaussprechlich und nur erahnbar bleibt …

[33] H.P. Blavatsky, *The Universal Doctrine.* – 1893; Vol.I: The Stanzas of Dzyan.

[34] Vgl. die wunderschön bemalte Kassettendecke in der frühgotischen Kirche St. Martin in Zillis (Graubünden / Schweiz), die aufs Jahr 1130 datiert wird. – Siehe Abb.29 im vorliegenden Band.

[35] Siehe Anhang 3-B: Kain *und Abel im Heute.*

[36] Mit *intelligent* wird hier eine mit dem *Herzen* verbundene Aktivität des Haupts bezeichnet, mit *Schlauheit* ein aus dem Blut und dem Nervenfluidum beeinflußter Intellekt. – Siehe auch R. Steiner: *Die Tempellegende und die Goldene Legende* – über die sogenannte «atlantische Schlauheit» der Semiten.

[37] Die Mondgöttin (*Ishtar-Isis-Ashera*) spiegeln u.a. Namen im AT wie z.B. *Asher* – einem ‹Stamm aus Jakob› und *Phil-Ishtar*, zu *Philister* geworden. – *Ishtar*, d.h. *Iset-Er*, die *Erhabene Isis* ist die stets schwangere, ewig jungfräuliche Göttin-Mutter der Sumerer, die *Shakti der Hindu's*, stehend auf der liegenden Mondsichel, mit einer Aureole von 12 Sternen ums Haupt – wie die ‹christliche› Maria – von *Mari* der babylonische Muttergöttin *par excellence* (die *Ninti-Ereshkigal* Sumers).

Iset ist der hieroglyphische Name, der bei Griechen und Römern als *Isis* ausgesprochen wurde (die *Sita* der Hindu's). Der Name kommt von *Is – Mond.* Darum wird *Isis* zu *Mutter Mond*, Gattin von *Vater Sonne (Re, Ram)*, was an die *Tabula Smaragdina* des *Hermes Trismegistos* erinnert.

So folgt das «kleine Himmelslicht» als getreue Gattin dem großen: *Sol* oder *Shem-Er* bzw. *‹Sum-Er›* (*Erhabene Sonne*). So wurde *Iset-Er* stets verehrt als die größte weibliche Manifestation Gottes, *Shem-Er*: als seine größte männliche *Manifestation* – nicht aber als *Gott selbst*. – Man beachte auch, daß *Mercur* (*Hermes*), der innerhalb der *Trinität* ebenso wie als Planet unseres Sonnensystems – *«dem Vater am nahesten stehende Sohn»*– die Rolle des *Sohnes und Vermittlers* (des hebräischen *Metatron* eben) erhielt, von dem jedes Pantheon spricht. Als solchen finden wir ihn in der Alchemie ebenso wieder wie als symbolische Analogie zu Christus.

[38] Siehe: I. Finkelstein, N.A. Silbermann: *Keine Posaunen vor Jericho – die archäologische Wahrheit über die Bibel.* – DTV München, 2004; orig. Ausg. *The Bible unearthed. – Archeology's New Vision of Ancient Israel and the Origin of the Sacred Texts.* – The Free Press Inc., 2002. – Ebenso in *Genesis of the Grail Kings* (a.a.O.).

[39] I. Finkelstein und N.A. Silbermann, a.a.O., zeigen anhand archäologischer Dokumente, daß Salomo – falls überhaupt – 100 Jahre später lebte als die Biblische Geschichte es will; – auch, daß der kleine Hirtenstamm Judah damals weder über die Intelligentsia (Schreiber, Architekten etc.), noch über Mittel (Geld, Pferde, Menschen etc.) verfügte, um den überlieferten Tempelbau bzw. die großen Heerzüge durchzuführen, wovon die Bibel berichtet. Sie leiten daraus folgerichtig ab, daß die 40'000 Pferde des Salomo eine antihistorische Fiktion sind, ebenso wie die 1000 Frauen, mit denen er, gemäß christlich kirchlicher Aussage *«nichts Unziemliches tat» – nihil contra pudorem fecit »*, was – sanft kommentiert – der orientalischen Tradition kaum entspricht …

[40] A. Schütze: *Mithras.* – a.a.O.; pp 156 f.

[41] Siehe: Jonathan Tubb: *Völker im Lande Kanaan* (Originalausg. *Peoples of the Past: Canaanites.* – Deutsch: Stuttgart, Teiss, 2005.

[42] Siehe: *Sumerische und Akkadische Hymnen und Gebete.* – Eingeleitet und übertragen von A. Falkenstein und W. v. Soden. – Artemis, Zürich & Stuttgart, 1953.

[43] Zitiert in Laurence Gardner: *Genesis of the Grail Kings.* – Boston, Element Books, 2000.

[44] Siehe: Rudolf Steiner, *Die Tempellegende und die Goldene Legende.*– A.a.O. Ss. 219 und 235.

[45] Vgl. 4.Mo.21:8-9. – Siehe auch: *Der Schlüssel zu den Zwölf Schlüsseln von Bruder Basilius Valentinus,* a.a.O., Anm.52, p.299.

[45-A] Fulcanelli (in *Demeures Philosophales*. Paris, Ed. J.-J. Pauvert, 1929, auf Deutsch: *Wohnstätten der Adepten*, Basel, Edition Oriflamme, 2008; – a.a.O. S. 225-230) schreibt:

«Dieses Bild, worüber nur einige vage Angaben und einfache Hypothesen existieren, war niemals ein Götzenbild, wie Manche glaubten, sondern nur ein vollständiges Emblem der geheimen Überlieferung des [Templer-]Ordens, *das vorallem nach außen und als esoterisches Paradigma, als Ordenssiegel und Erkennungszeichen benutzt wurde. Man reproduzierte ihn auf Schmuckstücken, auf dem Frontgiebel der Komman-*

danturen und auf dem Tympanon ihrer Kapellen. Er bestand aus einem nach unten zeigenden gleichseitigen Dreieck – der Hieroglyphe des Wassers, *des erst-erschaffenen Elements gemäß Thales von Milet, der behauptete:* «Gott ist dieser Geist, der Alles aus Wasser erschuf». – *Ein zweites, kleines gleichseitiges Dreieck mit der Spitze nach oben wurde in die Mitte gesetzt und nahm den Platz der Nase in einem menschlichen Gesicht ein. Es stand fürs* Feuer, *genauer gesagt, für das* im Wasser eingeschlossene Feuer, *oder den* göttlichen Funken, *die Beseelung des Fleischs: das in die Materie eingeflößte* Leben.

«Auf der Basis des kopfstehenden Dreiecks stand ein sehr breites **H** *– das griechische* ‹Èta›, *dessen Mittelbalken in der Mitte durch einen kleinen Kreis geschnitten wurde. Dieses Symbol bezeichnet in der hermetischen Steganographie den* Universalgeist, *den Schöpfergeist – Gott.*

«Im Inneren des großen Wasser-Dreiecks, knapp oberhalb des Feuerdreiecks sah man, wie Augen, [heraldisch] links einen Kreis mit der zunehmenden Mondsichel *darin:* ☽, *rechts das* Sonnensymbol ☉. *Direkt unter das kleine innere Dreieck war das auf dem Kreis stehende Kreuz* ♁ *angefügt, was die doppelte Hieroglyphe des mit dem passiven Prinzip und Lösemittel aller Metalle – dem* Quecksilber *– verbundenen aktiven Prinzips des Schwefels* 🜍 *ergibt. Oft stachen noch einige von der unteren Spitze des Wasserdreiecks ausgehender Linien abwärts, worin der Profane nicht etwa den Ausdruck eines Lichtstrahls erkannte, sondern eine Art Bärtchen ...*

«Im rein hermetischen Ausdruck, der dem Großen Werk [der Alchemie] entspricht, kommt Baphomet *von den griechischen Wurzeln Βαφευς,* Färber, *und μης für μην,* Mond*; es sei denn, man bevorzuge μητηρ,* Genitiv *μητρος – Mutter* oder *Gebärmutter, was auf denselben mondhaften Sinn hinaus läuft ...*

«Βαφειν heißt eintauchen *und* färben *... , was uns zur symbolischen Taufe (Mètè) führt, die ebenfalls durchs Wort* Baphomet *ausgedrückt wird ... – Das also ist der* Graal, *der den eucharistischen Wein enthält: Flüssigkeit geistigen Feuers; – vegetatives, lebendiges und belebendes Naß, das in die stofflichen Dinge eingeflößt wird».* – Ende des Zitats Fulcanelli.

46 Siehe Edmond Bordeaux-Szekély: *The Essene Book of Creation.* – International Biogenic Society, 1989.

47 *Das Evangelium der Pistis Sophia.* – A.a.O., p.36

48 *Das Evangelium der Pistis Sophia.* – A.a.O., p. 30

49 Fulcanelli, *Mysterium der Kathedralen.* – Loc. cit. p. 108

50 Brüder Grimm: *Das Märchen von Schneewittchen und den Sieben Zwergen.* – ‚Schneewittchen' ist eine Verstellung des plattdeutschen *Sneeuwwitke – Schneeweißchen*, womit auf die Reinheit der ursprünglichen Seele hingewiesen wird. Nach seiner ausführlichen Version sowie in jener des berühmten Zeichentrickfilms von Walt Disney beginnt die Geschichte jedoch nicht im Paradies, sondern beim Leben der zerlumpten Menschenseele in der Dialektik, unter der Herrschaft des eifersüchtigen JHVH-Jaldabaoth (*«Wer ist die Schönste im ganzen Land!?»*). – Der *Prinz* auf dem weissen (*solaren*) Pferd nimmt dabei die Rolle des *Sonnenhelden* ein – des *Christus*.

[51] Siehe *Nag Hamadi-Codex* II, 5, translated by Roger A. Bullard – in den Schöpfungsberichten: *Die Hypóstasis der Archonten* – das bedeutet: *Das Wesen der Archonten.* (*Hypóstasis* = Substanz, Grundlage, Wirklichkeit, Wesen, die Einordnung. – *Archonten* = Herrscher, Mächte).

Eine ausführlichere Version über die Archonten und die Erschaffung des Menschen findet sich in: *The Nag Hamadi Scriptures ... edited by Marvin Meyer ...* – New York, Harper Collins, 2008; – a.a.O., Kapitel *The Secret Book of John*, Unterkapitel: *The Human appears*, p. 115 ss.

[52] Zahlreiche Deutungen für den Begriff *Ouróboros – ουροβορος* – sind möglich, und zwar *sowohl-als-auch*, nicht nur *entweder-oder*:

Ouro- allein kann bedeuten: *Raum, Strecke, Begrenzung, Guter Wind (Geist), Glück, günstiger Zeitpunkt, Berg, Wächter, Beschützer, Aufseher, gezogene Furche, Graben.* – Etymologie: *ϝορσϝορς* (ausgesprochen als *Vorsvors*). – *Boros allein* hat den alt-keltischen Stamm *bera* – d.h. *tragen, gebären*; – und auch in lateinisch *vor-* – *ϝορ* (*fressen, verschlingen*). – *Ouroboros hat also Entsprechungen zum Vishnu der Hindu's.*

[53] Sun Dse: *Wahrlich siegt, wer nicht kämpft. – Die Kunst der richtigen Strategie.* Deutsch bei Verlag Hermann Bauer, Freiburg i/Br, 1988.

[54] → Anhang 3-A: *Das Ende des Zorns, oder warum Eva erschaffen wurde.*

[55] *Das Evangelium der Pistis Sophia.* – A.a.O., p. 79.

[56] Der häufigste Name *«Teufel»* läßt sich etymologisch mehrfach erklären: Das Lateinische *Diabolus* (vom Griechischen *διαβολος* – *Diabolos*), franz. *diable*, ital. *diavolo* – läßt sich als der (aus dem Himmel) *Hinuntergeschleuderte* verstehen; das altdeutsche *Deubel aber* (mundartlich zu *Tüüfel, Düübel* u.ä. geworden) kommt doch eher von der Bezeichnung *Ziu-Bel – Dju Bel – Deus Beel* her. Das Christentum hätte also – ebenso wie das Judentum – aus dem *Sonnengott*, *Gott des Lichts* den *Fürsten der Finsternis* gemacht, um die eigene religiöse Hauptfigur besser abzusichern: Im katholischen Christentum wird ‹Der Teufel› höher eingestuft als Jesus Christus (vgl. P. Martin, *Esoterische Symbolik heute*): *Beel* oder *Baal* ist ja der vorallem von den (*mondhaft*) jahvistischen Priestern so hart bekämpfte *Sonnengott*, auf den sich bereits die Geschichte vom *Turm zu Babel* bezieht. Betreffend *Jaldabaoth* (eine weitere beliebte ‹Teufels-Gestalt›) siehe auch Scholie zu Punkt 7 des *Compendiums* sowie Abb. 20. – Noch heute nennen gewisse gegensätzliche Religionen einander *teuflisch* ... —

Das französische *diable* weist überdies auf *Apollo* hin (auch ein *Sonnengott!*) – nämlich auf den *Abelio-kult* in den Pyrenäen in den ersten Jahrhunderten unserer Zeitrechnung: *Dzju-Abelio.* Die Partikel *Ziu* für *Deus* wird hier darum bevorzugt, weil sie auf den griechischen *Zeus* – ‹heidnischer› Vatergott (kosmologisch also wieder die Sonne) verweist, bzw. auf *Jupiter (Dzju-Pitr) – Vermittler zum Höchsten ...*

Ein weiterer ‹Namensvetter› von *Diabolus*, der relativ jung ist, wäre noch (entsprechend Obigem, sprachlich zweifelhaft, aber gemäß Koran stimmig): *Dzju-Iblis*, was aufs Selbe herauskommt und zeigen würde, wie umsichtig die orthodoxe Sprache im jüdisch-christlich-muslimischen Religions-Concordat geregelt wurde und noch wird.

Die Bezeichnung *Ahriman*, vom persischen *Ahura Mainyiu*, worauf im Text bereits hingewiesen wurde, kommt – neben *Jaldabaoth* – vorallem in esoterischen Texten seit Beginn des 20. Jahrhunderts vor. Sie deutet weniger auf den Gegensatz aus Licht und Finsternis hin, als auf jenen aus Liebe (das JA von Herzen) und Haß (das schlaue NEIN zu Allem, was mit Licht, Wahrheit und Leben zusammenhängt).

Bei den Azteken bzw. *Mayas* hieß dieser ‹Gegengott› *Tezcatlipoca.* Auch andere Ausdrücke lassen sich ableiten aus dem Kampf der Institutionen gegen Lehren, die den ‹Sonnenkult› im Zentrum hatten – also die Verehrung des sonnenhaften Lichts, das *ganz Liebe* ist, womit in der inneren Priesterschaft immer die *Gnosis* – die eine, für alle Zeiten und alle Kulturen gleich gültige positive Religion gemeint war, die auf wahre *Freiheit und Erlösung* der Menschen ausgerichtet ist. Die *Verehrung Der Sonne* war und ist meist nur allegorisch gemeint; – stets war sie gleichzeitig auch in Wirklichkeit innerlich verbunden mit dem wahren einzigen Urquell all dessen, was mit dem Begriff *Licht* im höchsten Sinne angedeutet werden kann und *kosmisch gesehen* wirklich über die *Sonne* ausgestrahlt wird (siehe Text).

[57] Vgl. Valentin Weigel: *Das Buch vom Gebet (‚Gebetbüchlein'). Nach der ersten im Druck erschienenen Ausgabe ... sanft in heutiges Deutsch gebracht und mit einer Einleitung sowie einigen erläuternden Anmerkungen versehen durch P. Martin.*– Basel, Edition Oriflamme, 2006; p. 139.

[58] *Evangelium der Pistis Sophia.* – A.a.O, P, 62

[58-A] *Dao-De-Ging – Die Gnosis im Alten China, Text und Kommentar.*

[59] Das Buch *Nag-Hamadi Scriptures* {a.a.O.; S. 115 f.}: gibt eine Darstellung aus dem *Geheimen Buch des Johannes*, betreffend die Gestalt und Wirkungsweise des Zornreichs unter der Regierung des Fürsten dieser Welt – *Jaldabaoth.* Die Aufzählung von Namen der ‹Mächte und Regenten› unter Jaldabaoth ist interessant: Obschon sie älter ist als die *Endredaktion* der biblischen Genesis, kehren doch viele dieser Namen in biblischen und anderen Mythen wieder, die *jünger sind*:

«[Jaldabaoth] ist der Erste Beherrscher: der Archon, der große Kraft nahm von seiner Mutter. Dann verließ er sie und entfernte sich von dem Ort, wo er geboren war. Er übernahm die Macht und erschuf für sich selber andere Aeonen mit leuchtendem Feuer, das noch immer existiert. Er paarte sich mit der Gemütlosigkeit in ihm selber und brachte Mächte für sich selber hervor.

«Der Name des Ersten ist ATHOT, *den die Leute* den Schnitter *nennen. Der Zweite ist* HARNAS, *das* Böse Auge. *Der Dritte ist* KALILA OMBRI. *Der Vierte ist* JABEL. *Der Fünfte ist* ADONAI, *der als* SABAOTH *angerufen wird. Der Sechs ist* KAIN, *den Generationen von Menschen* DIE SONNE *nennen. Der Siebente ist* ABEL … *Der Neunte ist* JOBEL {JUBAL!?} … *Der Zwölfte ist* BELIAL, *der den Tiefen der Unterwelt vorsteht.* {*Beli-El – Sonnen-Herr* oder *Sonnen-Gott*; – ein Allonym für OSIRIS?}

«Jaldabaoth setzte sieben Könige ein: einen für jede Himmelssphäre, um die sieben Himmel zu regieren (→ Buch Pymander) – und fünf, um über die Tiefe des Abgrunds zu herrschen. Er teilte ihnen sein Feuer mit, aber er gab ihnen nichts ab von der Lichtkraft, die er von seiner Mutter genommen hatte. Denn er ist [die] Finsternis der (bzw. in) Unwissenheit.

«Als Licht sich mit Finsternis mischte, ließ es die Finsternis erstrahlen. Als Finsternis sich mit Licht mischte, trübte sie das Licht, und es

wurde etwas zwischen Licht und Finsternis, aber eher düster.

«Der düstere Archon hat drei Namen: Der erste Name ist JALDABAOTH; *der zweite ist* SAKLA, *der dritte ist* SAMAEL. *Er ist hinterlistig in der ihm innewohnenden Gemütlosigkeit* {man vergleiche mit was *Pymander* dem *Hermes* über die Gemütlosen sagt}. – *Er sagte:* «Ich bin Gott, und es gibt keinen anderen Gott neben mir», *denn er wußte nicht, woher seine eigene Kraft gekommen war.*

«Die Regenten erschufen jeder sieben Mächte für sich selber, und jede Macht erschuf sechs Engel, bis es 365 Engel waren. {Die sieben hohen Mächte wurden zu den sieben Wochentagen. Ihre Namen: *«Der Erste ist* ATHOT; ... – *der Dritte ist* ASTAPHAIOS; – *der Vierte ist* IAO» {ebenfalls ein Allonym für JHVH, wie auch die Folgenden}; – *«der Fünfte ist* SABAOTH; *der Sechste* ADONIN, *der Siebente:* SABBATAIOS. – JALDABAOTH *hat viele Gesichter, die er nach Belieben zeigen kann ... »* –

{In einer Reihe von weiteren 7 Mächten erscheinen wieder 5 Allonyme für JHVH:}. Er ordnete Alles nach dem Muster der Ersten Aeonen {die vor ihm waren} *«... Zwar hat er die Unvergänglichen nie gesehen; sondern die Macht, die in ihm ist, und die er von seiner Mutter nahm, brachte in ihm das Muster für die Weltordnung hervor.*

«Als er die Schöpfung um ihn her sah und das Gedränge der ihn umgebenden Engel, die aus ihm hervorgegangen waren, sagte er zu ihnen: „Ich bin ein eifersüchtiger Gott, und es gibt keinen anderen Gott als mich". – *Aber indem er dies verkündigte, deutete er den Engeln um ihn her an, daß es einen anderen Gott gibt. Denn wenn es keinen anderen Gott gäbe: Auf wen sollte er dann eifersüchtig sein?»*

[60] Damit wird angetönt der Verlauf eines Offenbarungstags, der durch die sieben planetaren Phasen beschrieben wird, die selbst wieder in sieben Epochen unterteilt werden. Man vergleiche dazu Max Heindel: *Das Weltbild der Rosenkreuzer*, die Literatur von R. Steiner, die theosophischen Lehren von H.P. Blavatsky und Anderen.

[61] Der *Geis* ist eine Art von Fluch: eine fatale Drohung, verknüpft mit *Bedingungen, die eine Wahlmöglichkeit vortäuschen, aber jedenfalls unvermeidbar sind.* Das gilt sowohl für die Situation im ‹Paradies› (entweder geistiger Todesschlaf – oder leiblicher Tod auf dem schmerzvollen Weg durch den Stoff), als auch für den Fluch der 13. Fee im Märchen vom *Dornröschen* : Tod durch den Dorn der Spindel (Sexualsymbol oder Erkenntnis?) mit Erreichen der Geschlechtsreife; – ein Tod, der zwar nicht vereitelt aber sinnvoll gemildert wird durch den *Schutzzauber* der 12. Fee (Erlösung durch den ersten Kuß wahrer Liebe).

Der *Geis* kommt in keltischen Sagen und auch in der *Edda* öfter vor; er wird sehr passend illustriert durch den Schrei des *Hähers* – franz. *geais.* – Daß die alttestamentarische biblische Geschichte sich innerhalb keltischer Normen und Gebräuche abspielt, wird ausführlich dargelegt und erwiesen in dem Buch von Jean-Paul Bourre: Les Celtes dans la Bible (Paris, Laffont, 1990). Das Buch von Bourre räumt in einem prägnanten Satz mit der durch die Schul-Historiker seit zweihundert Jahren absichtsvoll gepredigten, unhaltbaren Behauptung auf, die Kelten seinen *aus dem Osten* nach Gallien und Britannien (den Raum, wo das Keltentum am verbreitetsten war und die höchste Blüte erreichte!) gekommen:

«C'est un fait historique: Les ‹Indo-Européens› ont atteint l'Asie Mineure 3000 ans avant J.-C. Ils appartiennent au premier courant migrateur, venu du Nord-Ouest de l'Europe – *Es ist eine historische Tatsache: Die sog. Indo-Europäer haben 3000 vor Christus Klein-Asien erreicht. Sie gehören zur ersten Völkerwanderungs-Welle, die aus dem Nord-Westen Europas kam*». – Das waren die Überlebenden der atlantischen Katastrophe, die als *Fackelträger* das alte Wissen wieder über die verwüstete und verarmte Welt trugen: Von der Atlantik-Küste nach Osten bis zum Stillen Ozean – und ca. 3000 Jahre später wieder zurück. Ein Rest dieser Tradition ist der Kult ums ‹ewige Feuer› bzw. das *Reine Feuer* auf den Altären für Ahura Mazdão, im alten Persien. Dieser Kult unterscheidet sich kaum von der Tradition der Chaldäer mit ihrer Sternenweisheit.

Eigentlich müßte jedem selbst denkenden Menschen klar sein, daß im Nahen Osten *verstreute* Landstriche mit Namen wie *Galatia, Galiläa, Golan, Gilead, Galicia* etc. den westlichen *Galliern* und *Gälen* den Namen nicht *gaben* sondern *entlehnten* – so wie viele Siedlungen in Amerika seit dem 16. Jahrhundert nach dem Herkunftsort der Siedler bzw. Eroberer benannt wurden (vgl. *La Clef des Douze Clefs – Der Schlüssel zu den Zwölf Schlüsseln* – a.a.O.; Anm. 75).

[62] Jacob Bœhme: *Vierzig Fragen über die Seele*. – Bœhme zeigt sich in diesem Spruch als ein selbst in die Welt der Alchemie Eingeweihter!

[62-A] Siehe J.W. v. Gœthe: *Faust, Erster Teil*. – Die Szene in der ‚*Hexenküche*' ergänzt den vorliegenden Text.

[63] Vgl. *Jubiläums-Gesamtausgabe 400 Jahre Rosenkreuzer-Manifeste (1614, 1615, 1616) ... mit drei Zusatzkapiteln ...* – Basel, Edition Oriflamme, 2016; – a.a.O. S. 230: *Antwort der ... Bruderschaft deß Rosen-Creutzes auf Etzlicher an sie ergangene Schreiben* (Hrsg. Molter).

[64] Im Neuen Testament sagt Jesus, er sei nicht gekommen, das Gesetz *aufzuheben*, sondern es zu *erfüllen*. – *Welches* Gesetz meint er aber? Gemäß dem Buch Exodus erhielt Moses nur *ein einziges* Gesetz. Nachdem er die erste Tafel zerbrochen hatte, schrieb er die Version auf, die als die *Zehn Gebote* bekannt wurde. Dieses neue Gesetz aber unterteilten und interpretierten die Stammesältesten und Priester von Isr-a-El entsprechend ihren Interessen und Bedürfnissen in *hundert Gesetze;* und bis zur Zeit der Pharisäer waren noch weitere Auslegungen und Unterteilungen entstanden. Es ist wahrscheinlich, daß Jesus das erste, eine Gesetz meinte – das oben mehrfach erwähnte KARMA bzw. ASHA.

Indes gehört an diese Stelle der Hinweis, daß zur Zeit Mosis die Gesetzestafeln des *Hammurabi (Cham-wr-abi: der große Cham-ist-mein-Vater›)* bereits seit mindestens 2 Jahrhunderten existierten und im ganzen Osten noch viele Jahrhunderte als Vorbild gelehrt wurden (vgl. Hrsg. W. Eilers, *Codex Hammurabi*. – Wiesbaden, Marix-Verlag, 2009, Quelle für untenstehendes Bild). ‹Jüdische› Dokumente gibt es aber erst nach ca. 700 v.Chr. bzw. nach der sog. «Rückkehr aus Babylonien» des Stammes Judah.

[64-A] Vgl. *Confessio Fraternitatis*, in: *Jubiläums-Gesamtausgabe 400 Jahre Rosenkreuzer-Manifeste*; – a.a.O. S. 53.

[65] Vgl. Rœlof van den Brœk: *Hermes Trismegistus. – Inleiding, Teksten, Commentaren.* – Amsterdam, In de Pelikaan, 2006. – a.a.O. p.234: *De Inwijding in de achtste en de negende sfeer.*

[66] *Das Evangelium der Pistis Sophia*, – Teil II: *Fragen der Maria über die Seele*; Ss. 133 – 143.

[67] Der *Dictionnaire Roman, Wallon, Celtique et Tudesque par un Religieux Bénédictin* ... (Bouillon, 1777) hat: SEIGNÉ, ou SAIGNÉ, MARQUÉ: *signatum* (d.h. *gezeichnet*, von *signe – Zeichen.*

In der Medizin hieß *seigner: zur Ader lassen*; in der Metzgerei und in der Politik jedoch: *ausbluten lassen.* – Das Resultat des rituellen Blutens ist das *Sang/Seing* oder *Signe:* das *blutige Zeichen.* – Der *Nouveau Dictionnaire Français-Latin* ... (Paris, 1833) *hat unter* SEIGNEUR u.a. noch die Bedeutung: *Summus rerum moderator* – also Derjenige, *der die höchsten Dinge anordnet, lenkt und in Szene setzt*, wie dies auf lebendiger kultischer Ebene für einen Hohepriester und *Hierophanten* zutrifft: Letzteres war der höchste *Einweihungsgrad im Mithras-Kult.*

[68] Zit. M. Berthelot in: *Les Origines de l'Alchimie.* – Paris, 1885 ; – Nachdruck Osnabrück, Zeller, 1966. – Im Kapitel *Sources Gnostiques*, p. 63.

Eine Seite aus dem um 675 n. Chr. in Irland angefertigten *Book of Durrow*: Ältestes reich illustriertes britisches MS mit den vier Evangelien und einigen Zusätzen; – älter als das berühmte ‹*Book of Kells*› (8. Jh.). – Die keltischen *Triskell's* und gotischen Pflanzenmotive erinnern in ihrer Durchflechtung und Farbgebung an Muster aus der gleichzeitig blühenden Maya-Kultur.

Rosenkreuzerisch-Freimaurerisch-alchemistisches Epitaph: Friedhof neben dem ehemaligen Sonnenheiligtum von Montluel, Dépt. Ain, Frankreich; (El = *Helios, Sonne*; *luel* – eventuell *lev-El, Sonnenaufgang* ?):– Die ringsum dargestellten Stufen von Reinigung, Seelengeburt, ‹Geistgeburt› und Transformation als ein aus den glühenden Kohlen aufsteigender Phœnix (Transfiguration) erheben sich über dem Quadrat des Baus auf den vier Säulen von *Hingabe*, *Freude*, *Standhaftigkeit* und *Dienstbarkeit*. – Gekrönt werden sie durch das mit dem *weiblichen* Siegeskranz umschlungene, von Zinnen geschützte *Rosenkreuz des Tempels*.

Schlußwort: Auf zum Brennpunkt des Lebens!

Wenn der menschliche Bewohner eines *Mikrokosmos*, worin – aus einer Unzahl darin geführter Leben – Unmengen von Erfahrungen angesammelt sind, die uralte Sehnsucht nach einem endgültigen Ziel – nach einem gültigen Brennpunkt für all sein Denken, Fühlen und Wollen erlebt, kann in ihm eine neue, höhere Intelligenz, ein neues, intelligentes Verhalten erwachen. Er *versteht und erfährt* dann den Ruf des zentralen Liebesfeuers im Herzen des Universums; – er *erahnt* darin den Quell allen Lichts und Lebens – ε – und er kann DEN WEG dahin *erkennen*: Unvermittelt steht er unter der Wirkung des Lichts dieses Brennpunkts, der ihn ruft und anzieht.

Was wird angezogen?

Der winzige Rest göttlichen Wesens, das im Menschenherzen trotz der Degeneration durch Erziehung, egozentrische Begierden und Ängste überlebte und wie ein Samenkorn auf die Möglichkeit wartete, wieder in seiner uranfänglichen Glorie aufzuleben!

So erwachen ein neues Empfinden, ein neues Bewußtsein, ein neuer Wille. – So entwickeln sich neues Denken, neue Rede und neues Tun – auch bei gleichbleibender Tätigkeit im täglichen Leben:

Der Welt-Mensch ist dann zum *Kandidaten* geworden, der, falls er den Weg zum Einen Brennpunkt des Lebens hin auf sich nimmt und ihn in jedem Augenblick mit Ernst und Freude geht, dem Geistgesetz gemäß zum *Meister* wird: zum Meister über alles Sterbliche hinaus – zum Meister des *‹geistigen Steins der Weisen›*.

Das Streben nach diesem im neuen Bewußtsein verankerten Ziel ist kein Suchen mehr, sondern ein Weg des Findens: Das Ideal der ‹Heimkehr des verlorenen Sohns› wird – und bleibt – Leuchte für *sein eigenes* Aufleben, dient aber *der ganzen Menschheit*!

In der Sprache der Wassermann-Genesis heißt das: Der gewöhnliche Erdenmensch strebt aus innerem Drang nach dem Brennpunkt allen Lebens: nach dem Energie-Nullpunkt ● – der geistigen Liebes-Sonne des Ur-Anfangs … – *zurück*! – Tut er das konsequent, so wandelt er sich vom stoff-dominierten Erdling ♁ zum geistdominierten Menschen ♀, dem *Geist-Seelen-Menschen*. – Dank neuem Denken, neuem Empfinden und neuem Wollen kommt es irgendwann zur Verbindung mit dem Geist: ⊕, ja sogar zur Wiedervereinigung mit ihm: ⊗. Das ist der Neue *Geistmensch* ⊙, der endgültig transfigurieren wird zum *Neuen Göttlichen Menschen* – wiedervereint mit dem VATER, als strahlender ✳!

ANZEIGEN

FULCANELLI: MYSTERIUM DER KATHEDRALEN *und die esoterische Deutung der hermetischen Symbole des Großen Werks*. Vollständige deutsche Erstausgabe nach der dritten franz. Ausgabe (Paris 1964) mit drei Vorworten von E. Canseliet, F.C.H. Übersetzt und herausgegeben von M.P. Steiner. Mit 49 ganzseitigen Tafeln und 1 Frontispiz. – 348 SS.ISBN 3-9520787-2-7. – € 35.00

FULCANELLI: WOHNSTÄTTEN DER ADEPTEN – *Die hermetische Symbolik in der konkreten Wirklichkeit der Heiligen Kunst des Großen Werks*. (Original-Titel: *Les Demeures Philosophales*). Vollständige deutsche Erstausgabe nach der dritten, erweiterten franz. Ausgabe (Paris 1964 / 1979) mit den drei Vorworten von Eugène Canseliet, F.C.H. Ins Deutsche gebracht und eingeleitet durch M.P. Steiner. Mit Zeichnungen von Julien Champagne und späteren Photos sowie mit vier zusätzlichen ganzseitigen Tafeln, davon zwei in Farben. – 2 Bde. In 1 Bd.. – PB, 624 Ss. – ISBN 3-9520787-7-8 — € 50.00.

DER SCHLÜSSEL ZU DEN ZWÖLF SCHLÜSSELN VON BRUDER BASILIUS VALENTINUS / LA CLEF DES DOUZE CLEFS DE FRÈRE BASILE VALENTIN – ZWEISPRACHIG.
Weltweit erste Veröffentlichung des Manuskripts eines unbekannten elsässischen Adepten des Steins der Weisen, verfaßt um ca. 1700: Ein alchemistisch-rosenkreuzerischer Kommentar zu den *Zwölf Schlüsseln der Philosophie* von Basilius Valentinus. – Reich illustriert; mit ausführlichen Anmerkungen und bibliographischen Hinweisen. – TEIL I: Französische Transkription des MS, Text und deutsche Übertragung jeweils parallel auf der Gegenseite. – TEIL II: *Vom Stein der Uralten* und *Zwölf Schlüssel der Philosophie* (ill. 2. Ausg. von 1602). Übers. u. Hrsg.: M.P. Steiner; – Einführung und Anmerkungen: P. Martin. – PB, 348 Ss. – ISBN 3-9520787-4-3. – € 27.00 .

VALENTIN WEIGEL: DAS BUCH VOM GEBET
Das *‹Gebetbüchlein›* von V. Weigel, dem ersten deutschen Theosophen, Vorläufer von Jacob Bœhme und J.G. Gichtel – in heutigem Deutsch herausgegeben nach dem Erstdruck von 1612. Ein Meilenstein der Geistesgeschichte, auf dem Weg zu freiem Denken und Glauben. – Mit einer Einführung und Anmerkungen von P. Martin. – Geb. m. S-Usl.; 152 Seiten, illustriert. – ISBN 3-9520787-5-1. – € 23.00 /.

J.G. GICHTEL: THEOSOPHIA PRACTICA – *Eröffnung und Anweisung der dreyen Principien und Welten im Menschen* ... — Nach der 3. Ausg., o.O. (Amst.?) 1736. – Mit 1 doppelseitigen und 4 einseitigen Farbtafeln des Originals sowie 5 weiteren ganzseitigen, meist farbigen Abbildungen, Titelblatt-Reproduktionen und Vignetten. – Aus dem barocken Deutsch sanft in heutiges Deutsch gebracht und durch P. Martin mit einigen Anmerkungen und mit einer Einleitung versehen, die dieses Buch *zum ersten Mal bibliographisch vollständig und korrekt kommentiert*. – Ppb.; 172 Seiten; – ISBN: 978-3-9523616-0-3; – € 21.00.

AL-GHAZALI: BRIEF AN DEN JÜNGER («AYUHA-'L-WALAD»)
Arabisch und Deutsch jeweils parallel auf der Gegenseite. – Nach der französischen Übersetzung von *Tufiq as-Sabagh*, und mit dem Vorwort von *George H. Scherer* zur 1. Auflage (mit dem Lebenslauf von *al-Ghazali*; – Beyruth,1951 Deutsch von M.P. Steiner, mit einer kleinen Einführung in Geschichte und Esoterik der Sufi-Philosophie versehen durch P. Martin. Ppb., 124 Ss., 3 Tafeln (1 Porträt von *al-Ghazali*) und 4 Vignetten. – ISBN 3-9520787-9-4 – € 15 / CHF 21.00.